Ján Demčišák

Queer Reading von Brechts Frühwerk

Ján Demčišák

Queer Reading von Brechts Frühwerk

Tectum Verlag

Das Buch erscheint dank der Unterstützung des Förderfonds für Forschung der Universität der hl. Cyrill und Methodius in Trnava, Slowakei.

Rezensenten:
Prof. Dr. Dr. rer. nat. Georg Schuppener
Mgr. Lucia Oríšková Sabová, PhD.

Ján Demčišák

Queer Reading von Brechts Frühwerk

Zugl. Diss. Comenius-Univ. Bratislava 2010
ISBN: 978-3-8288-2995-4

Umschlagabbildung: © Fotograf Brecht-Foto: Konrad Ressler; Münchner Stadtmuseum, Sammlung Fotografie

Printed in Germany

Besuchen Sie uns im Internet
www.tectum-verlag.de

Bibliografische Informationen der Deutschen Nationalbibliothek
Die Deutsche Nationalbibliothek verzeichnet diese Publikation in der Deutschen Nationalbibliografie; detaillierte bibliografische Angaben sind im Internet über http://dnb.ddb.de abrufbar.

Vorwort

Man kann „einem Wissenschaftler oder einer Wissenschaftlerin nicht mehr raten, sich auch nur nebenbei mit dem fast wieder zum Tabuthema gewordenen Thema Homosexualität zu beschäftigen." So die Schlussfolgerung von Wolfgang Popp, einem Literaturwissenschaftler, der über 20 Jahre zum Thema Homosexualität und Literatur forschte. Das Thema scheint bedauerlicherweise nach wie vor mit einem Stigma versehen zu sein, in dem sich die machtstrategische Regulation des Sexualitätsdiskurses äußert, genau wie es schon Foucault in den 70er Jahren des 20. Jahrhunderts beschrieb. Und dennoch darf meines Erachtens diese Problematik im literaturwissenschaftlichen Diskurs des 21. Jahrhunderts nicht außer Acht gelassen werden, und die an diesem Thema orientierten Untersuchungen sollten auch zukünftig wenigstens in dem Sinn der „Provokation der Literaturwissenschaft" betrieben werden, obwohl wahrscheinlich weiterhin mit einem schiefen Blick der „seriösen" Literaturwissenschaft zu rechnen ist. Die Ignoranz der institutionellen Literaturwissenschaft gegenüber solchen Untersuchungen basiert wohl auf dem Vorwurf einer subjektiven axiologischen Perspektive und einer mangelnden theoretischen Fundierung der Analysen, oder die entwickelte Theorie und Terminologie der schwullesbischen Studien bleibt nur innerhalb eines engen Kreises der Eingeweihten zugänglich und verständlich. Im gewissen Sinn machen die *Queer*-Studien, die das Thema der Homosexualität reflektieren, eine ähnliche Entwicklung durch, wie sie die feministisch- bzw. genderorientierte Literaturwissenschaft schon (oder immer noch nicht ganz) hinter sich hat. Mit der vorliegenden Arbeit möchte ich deswegen u. a. zur Bewusstmachung des *Queer Reading* in der Germanistik beigetragen und die weitere Reflexion einer Methode unterstützen, die nicht zum literaturwissenschaftlichen Mainstream gehört. Außerdem will ich mit meiner Untersuchung in die Polemik mit den bisherigen Interpretationen und Begründungen des Homosexualitätsmotivs bei Brecht eintreten. Aus mehreren Hinsichten soll also die vorliegende Arbeit auch als gegendiskursives Politikum verstanden werden, und zwar nicht nur auf dem Feld der Literaturwissenschaft.

An dieser Stelle möchte ich mich auch bei der „Studienbörse Germanistik" der Universität Würzburg bedanken, die Verständnis für mein wissenschaftliches Vorhaben zeigte und in Kooperation mit der Gemeinnützigen Hermann-Niermann-Stiftung meine Forschung in Form eines 10-monatigen Stipendiums unterstützte. Mein besonderer Dank gehört auch Herrn Prof. Dr. Dr. Georg Schuppener für seine freundliche Hilfe und das Lektorieren meiner Arbeit.

Ján Demčišák

Inhaltsverzeichnis

1 Einleitung

„Homoerotik? Shlink sagt zwar bei Gelegenheit einmal zu Garga ‚ich liebe dich', doch ob man damit das, was man gemeinhin unter Homoerotik versteht, begründen kann, ist fraglich." (Mankowe, 1991, S. 12)

Im Zusammenhang mit solchen Äußerungen wie der von Hanspeter Mankowe stellt sich sicherlich die Frage, ob man überhaupt das Motiv der Homosexualität bei Brecht in den Mittelpunkt einer wissenschaftlichen Untersuchung stellen kann. Allein schon die Tatsache, dass dieses Motiv in den drei Stücken *Baal, Im Dickicht der Städte, Leben Eduards des Zweiten von England,* im Prosatext *Bargan lässt es sein* und in einigen Gedichten der Brechtschen Frühlyrik präsent ist, ist sicherlich einer Überlegung wert.[1] Natürlich findet dieser Aspekt in der Brechtforschung auch seine Erwähnung, es zeigt sich jedoch, dass die meisten Literaturwissenschaftler mit diesem Phänomen wenig anzufangen wissen. Wie Wolfgang Popp in seinem Buch *Männerliebe: Homosexualität und Literatur* (1992) darlegt, betrifft dieses Problem die gesamte Literaturwissenschaft, was verschiedene Gründe habe: Die Darstellung der intimen Begegnung zweier Menschen (und um so mehr zweier Männer) gelte meistens als unliterarisch, problematisch oder pornografisch, eine wissenschaftliche Auseinandersetzung mit solcher oft als ästhetisch unzulänglich gesehener Darstellung als unseriös und anrüchig. Deshalb werde sie auch in der Literaturgeschichte in der Regel übersehen oder vereinfacht als Sturz der Protagonisten ins Verderben, als Verstoß gegen das Gesetz und Moral, als schuldhaftes und verwerfliches Verhalten gedeutet und interpretiert (vgl. Popp, 1992, S. 5f.). Vielmehr, so scheint es mir, ist nicht das literarische Motiv, sondern die Homosexualität an sich der eigentliche Stolperstein, bei dem die objektive Sicht des Wissenschaftlers zu einer oft subjektiven, von keiner Analyse unterstützten Argumentation herabfällt. Auch Schumacher begnügt sich zum Beispiel bei dem Urteilen über die *Bargan*-Geschichte etwa mit folgendem Argument: „Dieser Fall von Psychopathie und gleichgeschlechtlicher Erotomanie scheint mit dem wirklichen Leben der Menschen nichts zu tun zu haben.

[1] Außer diesen hier analysierten Werken hält Brühl das Motiv der Homosexualität zum Beispiel im Drama *Mann ist Mann* und in den Boxergeschichten für „atmosphärisch latent" (vgl. Brühl, 2007, S. 131), und das Thema der mannmännlichen Beziehung ist weiter dem *Cäsar*-Roman zu entnehmen (vgl. Thöming, 1973, S. 87 und Brühl, 2007), der jedoch den Rahmen des von mir untersuchten Frühwerks überschreitet. Im Zusammenhang mit dem Frühwerk erwähnt Borchers noch das Drama *Manuel Wasseschleiche*. Dieses bleibt jedoch nur ein Entwurf Brechts (vgl. Borchers, 2001, S. 243).

Der junge Brecht scheint sich mit dieser Geschichte von der Wirklichkeit der revolutionären Nachkriegszeit abgewandt zu haben." (Schumacher, 1955, S. 65)
Dieser Äußerung ist zugleich eine weitere Tendenz bezüglich der Handhabung der Homosexualität in der Literaturwissenschaft zu entnehmen, und zwar dass sie mit vielen methodologischen Zugängen inkompatibel ist. In Schumachers Sicht fällt sie etwa aus dem Rahmen der marxistisch zu sehenden Welt, in der es anscheinend keinen Platz für gleichgeschlechtliche Liebe gibt. Auch ein Jahrzehnt später betrachtet Schuhmann diese Art der Liebe als etwas Perverses, und die Darstellung der homosexuellen Zuneigung soll seiner Meinung nach anschaulich machen, dass für Brecht in der gefühlskalten Welt „eine menschliche Beziehung nur noch in ihrer Perversion möglich" zu sein scheint (Schuhmann, 1964, S. 122).
Die Mehrzahl der Kommentare zu den mannmännlichen Beziehungen in Werken Brechts geht also ähnlich wie bei Schumacher oder Schuhmann a priori von einer abwertenden Einstellung zu dem Phänomen aus oder plädiert andererseits auf die Belanglosigkeit dieses Motivs, wie es das Anfangszitat zeigt. Erstaunlich ist also, dass sich der Duktus der Kommentare zu diesem Thema in den vielen Jahren kaum geändert hat. Genau, wie Mankowe in den 90er Jahren urteilt, so dachte schon Martin Esslin Anfang der 60er Jahre:

> „Obgleich es sicher nicht ohne Bedeutung ist, daß drei der vier ersten Stücke Brechts [...] sich mit dem Problem der Homosexualität auseinandersetzen, ist die Bestimmung der Natur der triebhaften Impulse, um deren Unterdrückung es Brecht ging, in diesem Zusammenhang von verhältnismäßig geringer Bedeutung." (Esslin, 1962, S. 335)

Bis in die 70er Jahre liegt (vielleicht gerade wegen der Geringschätzung) keine eingehende Analyse dieses Phänomens vor und auch in der Folgezeit findet man in der Brechtforschung zu dem Homosexualitätsmotiv eher vereinzelte Äußerungen und nur kurze marginale Analysen.
Als einer der Ersten geht Carl Pietzcker tiefer auf das Phänomen der Homosexualität ein (vgl. Pietzcker, 1974), der Brechts frühe Lyrik aus dem psychoanalytischen Gesichtspunkt untersuchte. Ausgehend von der sog. Phasentheorie konzentriert er sich auf die Entwicklung Brechts von seiner anarchistischen und nihilistischen Weltanschauung bis zur marxistischen Überzeugung. Im Vordergrund seiner Untersuchung liegt der Begriff des Individuums, das als psychoanalytisches Subjekt mit den Ereignissen seiner Lebenssituation konfrontiert wird. Ausschlaggebende Schlüsselwörter dabei sind die Zugehörigkeit zum Mittelstand, Abkehr von der Gesellschaft, Verweigerung und Bewahrung von Identität. Bei der Anwendung

der Freudschen Theorie werden in der Lyrik des jungen Brecht auch die masochistischen und phallisch-narzisstischen Bestandteile des lyrischen Subjekts entdeckt. Im Zusammenhang damit wird auch die homoerotische Komponente kurz untersucht. Dem methodologischen Schwerpunkt der Arbeit entsprechend wird die Homoerotik im Einklang mit den psychoanalytischen Theorien aus der Fixierung an die Mutter und im Zusammenhang mit dem Ödipuskomplex erklärt. Es werden dabei zugleich zwei Erscheinungsweisen der Homosexualität festgestellt, und zwar die sadoanale und die phallisch-narzisstische. In Brechts Werk soll vor allem die Erste mehr ausgeprägt sein, die auch mit dem Untergang der Akteure einhergeht: „Alle Homoerotiker gehen dort zugrunde, Baal so gut wie Shlink, Bargan und Eduard, die beiden Letzten sogar ausdrücklich an ihrer homosexuellen Bindung" (Pietzcker, 1974, S. 235). Bei dieser Feststellung verlässt Pietzcker sogar den analysierten Bereich der Lyrik und erwähnt Beispiele aus Prosa und Drama, obwohl er die Werke eigentlich nicht analysiert.
Insgesamt gehört die Homosexualität in seiner Auffassung zum Ausdruck eines leidenden und gegen die Gesellschaft kämpfenden Individuums. Sie kann auch gewisse Form des Protestes und der Freiheit verkörpern: „In einer sexuell repressiven Gesellschaft, in der die Heterosexualität in der Ehe institutionalisiert und die Homosexualität verpönt ist, scheint die Homosexualität Unmittelbarkeit, Spontaneität und damit genuinere Sexualität zu versprechen, als die klischierte Heterosexualität." (Ebd., S. 237) Obwohl es Pietzcker mit der letztgenannten Aussage gelingt, die Homosexualität auch positiv zu konnotieren, wirkt demgegenüber überraschend, wenn er sie andererseits als individuelle psychische Fehlhaltung betrachtet und sich davor hütet, den „künftigen Marxisten" als einen Homosexuellen zu „entlarven" (vgl. ebd.).
Zwischen der positiven, wissenschaftlich objektiven Sicht und Voreingenommenheit schwankt die präzise und ausführliche Analyse zu Brechts Erzählung *Bargan lässt es sein* von Boie-Grotz, die ebenso zu dem Diskurs der 70er Jahre gehört. Obwohl sie sich in ihrer Untersuchung auf die Prosa konzentriert, geht sie ähnlich wie Pietzcker auf die Zusammenhänge dieses Motivs innerhalb von Brechts Frühwerk ein.[2] Sie teilt vor allem Schuhmanns Ansicht, dass die gleichgeschlechtliche Liebe eine Perversion der Beziehungen darstellt, und konkretisiert diese These weiter (Boie-Grotz,

[2] Unter anderem entdeckt Boie-Grotz auch biografische Einflüsse bei der Entstehung der Erzählung. Sie entdeckt, dass in dem Typoskript der Erzählung an einer Stelle der Name Orge (George Pfanzelt) steht, der später auf Croze korrigiert wurde. Eine weitere Ähnlichkeit zwischen der Figur Croze und Brechts Jugendfreund Pfanzelt ist ihre Behinderung – der Klumpfuß (vgl. Boie-Grotz, 1978, S. 64).

1978, S. 64), auf der anderen Seite widerspricht sie sich jedoch selbst, wenn sie das homosexuelle Liebesverhältnis mit der heterosexuellen Liebe vergleicht: „Wie dort die Frau dem Mann, verfällt hier ein Mann dem anderen. In beiden Fällen bleibt die Liebe unerwidert. Erfüllte, wechselseitige empfundene Liebesbeziehungen sind nicht vorstellbar." (Ebd.)
Aus diesem Vergleich resultiert nämlich, dass Brecht die homo- und heterosexuellen Liebesbeziehungen gleichsetzt und sie ähnlich behandelt, im Hinblick auf die vorherigen mit Schuhmann übereinstimmenden Überlegungen müsste auch die heterosexuelle Liebe eine Perversion darstellen. Eines der Ergebnisse von Boie-Grotz' Untersuchung ist aber die Feststellung, dass Brecht die Homosexualität selbst weder positiv, noch negativ auffasst:

> „sein [Brechts] vorurteilsfreies Verhältnis zur Homosexualität [...], das sich gestalterisch darin niederschlägt, daß homosexuelle Beziehungen weder kritisiert, noch als verteidigungswürdige wie -bedürftige Ausnahmen mit großem Pathos, sondern als selbstverständlich gestaltet worden sind." (Ebd., S. 65)

Diese Betrachtung führt sie dann zur Schlussfolgerung, dass die Homosexualität für die Katastrophe innerhalb der Handlung irrelevant sei (vgl. ebd.), womit sie das Motiv insgesamt unter den Teppich kehrt und es teilweise unwirksam macht.
Eine wirklich kritische Auseinandersetzung mit der pathologisch-perversen Sicht der Homosexualität innerhalb des Brechtschen Werkes erlaubt sich Jürgen C. Thöming, der vor allem Schuhmanns Zugang, aber auch andere Auffassungen[3] der gleichgeschlechtlichen Beziehungen in Brechts Werken kritisiert:

> „Allerdings scheinen Brechts Texte kaum nur deshalb geschrieben zu sein, um zu zeigen, daß eine menschliche Beziehung nur noch in ihrer Perversion möglich sei, wie Schuhmann meint. Der Satz wird umgekehrt korrekter: diese zwischenmenschliche Beziehung ist normalerweise nicht möglich, weil das christlich-bürgerliche Bewußtsein in seiner Pervertiertheit sie nicht dulden mag." (Thöming, 1973, S. 84f.)

Im Laufe der Zeit tauchen allmählich einzelne Untersuchungen auf, die in der Lage sind, sich mit dem Motiv der Homosexualität wissenschaftlich neutral auseinanderzusetzen und seinem Sinn bei Brecht nachzugehen. Ein Beispiel dafür geben auch die Betrachtungen der amerikanischen Literatur-

[3] Konkret geht er auf die Auffassung von Dieter Schmidt ein, der die mannmännlichen Beziehungen in Brechts Werken als sexuell bedingte Hass-Freundschaft versteht (vgl. Schmidt, 1966). Obwohl Thömings Kritik an Schmidt teilweise berechtigt ist, spielt sie die sexuelle Komponente dieser Beziehungen herunter (etwa zwischen Shlink und Garga) und macht aus der mannmännlichen Liebe eher eine platonische Angelegenheit, was nicht der wirklichen Darstellung bei Brecht entspricht.

wissenschaftlerin Sue-Ellen Case. Obwohl der Titel ihrer Studie *Brecht and Women: Homosexuality and the Mother* lautet, liegen die Hauptakzente aber eher auf der Untersuchung des weiblichen Subjekts, insbesondere auf der Mutterfigur, die nach Case neu zu definieren ist. Die Homosexualität ist dabei nur eine Begleiterscheinung und scheint für die Autorin ein Mittel zum Zweck des besseren Verstehens der Brechtschen Intention, eine Übergangsphase auf dem Weg der Entwicklung zur späteren zentralen Mutterfigur zu sein. Drei Frühwerke Brechts, darunter *Baal, Im Dickicht der Städte* und *Eduard den Zweiten,* bezeichnet Case als homosexuelle Dramen („homosexual plays") und verbindet sie mit der Forderung: „it is necessary to begin by rereading the early homosexual plays from within the contemporary political and hermeneutic concept" (Case, 1985, S. 67).[4] Um das Konzept der Autorin zu verstehen, sind zwei Aspekte zu erklären. Ihre Studie ist ein Beitrag für *The Brecht yearbook 12,* das sich aktuell mit dem Thema Brecht - Frauen und Politik beschäftigte. Der Schwerpunkt dieser Aufsatzsammlung hing also mit der Etablierung der Frauenbewegung und der Entwicklung der feministischen Literaturwissenschaft in Amerika zusammen. Zweitens ging es um die Festigung der theoretischen Grundlage der dekonstruktiven Methode nach Derrida, denn Case beruft sich nicht nur auf die De-/Konstruktion des Mutterbegriffs, sondern sie beschäftigt sich auch mit dem Prozess der Signifikation und Bedeutungsstiftung im Rahmen von bestimmten Diskursen. Case sieht bei Brecht die Entstehung eines neuen sexuellen und politischen Diskurses. Ob es sich bei Brecht, wie sie behauptet, lediglich um die Erweiterung des Rimbaudschen homosexuellen poetischen Diskurses auf die Bühne handelt, ist jedoch fraglich. Die Schlussfolgerungen der Studie betreffen eher die weiblichen Figuren und nicht die Homosexualität an sich:

> „Today, it is the possibility of an alternative discourse which could express thoughts and feelings outside programs and institutions which seems the necessary political project. Specifically, a discourse of desire, which could bring the expressive subject into relationship with his or her own body. From this perspective, Brecht´s central mother roles seem as traditional and negative as his first female characters. It is in his early homosexual plays that the current laboratory for change can take the stage." (Case, 1985, S. 73)

Trotzdem ist die Entwicklung der feministischen Literaturwissenschaft, der Case zuzuordnen ist, und das Interesse an der Geschlechterproblematik im Werk Brechts auch für die Fragestellung innerhalb der vorliegenden Arbeit

[4] Mit der Forderung von Case kann ich auch heutzutage einverstanden sein, schließlich geht es auch in meiner Arbeit um die Relektüre der Brechtschen Werke unter einem methodischen und politischen Ansatz von *queer*.

von Bedeutung, denn ähnliche Fragen, die man/frau an die weiblichen Subjekte stellt, können auch auf die männlichen Gestalten bezogen werden. Und zwar - in welcher Beziehung die männlichen Subjekte und deren Begehren zu ihren eigenen Körpern und dem eigenen Geschlecht stehen und vielleicht in welchem Zusammenhang zu dem herrschenden heterosexuellen Diskurs der damaligen Zeit und der Gegenwart sich ihre Darstellung befindet.

Gisela E. Bahrs Analyse des Dramas *Im Dickicht der Städte* gehört auch in den Kontext der 80er Jahre. Während sie z. B. in der *Bargan*-Erzählung und in dem *Eduard*-Stück die Vereinigung der männlichen Partner als „Gnade in der Finsternis" (also im gewissen Sinn positiv) interpretiert, ordnet sie die Homosexualität innerhalb des von ihr analysierten Stückes zu den „vergeblichen Verständigungsversuchen" in der zwischenmenschlichen Kommunikation (vgl. Bahr, 1984, S. 88).[5] Ebenso neutral wie Case oder Bahr kann auch Knopf in seinem ersten Brecht-Handbuch im Zusammenhang mit der Prosa *Bargan lässt es sein* konstatieren: „Die Forschung hat darauf verwiesen, daß Homoerotik bzw. Homosexualität ein häufiges Thema vor allem beim jungen Brecht ist" (Knopf, 1984, S. 236f.), was jedoch immer noch nichts über die Objektivität, Unvoreingenommenheit und Ausführlichkeit der Feststellungen sowie über das nähere Interesse der Forschung an diesem Thema aussagt. Noch in den 90er Jahren behauptet nämlich Achim Barth, dass die Sekundärliteratur dem Phänomen der Homosexualität nur wenig Aufmerksamkeit schenkt:

> „Dem Hinweis auf homoerotische Konstellation in der Dichtung Brechts folgt meist zugleich ein Verweis, der eine eigentliche Bedeutung dieser Motivik in Abrede stellt, sie bewußt herunterspielt. Gelegentlich findet sich gar die Feststellung, dieser Motivkomplex wirke sich innerhalb des jeweiligen Stückes eher störend aus." (Barth, 1992, S. 180)

Barth, der das Frühwerk Brechts und die Dramen *Im Dickicht der Städte* und *Leben Eduards des Zweiten von England* erforscht, sieht in dem Motiv einen thematischen Bezug zu dem Problem der Randgruppen und zur Antibürgerlichkeit des Autors, was mit Pietzckers Vorstellung korrespondiert. Im Unterschied zu ihm behauptet Barth jedoch: „Die Homoerotik ist eine solche anormale Spezies der Erotik, dazu noch ein besonders affektvoller Protest gegen die bürgerliche Sexualmoral. Die Homoerotik wird im Früh-

---

5 Bahrs Bemerkung kann einen wichtigen Anstoß auch für die vorliegende Arbeit geben, weil sie klar macht, dass dem Motiv der Homosexualität in Brechts Werk keine einheitliche Bedeutung zukommt, sondern dass es zu unterschiedlichen Interpretationen führen kann, die hier auf ihre Plausibilität gründlicher untersucht werden können.

werk des Autors nicht nur zu einer von vielen Varianten der Asozialenthematik, sie wird zur bestimmenden Variante überhaupt." (Ebd.) Auf diese Weise verleiht er der Homoerotik im Frühwerk Brechts einen besonderen Status. Indem er aber im gesamten Werk einerseits die bisexuelle und andererseits die masochistische Variante der Problematik unterscheidet, scheint er das Motiv selbst teilweise herunterzuspielen. In seiner Analyse wird es vor allem in den Kontext von Einsamkeit, Kampf und Krieg gestellt, wobei der thematische Komplex nicht nur innerliterarisch, sondern auch in historischen Zusammenhängen gesehen und gedeutet wird. Der Bezug zu Brechts Biografie führt dann letztendlich zu psychoanalytischen Schlussfolgerungen, die (wie auch Barths Konzentration auf die masochistische Variante der Homosexualität) mit Pietzckers Analysen übereinstimmen und nicht innovativ sind.

In der zweiten Hälfte der 90er Jahre veröffentlichte Achim Kessler in dem Periodikum *Homosexualität und Literatur* eine Studie bezüglich des Homosexualitätsmotivs in Brechts Drama *Leben Eduards des Zweiten von England.* Um das Motiv nicht zu überbewerten, werden vorwiegend das Stück in seiner historischen Bedingtheit, die Unterschiede zwischen dem Marloweschen und Brechtschen Zugang zur Homosexualität des historischen Eduards II. und die Beweggründe zur Stoffwahl untersucht. Was Kessler von allen andern Forschern abhebt, ist seine zum Schluss der Studie aufgezeigte Perspektive für eine neue Interpretation des Motivs der Homosexualität. Besonders bei seinen Überlegungen zum Konzept der Hassliebe[6] berücksichtigt er nicht nur die Aspekte der Sexualität, sondern auch der Liebe und Zärtlichkeit, was Homosexualität nicht als rein sexuelle Veranlagung abstempelt und von einer positiven Sichtweise zeugt (Kessler, 1997, S. 56f.).

Eine der neusten Arbeiten zur Homosexualität in der Literatur ist die breit angelegte Dissertationsschrift von Wolf Borchers. Der Autor setzt sich mit dem Motiv der Homosexualität in der Dramatik der Weimarer Republik auseinander, wobei die männliche Homosexualität als inhaltlicher Aspekt der Werke gesucht und dokumentiert wird. Es werden besonders die gesellschaftlichen Hintergründe, die Charakterisierung der Figuren, gewisse Typisierungen und Klischees, Visualisierungen auf der Bühne, Perspektiven der Männerbeziehungen und ihre Rezeption an einer langen Reihe von Dramen vorgeführt. Bei seiner Arbeit spricht Borchers auch von gewissen Schwierigkeiten:

6 Wie bereits oben besprochen wurde, erwähnt auch Schmidt (1966) dieses Konzept.

> „Diese Schwierigkeiten ergeben sich daraus, daß die Untersuchung homosexueller Komponenten häufig in der Literaturwissenschaft vernachlässigt wird; […] Ebenso existiert bislang keine gründliche Untersuchung über die Literarisierung von Homosexualität in der Prosa und Lyrik der Weimarer Republik." (Borchers, 2001, S. 5f.)

Wegen des Umfangs kann seine Dissertation natürlich keine tiefgründige Analyse des Motivs in Brechts Dramen zeigen. Ebenso wird auch der übergreifende Vergleich mit der Lyrik und Epik mit Ausnahme von einigen Hinweisen außer Acht gelassen. Trotzdem bietet der Autor viele interessante Anregungen zur weiteren Forschung. Einerseits hebt er das Homosexualitätsmotiv in *Baal* und *Im Dickicht der Städte* als entscheidendes Handlungsmotiv hervor, ohne das das Agieren der Figuren unverständlich bleiben würde. Auf der anderen Seite stellt er eine gewisse Ambivalenz und Unklarheit bei Brechts Darstellung der Homosexualität fest. Er ist der Meinung, Brechts Stücken sei „keine eindeutige Tendenz bezüglich der Homosexualität zu entnehmen, es dürfte auch kaum in Brechts Interesse gelegen haben, hier eine dramatisierte Stellungnahme zu liefern" (Borchers, 2001, S. 242). In dem Stück *Leben Eduards II. von England* und in den späteren Bearbeitungen von *Baal* und *Im Dickicht* sowie in dem Stück *Lebenslauf des Mannes Baal* trete die homosexuelle Komponente zugunsten des Sozialen zurück, die Männerbeziehungen seien diffamierend und durch die Reduktion auf die sexuelle Ebene und Betonung der Feminität klischeehaft dargestellt (vgl. ebd.). Diese Feststellungen sind aber meines Erachtens zu überprüfen, und die Darstellung der Homosexualität in Brechts Dramen ist mit der Darstellung im Rahmen der Lyrik und Epik zu vergleichen. Es soll dabei auch die Frage beantwortet werden, ob das Potenzial an Subversion des heterosexuell dominierten Diskurses bei Brecht wirklich verloren geht, wie das aus Borchers Schlussfolgerung resultiert.

Radikal zwingt sich jedoch die Frage bezüglich der Analyse des Homosexualitätsmotivs erneut auf, wenn man die Einleitung zu Olaf Brühls Aufsatz aus dem Jahr 2007 liest:

> „All diese Texte repräsentieren indessen nichts, was im gängigen Sinn als ‚schwule Literatur' gelten könnte. Weder manifestierte sich Brecht je als ‚bisexuell' oder gar ‚schwul', noch wird der Stellenwert von Homosexualität - oder genauer gesagt: von Homosexualitäten - bei ihm thematisiert. Nie hat er je irgend etwas gezielt für ‚Schwule' geschrieben. Nie geht es um ein ‚Anders-Sein', kaum um ein abgesondertes ‚Sein', von ‚Identitäten' ganz zu schweigen." (Brühl, 2007, S. 131)

Diese kritische Betrachtung steht scheinbar im Gegensatz zu dem eigentlichen Vorhaben von Brühl, denn er fokussiert in seiner Analyse eben das Motiv der Homosexualität in Brechts *Cäsar*-Roman. An seinen einleitenden Gedanken (was teilweise auch für die Arbeiten von Kessler und Borchers gilt) ist zugleich ein neues Paradigma in der Literaturwissenschaft zu beobachten, das mit der Entwicklung der theoretischen Positionen der Gender- und *Queer*-Forschung in Verbindung steht.[7] Brühls Worten ist zu entnehmen, dass weder der Autor noch sein Werk bewusst zu der homosexuellen Emanzipationspolitik beitragen. Anders gesagt sollte Brecht nicht dem schwulen Kanon zugeordnet werden.[8] Die Zugehörigkeit zu dem Kanon ist jedoch keine Voraussetzung für die Auseinandersetzung mit den literarischen Gestalten, bei denen homosexuelle Neigungen zu beobachten sind. In diesem Sinn handelt es sich um die literarische Bildforschung (wobei für die *queere* Literaturwissenschaft das Bild und die Darstellung des Homosexuellen von Interesse sind), die mit der sog. Imagines-Forschung innerhalb der genderorientierten Literaturwissenschaft korrespondiert. Laut Inge Stephan gehört in diesen Zusammenhang auch die Frage, „ob die Leitbilder der lesbischen und homosexuellen Subkultur die gängigen Männer- und Frauenphantasien nur reproduzieren oder sie karnevalistisch unterlaufen" (Stephan, 2000, S. 295). Ihre Frage könnte aber auch umgekehrt lauten: ob die (heterosexuellen) Vorstellungen über Männlichkeit und Weiblichkeit die Darstellung der Homosexualität (karnevalistisch) prägen. Bei den Aspekten des Geschlechts und der Geschlechtlichkeit kann sich also die Untersuchung mit der Fragestellung vor allem der poststrukturalistischen feministischen Theorie und der Erforschung der Geschlechterproblematik in Brechts Werk überschneiden.

Die Sicht und Untersuchung der Geschlechterproblematik im Werk von Bertolt Brecht veränderte und entwickelte sich vor allem dank jeweils eines neuen methodischen Zugangs, der natürlich mit der Entwicklung der einschlägigen Theorien zusammenhängt. Die unterschiedlichen Forschungsansätze kreisen aber vor allem um die gemeinsamen Kernbegriffe der Subjektivität und Identität, wobei die älteren Untersuchungen eher im Bereich der Psychoanalyse verbleiben und/oder mit dem gesellschaftlichen und soziologischen Blickpunkt verbunden sind (vgl. Karasek, 1995; Pietzcker, 1974; Henkelmann, 1984; Lennox, 1978). Immer mehr nehmen aber Tenden-

---

7 Auf die Theorie der *Queer*-Forschung, die für meine weitere Analyse relevant ist, gehe ich ausführlicher im folgenden Kapitel ein (vgl. Kapitel 2: *Queer* als Theorie und rezeptionsästhetischer Ansatz).

8 Wenn man jedoch den sog. Homo-Kanon als Kanon der Autoren, Werke und Gestalten denkt (vgl. Keilson-Lauritz, 1997, S. 23), so wäre zu überlegen, ob man Brecht – in den Punkten Werke und Gestalten – diesem Kanon doch zurechnen könnte. Einerseits ist vor allem die Tatsache zu berücksichtigen, dass der schwule Kanon keine statische Größe, sondern ständig in Bewegung ist, wie Keilson-Lauritz betont (vgl. ebd., S. 24), und andererseits gibt es Beweise dafür, dass Brechts Name doch den Weg in die Darstellungen über Homosexualität in der deutschen Literatur findet (vgl. z. B. bei Meyer, 2000; Jones, 1995).

zen zu, die es versuchen, das eindeutige und westlich geprägte Subjektbild aufzulösen und es (vorwiegend durch die Sicht der Kulturologie) polyvalent zu machen oder die vorgegebene Identität und Identifikation infrage zu stellen (vgl. Radatz, 1973; Nussbaum, 1985; Tatlow, 2001). Zu einem wichtigen und oft angesprochenen Aspekt dieser Identität gehören Weiblichkeit und Männlichkeit, die als selbstverständlich und stabil gelten. Hinterfragt werden immer wieder meistens die Art und Weise der Darstellung von Weiblichkeit, ihre Stereotypen und Position auf der Achse zwischen Misogynie und Philogynie (vgl. Radatz, 1973; Nussbaum, 1985; Henkelmann, 1984; Karasek, 1995; Lennox, 1978 u. a.). Das Wort ergreift auch die feministische Literaturwissenschaft. Die bisher vorwiegend am Rand bleibende Reflexion des Homosexualitätsmotivs zeigt Parallelen mit der Betrachtung des Frauensubjekts, denn sie involviert das Problem der Identität (aus der psychologischen und psychoanalytischen Sicht) auch im Zusammenhang der gesellschaftlichen Aspekte (vgl. Pietzcker, 1974), von denen der Übergang ins Politische sichtbar wird (vgl. Case, 1985). Andere Untersuchungen verfolgen die historische Verflechtung des Phänomens im Rahmen der Literaturgeschichtsschreibung und der Komparatistik (vgl. Borchers, 2001). Bei mehreren Forschern wiederholt sich der Aspekt der Handlung, was bedeutet, dass der Begriff Homosexualität als Motiv Potenzial hat, Bedeutung zu stiften (vgl. Borchers, 2001), die Geschlechterbeziehungen politisch zu konnotieren oder Protest zu zeigen (vgl. Pietzcker, 1974; Case, 1985). In Anbetracht des Homosexualitätsdiskurses kann man auch den philosophischen Ansatz von Šubik (1995) und seine bei Brecht festgestellte Verbindung des Denkens und Handelns als Phänomen der sprachlichen Performanz lesen. Die Analyse der Sprache dieses Diskurses kann genauso auch die Untersuchung der symbolischen Ebene im Vergleich zur semiotischen einschließen, wobei hier die Symbolik in die Nähe des Ritus, der Ideologie oder Mythologie treten kann (vgl. Tatlow, 2001). Die erwähnten Zugänge grenzen insgesamt an die Problembereiche des Poststrukturalismus. Die gegenwärtigen feministischen bzw. genderorientierten Ansätze sind sehr heterogen, sie umfassen feministisch dekonstruktivistische Perspektiven, diskursanalytische, ethnomethodologische, repräsentationstheoretische und radikalkonstruktivistische bzw. systemtheoretische Zugänge (vgl. Babka, 2003, S. 2).

Die gemeinsame Grundlage der neuen (insbesondere der diskursanalytischen und dekonstruktivistischen) Ansätze stellt die von der klassischen psychoanalytischen Vorstellung abweichende Auffassung des „Subjektes" dar, wobei ich hier das Wort selbst in Anführungszeichen stelle. Diese Grundannahme problematisiert und setzt vor allem das Konstruieren dieses „Subjektes" voraus, nicht in der ontologischen, eher in der epistemologischen Sicht, als eine zu erkennende, zu beschreibende und zu deutende Entität. Die literarischen Gestalten und die lyrischen „Subjekte" sollen vor allem in dem kulturologischen (kulturtheoretischen) Kontext als Bestandteile der phallogozentrischen Kultur betrachtet werden, innerhalb derer gewisse geschlechtliche Hegemonien, Machtstrategien, regulierende, eingreifende und begrenzende Mechanismen herrschen. Diese kulturellen Praktiken, die sich einerseits diskursiv äußern, sich aber andererseits auch in die realen Lebenszusammenhänge einschreiben und in ihnen tätig werden, wirken meistens wie eine Art Mimikry, sie versuchen sich selbst zu verschleiern, um als natürlich zu erscheinen. Da die Gender- und *Queer*-Studien immer implizit oder explizit auch einen politischen Aspekt enthalten, der seit jeher das Ziel der Egalität, Emanzipation und Aufklärung des Denkens anstrebt, geht es ihnen somit auch um die Aufdeckung und Aufhebung dieser kulturell eingeschriebenen Verschleierung.

Die analysierten Texte Brechts sind in diesem Zusammenhang auf ihr Potenzial zu untersuchen, gegen den vorherrschenden (heterosexuellen) Diskurs subversiv zu wirken. In diesem Sinn sind die Analysen als diskurskritisch zu bezeichnen. Mit der dekonstruktivistischen Methode soll wiederum das Bemühen um die Aufhebung der klassisch binären Oppositionen zwischen den Begriffen männlich/weiblich, homosexuell/heterosexuell korrespondieren. Im poststrukturalistischen Rahmen wird auch die Textbedeutung auf ihre Polyvalenz untersucht, das heißt, sie soll nicht als stabil und eindeutig gelten, sondern als kontextuell- und rezeptionsbedingt verstanden werden. Die Rezeption soll unter Einbeziehung der soziokulturellen Konzepte der Männlichkeit und speziell der Homosexualität stattfinden, wobei diese Konzepte und Theorien mit der Darstellung der homosexuellen Gestalten und Subjekte in der frühen Lyrik, in den Dramen *Baal, Im Dickicht der Städte, Leben Eduards des Zweiten von England* und im Prosatext *Bargan lässt es sein* verglichen werden. Dabei sind Gemeinsamkeiten und Unterschiede innerhalb der Texte und zwischen den Texten und den soziokulturellen und *queer*-theoretischen Auffassungen der Homosexualität zu untersuchen. Festzustellen ist, ob die sich homosexuell verhaltenden Männer in den literarischen Werken Brechts als einheitliches Bild oder ob sie divergent figurieren, d. h. ob es sich im Grunde genommen um eine/keine typisierte Erscheinung handelt oder nicht und ob das homosexuelle Verhalten gegebenenfalls einem Stereotyp entspricht oder widerspricht. Miteinander verglichen werden sollen auch die Darstellungsweisen in der Lyrik, Epik und Dramatik. Natürlich ist ebenfalls die zusammenfassende Frage vorzubringen, welche Bedeutung der Darstellung von Homosexualität im Brechtschen Frühwerk zukommt. Alle durchgeführten Analysen werden dabei auf der textuellen, eventuell intertextuellen Ebene (im Sinne des übergreifenden Vergleichs der Texte untereinander) verbleiben. Der Bezug auf die autobiografischen Elemente der Texte soll möglichst völlig vermieden werden, da die bisher im Zusammenhang mit der Homosexualität gelieferten und eher unglücklichen psychoanalytischen Erklärungen einerseits meinem rezeptionsästhetischen Zugang nicht entsprechen und zweitens durch eine andere Perspektive zu ersetzen sind. Dem konkreten methodologischen Zugang und seinem Kontext ist das nächste Kapitel der Arbeit gewidmet, diesem folgen dann die Kapitel, in denen die Analysen der ausgewählten Werke im Mittelpunkt stehen, die Gliederung innerhalb dieser Kapitel entspricht meistens den triangulären Figurenkonstellationen im jeweiligen Werk.

2 *Queer* als Theorie und rezeptionsästhetischer Ansatz

An dieser Stelle ist sicherlich eine einführende Definition von *queer* zu erwarten, und dennoch könnte hier eine solche Erwartung enttäuscht werden, da sich um diesen Begriff teilweise eine Aura des Undefinierbaren, Wandelbaren und Uneindeutigen gebildet hat, die ihn zugleich als grenzenloses Feld von vielen Möglichkeiten erscheinen lässt. Es widerstrebt sogar manchen Theoretikerinnen und Theoretikern, diesen Begriff in eine Zwangsjacke von terminologischer Einengung zu bringen und ihn somit erstarren zu lassen. Auf der einen Seite birgt diese Einstellung die Gefahr, dass infolge der Absenz einer exakten Definition die *Queer*-Theorie nur als intuitive und unzulänglich ausgearbeitete Theorie angesehen wird und dass sie um so mehr um Akzeptanz ringen muss (vgl. Jagose, 2005, S. 124). Auf der anderen Seite ist es eben die Unbestimmtheit, die den „vielbeschworenen Charme" von *queer* ausmacht.[9]

Das englische Wort *queer*, das möglicherweise vom deutschen „quer" abgeleitet ist, bedeutet soviel wie „seltsam, sonderbar, merkwürdig, eigen(tümlich), exzentrisch, gefälscht, fragwürdig" und als Verb „irreführen, etwas verderben, verpfuschen" (vgl. Metzler Lexikon Gender Studies, S. 327; Hark, 2004, S. 73). Insbesondere wurde und wird es aber als Schimpfwort für die Homosexuellen gebraucht. Um die Radikalität dieser Bezeichnung anschaulich zu machen, müsste es im Deutschen eigentlich mit „pervers" übersetzt werden. In dieser Hinsicht widerspricht *queer* immer dem „Normalen", der Norm und gilt deswegen als exzentrisch oder abnormal (vgl. Spargo, 2001, 38), was uns wiederum die Schwierigkeit einer Definition vor Augen führen muss, denn als solches kann *queer* nur aufgrund der Relation zu dem an sich ebenso vagen Begriff „Normalität" abgegrenzt werden. Im Bezug auf die Homosexualität heißt das *Queer*-Sein: gegen die angeblich natürliche Heterosexualität zu verstoßen, anders oder auch abartig zu sein. Trotz dieser strikt negativen und homophoben Konnotation kam es jedoch überraschenderweise dazu, dass sich die homosexuelle Subkultur dieses beleidigende Wort aneignete und dessen Bedeutung zu einem neuen Zweck reformulierte.[10] Dies geschah allmählich (obwohl in der Theorie immer wieder von einem „queer moment" gespro-

---

[9] Diese Äußerung von Jagose ist vielleicht mit einem Hauch von Ironie zu lesen, was jedoch hinwieder auf das kritische Durchque(e)ren der eigenen Theorie verweisen würde (vgl. Jagose, 2005, 14).

[10] Ähnliche Veränderung machte z. B. auch der Begriff „gay" durch. Zu der Geschichte des Gebrauchs von „queer", „gay" etc. vgl. Jagose, 2005, S. 97.

chen wird) im Zuge der in den 60er Jahren beginnenden Veränderungen in der gesellschaftlichen Positionierung der homosexuellen Community, die ihren ostentativen Ausdruck in den mittlerweile fast zu Emblem gewordenen Ereignissen um Stonewall[11] erreichten. Die hiermit markierte Wende in der Emanzipationspolitik von Schwulen und Lesben führte die Abwendung von den früheren bis Ende des 19. Jahrhunderts reichenden assimilatorischen Homophilenbewegungen herbei und bahnte zugleich die Formierung einer neuen Homo-Befreiungsbewegung an.

Dieses reformorientierte radikale „gay movement" ist unter anderem ohne den Kontext der unterschiedlichsten Protestbewegungen der damaligen Zeit nicht zu denken, die durch das öffentliche und oft militante Auftreten nicht nur die Aufmerksamkeit erlangen, sondern auch eine Änderung im gesellschaftlichen Leben bewirken wollten. Erinnert sei zum Beispiel an Proteste der Schwarzen, Studenten, Hippies, Antikriegsaktivisten etc. So setzt auch die moderne Schwulenbewegung auf die Kraft des Lautwerdens und des Coming-out.[12] Damit rückte die Auffassung der Homosexualität als Identität in den Vordergrund, was einerseits das Erreichen von politischen Zielen als auch eine Art Bündnispolitik mit ähnlichen minoritären Gruppen[13] ermöglichte, obwohl dadurch auf der anderen Seite ein Zwiespalt zwischen *queerer* Theorie und Praxis generiert wurde: ein Widerspruch zwischen dem theoretischen Unterminieren der Identitätsauffassung und der Notwendigkeit der Identität für die Entstehung einer politisch handelnden Masse.[14] Diese Diskrepanzen zeigen und verschärfen

---

11 Am 27. 6. 1969 setzte sich die schwule Community gegen die Polizeirazzia im New Yorker Lokal Stonewall Inn zur Wehr, der Konflikt verlagert sich auf die Straßen und verwandelt sich zu einem offenen Kampf um das Recht auf die laute Artikulation der eigenen Identität. Dieses Ereignis bedeutete einen symbolischen Bruch mit der Politik der stillen Anpassung.

12 Coming-out hängt u. a. mit dem Gefühl vom Stolz (homo/gay zu sein), aber auch mit dem Verschieben der Grenzen der Privatsphäre zusammen. Es hat jedoch auch eine erkenntnistheoretische Dimension. Zu Coming-out vgl. *Die Epistemologie des Verstecks* von Sedgwick, 2003.

13 Die Parallele der Auffassung von Homosexualität als Minorität setzt die Homosexualität auf eine ähnliche Ebene mit den aufgrund der Klasse, Rasse oder Geschlecht unterdrückten Gruppen und lässt eine Art von Allianzen in Betracht ziehen (z. B. Homosexuelle und Frauen als gemeinsame Gegner des Patriarchalsystems), obwohl andererseits auch eine Art Konkurrenz zwischen diesen Gruppen bestehen kann.

14 Ein ähnlicher Widerspruch ist auch zwischen dem theoretischen Feminismus und der feministischen politischen Praxis zu beobachten, also zwischen der Auffassung von Frau als politische Kategorie einerseits und Frau als nicht mehr haltbare Kategorie innerhalb der Gender-Theorie andererseits.

sich dann in den späteren 80er und 90er Jahren. Das politische Engagement der schwulen Gruppen zeigt sich in dieser Zeit als Erfordernis. Und das vor allem angesichts der AIDS-Krise, die wachsende, teils demagogisch verursachte Homophobie und Feindlichkeit, verstärkten Konservativismus und eine neuartige, dem Bild der Familie huldigende Ikonophilie mit sich brachte. Im Jahr 1990 wurde daher auf dem Treffen der Gruppe ACT UP die Organisation „Queer Nation" ins Leben gerufen. Unter dem provokativen Begriff *queer* sollten die teils auseinandergehenden Gruppierungen von Schwulen und Lesben, Bisexuellen und Transgender genauso wie viele gesellschaftliche Außenseiter vereinigt werden[15], um eine stärkere und wirksamere Koalition zu gründen, mit dem Ziel, sich von der Uniformität, von der vorgeschriebenen Lebens- und Liebensweise und vom Zwang einer binären hierarchisierten Logik, die die Menschen aufgrund ihres Körpers, Geschlechts, der Rasse, der sexuellen Orientierung, Lebensweise, Klasse etc. in gute/normale und schlechte/abnormale teilt, zu befreien. Dabei ist dieser neu akzentuierte Identifizierungsbegriff paradoxerweise mit einem konservativen Ausdruck „Nation" gepaart, was unterschiedliche Pro- und Kontra-Einstellungen und -Bewertungen hauptsächlich auf der theoretischen Ebene produziert (vgl. Jagose, 2005, S. 136ff.). Unbestritten bleibt die Tatsache, dass „Queer Nation" zur Popularisierung des Begriffs *queer* beigetragen und auch dessen Bedeutung (bzw. den Bedeutungswandel) wesentlich geprägt hat. So findet dieser Terminus gleichzeitig seinen Eingang in die Welt der Theorien und fasst dort seinen Fuß.

Der Einführung in das wissenschaftliche und akademische Umfeld verdankt *queer* unter anderem der Literaturwissenschaftlerin Teresa de Lauretis, die das Wort als Theorem bereits 1989 für eine Konferenz in Santa Cruz (Kalifornien) wählte und es mit dem Vorhaben, die begrenzten Begriffe „schwul" und „lesbisch" zu überwinden, zum Projekt der *Queer Theory* erklärte. Das anschließend 1991 von ihr herausgegebene Heft der Zeitschrift *Differences. A Journal of Feminist Cultural Studies* widmet sich explizit der neu entstehenden *Queer*-Theorie. Zu einer schnellen Etablierung dieser theoretischen Richtung verhalfen v. a. zwei Tatsachen: ihre Anknüpfung an die bereits akademisch verankerten schwul-lesbischen Studien (gay and lesbian studies), die natürlich nur dank der vorherigen Emanzipations- und Befreiungsbewegung an einigen Universitäten bereits existierten, und zweitens ihr Zusammenhang mit der Problematik und den Theorien der Frauen-, Männer- und Geschlechter-Forschung (women stu-

[15] Einen interessanten Hinweis zu der ethischen Dimension eines solchen Sammelbegriffs gibt Nina Degele, denn die sexuellen Randpositionen betreffen auch Pädophile, Zuhälter, Kannibalen etc. (Degele, 2008, S. 42, Anm. 9.).

dies, men studies und gender studies), mit denen sie in einer Beziehung der gegenseitigen Ergänzung, Beeinflussung und der kritischen Hinterfragung steht.

Wie bereits erwähnt wurde, könnte die Herausbildung der *Queer*-Theorie als Umformung und Vereinigung der früheren schwulen und lesbischen Studien verstanden werden.[16] Die Theoriebildung um *queer* überschreitet jedoch so eine trivial formulierte Verbindung, weil sie unbedingt in das Gef(l)echt der Auseinandersetzungen der Gender-Theorien eingewoben ist (oder eben aus diesem Gewebe hervorgeht) und in mehr oder weniger enger Beziehung zu den Fragen des Feminismus steht[17], was zugleich heißt, dass viele Berührungspunkte in ihrem theoretischen und begrifflichen Apparat festzustellen sind. Im Allgemeinen versuchen sich die *Queer*-Studien vom Feminismus (und den Gender-Theorien), der in den Vordergrund die Fragen der Geschlechterverhältnisse rückt, als Theorien der Sexualität zu differenzieren[18]. Dass sich diese Spezifikation auch im deutschsprachigen Raum durchgesetzt hat, beweist unter anderem auch Andreas Kraß in seiner Einführung zu *Queer*-Studien. Er macht zwar klar, dass es nicht möglich ist, die Breite der *Queer Theory* und *Queer Studies* zu beschreiben, aber alle signifikanten Züge[19], auf die er sich konzentriert, haben ihren gemeinsamen Nenner im Aspekt der Sexualität. Derselbe Bezugspunkt ist auch für die HerausgeberInnen und ÜbersetzerInnen von Jagoses Buch wichtig. In ihrer Auffassung des Wissenschaftsfeldes und der Fragestellungen von *queer* „wird folglich Kultur - insbesondere Literatur, Sprache und die sogenannte Populärkultur - daraufhin befragt, wie sie (Hetero-)Sexualität formen, und umgekehrt, wie (Hetero-)Sexualität Kultur formt und bestimmt" (Genschel et al., 2005, S. 169). Die *Queer*-Theorie stellt

16 Bei Ralph J. Poole scheinen z. B. „gay and lesbian theory" und „queer theory" durchaus äquivalente Begriffe zu sein (vgl. Pool, 1995, S. 121). Die Beziehung zwischen den Bezeichnungen „schwule und lesbische Theorien" einerseits und der „*Queer*-Theorie" andererseits ist wie zwischen Feminismus und Gender.

17 Es ist zu berücksichtigen, dass die führenden TheoretikerInnen der *Queer*-Theorie - wie Butler, Lauretis, Halperin, Sedgwick, Case - die Positionen des Feminismus vertreten, obwohl ihnen oft vorgeworfen wird, dass der Standpunkt von *queer* unfeministisch ist.

18 Die „feinsäuberliche Trennung" des Blickwinkels in Richtung Geschlecht oder Sexualität wird hingegen z. B. von Butler, Jagose oder anderen WissenschaftlerInnen kritisiert (vgl. Jagose, 2005, S. 154).

19 Kraß widmet sich in der Vorstellung der *Queer*-Theorie als kulturwissenschaftliches Projekt den Problemen der Performativität, Historizität und Semiotik der Sexualität (Kraß, 2003, S. 20).

also eine spezifische kulturwissenschaftliche Perspektive dar, mit der auch die vorliegende Arbeit korrelieren will.
Queer steht eindeutig im Gedankengerüst des poststrukturalistischen Kontextes[20] und als Wegbereiter der *Queer*-Theorie wirkten unter anderem der sogenannte genetic turn[21] und die Wende von der essentialistischen zur konstruktivistischen Auffassung des Geschlechts und der Sexualität.[22] Bereits Foucault verwies darauf hin, dass die Homosexualität eigentlich eine Erfindung des späten 19. Jahrhunderts ist, womit er meint, dass sie im Laufe der Geschichte erst diskursiv hervorgebracht wurde, und das zuerst im medizinischen Diskurs. Dies zeugt zugleich von der Veränderbarkeit ihrer Auffassung. Tatsächlich sind in der abendländischen Zivilisation, in ihrem Denken und ihrer Epistematik eindeutig unterschiedliche sich historisch wandelnde Konzepte der gleichgeschlechtlichen Sexualität nachzuweisen. Zu den bekanntesten gehören Päderastie, Sodomie und Homosexualität.[23] Obwohl Michel Foucault nicht der Erste ist, der über die Konstruktion der Sexualität spricht, hat er mit seinen genealogischen Studien die Entstehung und Entwicklung der *Queer*-Theorie angeregt und wesentlich beeinflusst. Genauso wichtig wie die These der Konstruktivität war auch seine Verbindung der diskursiven Praktiken mit den Mechanismen der Macht. Die Macht entspringt laut Foucault einem Kräftespiel im diskursiven Umfeld, dem Aufeinanderwirken der Diskurse und ihrer Gegen-Diskurse (die zugleich an gesellschaftliche Institutionen, Produktionsapparate und Gruppen gebunden sind) und führt zur Spaltung des sog. Gesellschaftskörpers in ungleiche Teile. Diese Spaltung begründet ein Herrschaftsverhältnis zwischen Beherrschten und Unterdrückten und lässt zwischen ihnen eine bewegliche, veränderbare und diffuse Kraftlinie entstehen. Dabei ist die Macht nicht als negative Kraft zu verstehen, denn sie existiert eher als Auswirkung und nicht als Ursache dieses Verhältnisses

---

20 Die Verbindung von *Queer*-Theorie und Poststrukturalismus formuliert auch Alan Sinfield: „In my view queer theory is a species of poststructuralism and deconstruction." (Sinfield, 2005, S. IX; ebenso Jagose, 2005, S. 98ff.)

21 Zu dem Begriff genetic turn, der die Trennung von Geschlecht (sex) und Gender markiert, vgl. Braun 2000, S. 50ff.

22 Es herrscht fast allgemeiner Konsensus darüber, dass das Geschlecht im Sinne eines sozialen Geschlechtes (*gender*) ein soziokulturelles Konstrukt ist, die These von Butler, dass nicht nur *gender*, sondern auch *sex* eine diskursiv hervorgebrachte Entität ist, bleibt von vielen umstritten oder missverstanden. Vgl. z. B. Butlers Reaktion vor allem auf die deutsche Rezeption ihres Buches *Gender Trouble* (Butler 1997, S. 9).

23 Außer der bereits bei Foucault erwähnten Päderastie und Sodomie zählt Halperin zu den sog. prähomosexuellen Konzepten noch die Effemination und Freundschaft. Vgl. Halperin, 2003, S. 181.

und trägt immer die Möglichkeit einer Veränderung und Verschiebung der unsichtbaren Grenze in sich. Auf der anderen Seite ist mit der Machtdisposition eine regulative Praktik verbunden, die sich auf die Individuen projiziert und mit der Konstituierung der Subjektivität und der Subjektposition zusammenhängt. Die Subjektivität erweist sich als Ort, an dem es zur Überlappung verschiedener Diskurse, kommt und als Ort, den die Regulationen der Macht (mit)bestimmen. Obwohl das Subjekt in die Machtverhältnisse eingebunden ist, kann es jederzeit dagegen Widerstand in Form des Gegendiskurses (oder Gegendiskurse) leisten, womit sich auf diese Weise seine Freiheit begründet. Die Analysen der Machtstrategien innerhalb der Diskurse und insbesondere innerhalb des Sexualitätsdiskurses machten Foucault zu der Vaterfigur und Ikone der *Queer*-Theorie.[24]
Im Sinne von Foucault versucht auch Judith Butler, eine der wichtigen Gestalten der *queeren* Theoriebildung, eine Genealogie der Machtformationen durchzuführen. Sie erforscht die Verflechtung der Macht mit den Kategorien Geschlecht, Geschlechtsidentität und Begehren (*sex, gender, desire*). Ihrer Meinung nach sind die Macht/Diskurs-Regime im Bereich der Formierung der Identität von Phallogozentrismus und Zwangsheterosexualität geprägt. In ihrem Buch *Unbehagen der Geschlechter* beschäftigt sie sich unter anderem mit der Differenz Geschlecht/Geschlechtsidentität, die sie radikal hinterfragt. Die Prämisse, von der sie ausgeht, lautet: „Ja, möglicherweise ist das Geschlecht (*sex*) immer schon Geschlechtsidentität (*gender*) gewesen, so daß sich herausstellt, daß die Unterscheidung zwischen Geschlecht und Geschlechtsidentität letztlich gar keine Unterscheidung ist." (Butler, 1991, S. 24) In ihrer Analyse des Diskurses über Geschlechtsidentität entlarvt sie das Geschlecht (*sex*) als scheinbar vordiskursiv gegebenen Effekt der kulturellen Konstruktion, der zugleich seine diskursive Produktion verschleiert. Die feministische Forschung und Politik (insbesondere in Deutschland) betrachtete diese These als reine Provokation, und so kam es zu einer regen Auseinandersetzung mit Butler und ihrer Kritik an der Kategorie „Frau" sowie an dem Begriff der Identität überhaupt. Die frühe Rezeption konzentrierte sich dabei vor allem auf (und protestierte gegen) Butlers Aufhebung der theoretisch bereits breit anerkannten Unterscheidung zwischen dem biologischen und dem sozialen Geschlecht (*sex/gender*), die als These in der Frauenbewegung schon eine lange Geschichte hat und sogar bis zu Simone de Beauvoir zurückreicht. Meistens wurde jedoch der Fakt, dass Butler im Wesentlichen das Konzept

[24] Foucault wurde in diesem Zusammenhang von David Halperin auf kritische Weise sogar als Heiliger bezeichnet. Zu Beziehung der *Queer*-Theorie zu Foucault vgl. Tasmin Spargo (2001).

der Sexualität und Heterosexualität als normierende und Identität stiftende Größe hinterfragt, eher außer Acht gelassen. Dabei sieht z. B. Sabine Hark vor allem in dem neuen Theorem der „heterosexuellen Matrix" einen der zentralen Beiträge Butlers so für die Gender-Studien wie auch für die *Queer*-Theorie (vgl. Hark, 2005, S. 289). Unter der heterosexuellen Matrix versteht Butler „das Raster der kulturellen Intelligibilität, durch das die Körper, Geschlechtsidentitäten und Begehren naturalisiert werden" (Butler, 1991, S. 219). Sie stützt sich dabei auf die Begriffe wie „heterosexueller Vertrag" (Witting) oder „Zwangsheterosexualität" (Rich) und präsentiert ein neues epistemisches Modell der Geschlechter-Intelligibiliät, in dem Geschlecht, Geschlechtsidentität und Begehren einen diskursiv verflochtenen und untrennbaren Zusammenhang bilden, der auf sexueller Binarität und Hierarchie aufbaut. Die Geschlechtsidentität ist im gewissen Sinne als Bedeutung zu verstehen, die der bereits sexuell differenzierte Körper annimmt und die als Bedeutung nur in Relation männlich - weiblich existieren kann[25] und von der Komponente des Begehrens nicht zu trennen ist. Das heißt zum Beispiel, dass einem männlichen Geschlecht der biologische Körper eines Mannes (der sich von dem Körper einer Frau unterscheidet) entspricht und sein Begehren auf das andere Geschlecht (also heterosexuell) gerichtet ist (gerichtet sein muss). Nur eine solche Einheit ergibt in der Logik der heterosexuellen Matrix eine stabile und zweifelsfreie Identität eines Mannes oder umgekehrt einer Frau, und alles, was sich außerhalb dieses Schemas befindet, wird als Sonderfall, Ausnahme oder Abnormalität verstanden. In ihrem Buch *Das Unbehagen der Geschlechter* geht sie unter anderem auf die Produktion der heterosexuellen Matrix ein und untersucht zwei Geschlechtsidentität konstituierende Kräfte - das Gesetz und das Verbot. Auf der theoretischen Ebene arbeitet sie mit der Lektüre von Lévi-Strauß, Freud, Lacan, Riviere oder Rubin.[26] In ihrer Schlussfolgerung ist sie mit Foucaults Kritik an der Repressionshypothese einverstanden und zeigt, dass das Begehren nicht Objekt der Repression ist, sondern vielmehr genauso wie der Körper und das Geschlecht von der Macht des Gesetzes produziert wird (vgl. ebd., S. 118). Hinsichtlich dieser Praktik der Produktion und des Verbots

> „offenbart sich die Homosexualität als ein Begehren, das gerade produziert werden muß, um verdrängt zu bleiben. Oder anders gesagt: Damit die Homosexualität als

[25] Butler setzt sich mit unterschiedlichen Auffassungen dieser Relationen im feministischen Kontext auseinander, wobei sie darauf aufmerksam macht, dass sie alle trotz der Unterschiede auf der geschlechtlichen Asymmetrie basieren (Butler, 1991, S. 25ff.).

[26] Vgl. zweites Kapitel „Das Verbot, die Psychoanalyse und die Produktion der heterosexuellen Matrix" in Butler, 1991, S. 63ff.

> distinkte gesellschaftliche Form intakt bleibt, ist es erforderlich, daß es eine intelligible Konzeption der Homosexualität und zugleich das Verbot dieser Konzeption gibt, indem sie nämlich unintelligibel gemacht wird." (Ebd., S. 120)

Der Begriff der heterosexuellen Matrix steht einem der zentralen Begriffe der *Queer*-Theorie - dem Terminus „Heteronormativität" sehr nahe. Nina Degele definiert ihn folgendermaßen:

> „Heteronormativität ist ein binäres, zweigeschlechtlich und heterosexuell organisierendes Wahrnehmungs-, Handlungs- und Denkschema, das als grundlegende gesellschaftliche Institution durch eine Naturalisierung von Heterosexualität und Zweigeschlechtlichkeit zu deren Verselbstverständlichung und zur Reduktion von Komplexität beiträgt - beziehungsweise beitragen soll." (Degele, 2008, S. 89)

Einfacher gesagt sei Heterosexualität die normale, ursprüngliche und legitime Form der Sexualität, die auf dem System von genau zwei unterschiedlichen biologischen Geschlechtern basiere, sich als „natürlich" präsentiere und als Norm (von der es natürlich auch immer wieder Abweichungen gibt) verstanden sein wolle. Auch anhand der Definition des Begriffes „Heterosexualität" in *Wahrigs Deutschem Wörterbuch* aus dem Jahr 1991 zeigt Hark, wie dieser Begriff mit „Empfinden" und „Normalität" assoziiert wird und somit unter anderem die eigentliche „Unnatürlichkeit" der Heterosexualität verdunkelt (vgl. Hark, 2005, S. 293). Auch Degele berücksichtigt, dass die in ihrer Definition charakterisierten Muster größtenteils unbewusst sind (oder sein können). Auch deshalb vergleicht sie die Heteronormativität mit Bordieus Habitus-Konzept, das als System von dauerhaften Dispositionen und strukturierender Strukturen der gesellschaftlichen Praxis ebenso auf der Basis der unbewussten Verinnerlichung funktioniert. Darüber hinaus ist die Heteronormativität nicht nur in den Individuen, sondern auch in den gesellschaftlichen Strukturen und Institutionen eingeschrieben (vgl. Degele, 2008, S. 89).

Die Aufgaben der *Queer*-Theorie bestehen auch darin, das Entstehen, Funktionieren und die Folgen der Heteronormativität bzw. der heterosexuellen Matrix zu entschleiern, sie sichtbar und bewusst zu machen, die Hetero-, Bi-, und Homosexualität als unnatürliche Konstrukte bloßzustellen, die scheinbar natürlich wirkende Kategorisierung innerhalb der Sexualität und folglich das stratifikatorische System der Sexualität, wie es unter anderem Gayle Rubin beschreibt (vgl. Rubin, 2003, S. 80ff.), anschaulich zu machen, zu hinterfragen und schließlich im bipolaren Denken (nicht nur hinsichtlich der Sexualität, sondern auch des Geschlechts und der Geschlechterrollen) eine destabilisierende Lücke herbeizuführen. Generell gesehen betreibt die *Queer*-Theorie vorwiegend eine diskurstheoretische Dekonstruktion und übt in Anlehnung an Derrida eine radikale Kritik am Logozentrismus (vgl.

Degele, 2008, S. 115). In den Vordergrund rücken vor allem die mannigfaltigen an hierarchische (meist polarisierte) Unterscheidungen gekoppelten Unterdrückungs- und Ausschließungsverhältnisse. Die Unterdrückung erklärenden Modelle wie Patriarchat oder Kapitalismus haben sich mit der Zeit als einseitig und veraltet erwiesen, stattdessen werden sie (oder sollten sie) durch mehrdimensionale Modelle ersetzt werden, die das gleichzeitige Zusammenwirken von jeweils mehreren Faktoren (wie Rasse, Klasse, Geschlecht, Sexualität, Herkunft...) innerhalb des machtpolitischen Spieles und der Herrschaftsstrukturen zu berücksichtigen und zu analysieren versuchen.[27] Außer der einschlägigen Analyse geht es den *Queer*-Studien darum, das Potenzial an Subversion in diesen Systemen zu entdecken, es aufzuzeigen und es so vielleicht dadurch zu aktivieren oder anzuregen. Auf diese Weise leistet auch die Theorie einen politischen Beitrag zu *queer*. Selbst Judith Butler beschäftigt sich in ihrem Buch *Körper von Gewicht* mit den politischen Implikationen. Die Analysen des Abschlusskapitels zu *queer* leitet sie mit folgender Fragestellung ein: „Wie erklärt sich, daß ein Begriff, der Erniedrigung signalisiert hat, umgekehrt wurde – »umfunktionalisiert« im Brechtschen Sinne –, um eine Reihe neuer und bejahender Bedeutungen zu bezeichnen?" (Butler, 1997, S. 307) Bei der Suche nach der Antwort auf diese Frage und bei der Untersuchung von Mechanismen der performativen Macht greift sie auf die Nietzscheanische Zeichen-Kette und Derridas Betonung der Iteration bei performativen Äußerungen zurück. Dabei kommt sie zur Schlussfolgerung:

> „Wenn eine performative Äußerung vorläufig erfolgreich ist (und ich schlage vor, daß »Erfolg« immer nur vorläufig ist), dann nicht deswegen, weil eine Absicht die Sprechhandlung erfolgreich regiert, sondern nur deswegen, weil die Handlung frühere Handlungen echogleich wiedergibt und die Kraft der Autorität durch die Wiederholung oder das Zitieren einer Reihe vorgängiger autoritativer Praktiken akkumuliert. Das bedeutet also, daß eine performative Äußerung in dem Maße »funktioniert«, wie sie die konstitutiven Konventionen, von denen sie mobilisiert wird, heranzieht und verdeckt. In diesem Sinne kann kein Begriff oder keine Erklärung ohne die akkumulierende und verschleiernde Geschichtlichkeit der Kraft performativ fungieren. Diese Auffassung von Performativität beinhaltet, daß der Diskurs eine Geschichte hat, die seinen heute üblichen Verwendungen nicht bloß vorhergeht, sondern sie bedingt, und daß diese Geschichte die präsentische Sicht des Subjekts als ausschließlicher Ursprung oder Eigentümer dessen, was gesagt wird, wirkungsvoll dezentriert." (Ebd., S 311f.)

Daraus ergibt sich, dass die *Queer*-Forschung ihr Augenmerk auf die Formierung der Homosexualitäten richten kann und die Macht des Begriffes

[27] Demzufolge sieht auch Degele in der Intersektionalität eine Perspektive der Queer- und Genderforschung. Vgl. Degele 2008, S. 141ff.

queer, seinen ursprünglichen Zweck zu entfremden und zu entstellen, näher untersuchen soll (vgl. ebd., S. 315).
Das theoretische Unterfangen von Butler ließe sich im gewissen Sinne auch als eine Art dekonstruktiver Lektüre charakterisierten, denn ihre Gedanken kristallisieren sich im Prozess der Auseinandersetzung mit Brüchen und Unstimmigkeiten in unterschiedlichen theoretischen Schriften. Obwohl sie manchmal auch auf literarische Texte zurückgreift (z. B. Kafkas Text *In der Strafkolonie*), ist ihre Arbeit nicht literaturwissenschaftlichen Charakters, dies wiederum verhindert jedoch nicht die literaturwissenschaftliche Anwendung ihrer Theorie. Von Bedeutung ist vor allem die theoretische Wendung zur Körperlichkeit bzw. Materialität der Sprache. Wenn, wie Butler behauptet, das Sprechen eine körperliche Handlung darstellt, ist auch das Lesen nicht anders als körperliche Handlung zu verstehen (vgl. Strowick, 2002, S. 56). Falls die gendertheoretische Rezeptionsästhetik im Lesen vor allem den körpergeschlechtlichen Akt sieht, so sind im Sinne der Trias Geschlecht - Geschlechtsidentität - Begehren auch die Sexualität oder das dem Körper eigene Begehren von der Lektürepraxis nicht zu trennen, und ähnlich wie das Geschlecht zur Analysekategorie der Literaturwissenschaft erklärt wurde, kann auch die Rolle des Begehrens auf der Ebene der textuellen Struktur in Erwägung gezogen werden.
Die Begehrensstrukturen innerhalb des Textes lassen sich auch als „Textbegehren" zusammenfassen. Dieser Begriff geht auf das psychoanalytisch begründete Postulat zurück, dass die Sexualität nicht nur das Schaffen, sondern auch das literarische Werk selbst prägt und in dessen Strukturen eingeschrieben ist. Ähnlich wie die feministisch orientierte Literaturwissenschaft vor allem in ihren Anfängen darauf hinweisen wollte, dass die (Literatur-)Wissenschaft von dem „männlichen Standpunkt" einseitig urteilt und arbeitet, hat in den 70er Jahren Jacob Stockinger auf die sexuelle Voreingenommenheit der Literatur aufmerksam gemacht. Der Gedanke der textuellen Sexualität impliziert zunächst textuelle Heterosexualität, was in einigen Fällen zu Missverständnissen und anderen Interpretationen des Textes führen kann (vgl. Stockinger, 1987, S. 10). Gewisse Texte sind nämlich auch als „Homotexte" zu lesen, folglich darf dieser Aspekt des Textes einfach nicht ignoriert oder übersehen werden. Deshalb schlägt er als Ergänzung der üblichen literaturwissenschaftlichen Ansätze das Konzept der sog. „Homotextualität" vor. Obwohl dieser Terminus in der Literaturwissenschaft keine Resonanz gefunden hat, betrachte ich ihn und Stockinger als Vorläufer der in den 80er Jahren herausgearbeiteten Methode des sog. *Queer Reading*.

Erhebliche Verdienste um die *Queer*-Theorie erwarb sich die Literaturwissenschaftlerin Eve Kosofsky Sedgwick, die angebliche „Queen Mum of Queer-Theory" (vgl. Kraß, 2004, S. 238). Ihre Arbeit hing vorerst mit Gay Studies zusammen und trug später zur Formierung der *Queer*-Studien bei. Sedgwicks interessante Untersuchungen reichen in die 80er Jahre zurück und richteten sich vor allem auf die Problematik der Homosexualität in der englischen Literatur. Für die *Queer*-Theorie sind unter anderem ihre Publikationen *Between Men. English Literature and Male Homosocial Desire* und *Novel Gazing. Queer Readings in Fiction* aufschlussreich. Im erst genannten Buch entwickelt Sedgwick ein spezifisches hermeneutisches Verfahren zur Analyse homosozialer Begehrensstrukturen im Text. Unter dem soziologisch geprägten Begriff „homosoziales Begehren" (*homosocial desire*) wird eine Ansammlung von affektiven Beziehungen zwischen Personen desselben Geschlechts verstanden, die obligatorisch als Verwandtschaft, Freundschaft, Mentorenschaft, Bewunderung, Unterordnung, Rivalität etc. ausgetragen werden können (vgl. ebd., S. 239 und Sedgwick, 1992, S. 251). Diese homosozialen Bindungen unterliegen einerseits einer ständigen Regulierung und andererseits strukturieren sie die gesamte öffentliche oder heterosexuelle Kultur. Hier kann man zum einen die Regulierung im Sinne von Foucault mit der Machtstrategie gleichsetzen. Als regulatives Dispositiv wirkt die sog. „männliche homosexuelle Angst" (*male homosexual panic*), mit anderen Worten eine „stark psychologisierte säkulare Homophobie" (vgl. Sedgwick, 1992, S. 249). Zum anderen benutzt Sedgwick das kulturologische Modell von Lévi-Strauß, in dem die Konstituierung der Kultur an Exogamie gebunden ist. Die globale Tauschbeziehung innerhalb der Kultur findet immer zwischen Männern statt, die Frau spielt dabei lediglich die Rolle eines Tauschobjektes. So gesehen kann in Anlehnung an Heidi Hartmann auch das System des Patriarchats als Komplex hierarchischer auf Abhängigkeit und Solidarität beruhender Beziehungen zwischen den Männern betrachtet werden, die gemeinsam auf das Beherrschen der Frauen abzielen (vgl. ebd., S. 249). Die Homosexualität stellt innerhalb dieses homosozialen Spektrums einen „Ort der Machtausübung" dar, der am stärksten eben diejenigen Männer kontrolliert, die sich gegen das Homosexuelle definieren. Vor allem diese Männer geraten in die Zwickmühle zwischen Manipulierbarkeit und Bereitschaft zur Gewalt (vgl. ebd., S. 250f.).

In Bezug auf die englische Literaturgeschichte diagnostiziert Sedgwick als Ort der Austragung der männlichen Angst vor Homosexualität zuerst das postromantische Genre des „paranoischen Schauerromans" (*paranoid Gothic*) und anschließend die Werke der Literatur um die Jahrhundert-

wende (19./20. Jh.), in deren Mittelpunkt die Figur des Junggesellen steht. In *Between Men* steht die Untersuchung der Romane des 18. und 19. Jahrhunderts im Vordergrund. Ihre Analysen weisen eine enge Verknüpfung zur Methode der Dekonstruktion auf, und als Instrument greifen sie insbesondere auf das Element der Figurenkonstellation zurück. Das zentrale Konfigurationsschema basiert in den analysierten Werken auf dem sog. „erotischen Dreieck" (*erotic triangle*), das psychoanalytisch mit dem ödipalen Dreieck (Sohn - Mutter - Vater), kulturanthropologisch mit dem Prinzip der Exogamie und literaturwissenschaftlich mit dem Lektüremodell des triangulären Begehrens nach René Girard zusammenhängt.
Bei der Analyse und dem Vergleich der Figurenkonstellationen bei unterschiedlichen Autoren konzentriert sich Girard auf die Struktur des Dreiecks, das er nicht als Gestalt, sondern intersubjektiv und als „konsequent durchgezogene systematische Metapher" versteht (vgl. hier und im Weiteren die Anmerkung 2 bei Girard, 1999, S. 323). Er geht in seinen Überlegungen unter anderem davon aus, „daß die großen Schriftsteller im Vollzug ihrer Werke intuitiv und konkret, wenn nicht formal jenes System wahrnehmen, in dem sie wie ihre Zeitgenossen ursprünglich gefangen waren" (Girard, 1999, S. 323). An dieser Stelle lässt sich die These von Girard in der *queeren* Perspektive mit dem System der Heteronormativität verbinden und im Zusammenhang mit dieser Arbeit als Frage nach dem Maß einer intuitiven und konkreten Einverleibung des heteronormativen Systems in Brechts Werken stellen.
Um zurück auf die Bedeutung des triangulären Begehrens zu kommen: Die meisten Subjekt-Objekt-Beziehungen sind nicht einfach nur cartesianisch linear, sondern stehen und entwickeln sich in der Regel unter Einfluss eines Mittlers. Das Subjekt begehrt eigentlich nach dem Begehren des Mittlers, und an der Kristallisation dieser Beziehungen sind grundsätzlich Eitelkeit oder Leidenschaft beteiligt. Das Subjekt und der Mittler können sogar zu Rivalen werden. „Die Vermittlung erzeugt ein mit dem Begehren des Mittlers vollkommen identisches zweites Begehren. Das will heißen, daß stets zwei *sich widerstreitende* Begehren im Spiel sind. Der Mittler kann seine Rolle als Vorbild nicht mehr spielen, ohne zugleich die Rolle eines Hindernisses zu übernehmen oder angeblich zu übernehmen." (Girard, 1999, S. 16f.) Die Art der Vermittlung unterscheidet sich je nach der Größe der zwischen Subjekt und Mittler bestehenden Distanz, die geistiger Natur ist. So spricht Girard entweder von der externen oder internen Vermittlung. Entweder sind die Sphären des Mittlers und des Subjekts unabhängig, oder die Distanz zwischen dem Subjekt und dem Mittler ist so gering, dass sie sich sogar überschneiden (vgl. ebd., S. 18). Das Grundschema des triangu-

lären Begehrens ist eigentlich sehr variabel und kann verschiedene Formen annehmen: „Das Begehren gemäß dem *Anderen* ist immer das Begehren, ein *Anderer* zu sein. Es gibt ein einziges metaphysisches Begehren, doch die einzelnen Begehren, in denen sich dieses ursprüngliche Begehren konkretisiert, variieren unendlich." (Ebd., S. 91) Abhängig davon, ob ein Schriftsteller in seinem Werk die Existenz des Mittlers aufdeckt oder nicht, wird er als „romanesk" oder „romantisch" bezeichnet. Der romantische Schriftsteller lässt also die Beziehung zum Mittler hinter einem Schleier, der romaneske dagegen enthüllt sie. Die Aufdeckung geschieht dabei vorwiegend unter Anwendung der Ironie (vgl. ebd., S. 24ff.). Die unterschiedliche literarische Schilderung bedarf schließlich zweierlei Lesestrategien, denn entweder ist das Begehren vom Erzähler eingeleitet (romanesker Typ) oder muss dessen Analyse „gegen den Text" geleistet werden (romantischer Typ) (vgl. Kraß, 2004, S. 240f.).[28]

Girard grenzt sich bei seiner Konzeption des triangulären Begehrens bewusst von dem strukturalistischen und mechanistisch wirkenden Modell von Lévi-Strauß ab und betont die zwar durchsichtige, jedoch geheimnisvoll undurchdringliche Art der zwischenmenschlichen Beziehungen, die auch irrational und chaotisch wirken können. Sedgwick dagegen, die die Dreieckkonstellationen von Girard modifiziert, kehrt ganz bewusst zu dem kulturologischen Ansatz von Lévi-Strauß zurück (vgl. Sedgwick, 1992, S. 249). Andreas Kraß bemerkt außer dieser Öffnung zugunsten der Psychoanalyse und Ethnologie noch weitere zwei Aspekte der von Sedgwick unternommenen Modifikation. Erstens die Fixierung des Dreiecks auf die Konstellation der Rivalität zweier Männer um eine Frau und zweitens die Anwendung dieses Modells bei der Analyse der sog. „Begehrensstrukturen" eines Textes, die unter der „heteronormativen Textoberfläche" verborgenen seien (vgl. Kraß, 2004, S. 241). Der Beitrag von Eve Kosofsky Sedgwick hilft unter anderem, die Beziehungen zwischen den Männern aus dem Kontext des männlichen homosozialen Begehrens verständlich zu machen und sie zu erklären. Bei Girard dagegen stiftet das Moment einer homoerotischen bzw. homosexuellen Beziehung innerhalb gewisser triangulärer Konstellation eher Unklarheit und Verwirrung:

> „Nichts wird einsichtig, nichts wird verständlich, wird das trianguläre Begehren auf eine für den Heterosexuellen zwangsläufig undurchschaubare Homosexualität zurückgeführt. Ergiebiger wäre das Ergebnis, würde man die Sinnrichtung der Erklärung umkehren. Man muß versuchen, gewisse Formen der Homosexualität vom triangulären Begehren her *zu begreifen*." (Girard, 1999, S. 55)

[28] Hier sollte man aber meines Erachtens das von Kraß gemeinte Gegenlesen der Texte nicht mit ähnlichen Vorhaben der dekonstruktiven Lektüren verwechseln.

Eine solche Erklärung der Homosexualität wäre jedoch nichts Anderes als nur eine verschobene Bedeutung, ein Versuch, das eine Konstrukt aus einem anderen abzuleiten. Zweitens, wie Kraß meint, zeugt dieses Verständnis vom Festhalten an psychoanalytisch-psychopathologischen Erklärungen (vgl. Kraß, 2004, S. 241 f.), und drittens sind literarische Texte eher Abbilder der konstruierten Realität, als dass sie selbst die performative Kraft zur Konstruktion der außertextuellen Wirklichkeit hätten. Auf die Schwachstellen des Girardschen Begehrens verweist auch Jason Edwards. Er behauptet:

> „whilst Girard suggested that the potential solidarity of heterosexual men's relationships to one another could be both secured and fractured by their triangular relations with women, his analysis did not take account of the way in which straight men's close, often apparently eroticized relationships to one another in triangular relations were fractured by homophobia and homosexual panic." (Edwards, 2009, S. 35)

Eben die Homophobie und die männliche homosexuelle Angst gehören laut Sedgwick zu den wichtigen Elementen, die in die gleichgeschlechtlichen sozialen Strukturen wesentlich eingreifen und das homosoziale Spektrum spalten, wie schon vorher beschrieben wurde. Das homosoziale Begehren äußert sich dabei in der triangulären Konstellation Mann - Frau - Mann, in der die Männer scheinbar als Rivalen auftreten. Indem jedoch die Frau die Rolle eines Mittlers spielt, kommt eigentlich die gegenseitige Beziehung der Männer zustande.

In der Auseinandersetzung mit Sedgwick bezeugt Kraß außerdem weitere drei Variationen des erotischen Dreiecks und macht hiermit die Einseitigkeit ihres ursprünglichen Rivalitätsmodells eindeutig.[29] In diesem Sinne möchte ich an die Idee des oben erwähnten metaphysischen Begehrens bei Girard erinnern und auch die Weiterführung der Variationen von Kraß als nicht abgeschlossen verstehen. Die Frage danach, welcher Möglichkeiten des erotischen Dreiecks auf der Folie des homosozialen Begehrens sich die Brechtschen Texte bedienen, soll zum Bestandteil meiner Untersuchungen in den nächsten Kapiteln werden. Diesbezügliches Fragen, wie Edwards verdeutlicht, erfolgt jedoch nicht etwa im Sinne: „Am I or is this author, character, or text gay?" (Ebd., S. 45), sondern soll eher mit der Auffassung der Sexualität als unabgeschlossenen Projektes verbunden

[29] Außer der primären Rivalität von zwei Männern um eine Frau unterscheidet Kraß noch folgende Varianten: a) Eine Frau begehrt zwei befreundete Männer. b) Die Frau übernimmt die Rolle eines Rivalen, um einen Mann zu gewinnen. c) Zwei Männer gründen ihre Freundschaft auf dem gemeinsamen Begehren eines abstrakten Objektes. Mehr dazu vergleiche bei Kraß, 2004, S. 242.

werden. Das heißt, dass die normativen Unterteilungen und Definitionen (nicht nur) innerhalb des Spektrums der Sexualität nicht im Rahmen der Binarität und im weiteren Gebrauch deskriptiv und nicht präskriptiv verstanden werden sollen.

Die spezifische Frage nach dem gleichgeschlechtlichen Begehren steht mit der Strategie des *Queer Reading* in Verbindung, die laut Andreas Kraß „nicht nach dem Begehren des Autors, sondern des Textes fragt. Dieses Begehren entscheidet sich nicht an der sexuellen Präferenz seines Verfassers, sondern es bildet sich ab in der Poetik und Ästhetik des Textes, in bestimmten Figurenkonstellationen, in metaphorischen und metonymischen Konfigurationen" (Kraß, 2004, S. 238). Im Großen und Ganzen kann *Queer Reading* als Semiotik kultureller Texte verstanden werden. Diese besondere Lesart, wie sie Kraß an einer anderen Stelle definiert,

> „fragt […] nach erotischen Subtexten und Schattengeschichten, die der heteronormativen Zeichenökonomie einer literarischen (bzw. filmischen) Erzählung zuwiderlaufen. Sie rechnet mit der Möglichkeit eines Textbegehrens, das in einer unterschwelligen symbolischen Ordnung kodiert und nicht mit jenem Begehren deckungsgleich ist, das sich in den Stimmen des Autors, des Erzählers und der Figuren artikuliert." (Ebd., 2003, S. 22)

Dabei könnte hier (im Zusammenhang mit meinem Vorhaben, in die Untersuchung Texte der Lyrik und Dramatik einzubeziehen, aber auch unabhängig davon) das in der Definition von Kraß formulierte literarische Erzählen im Sinne der transgenerischen Narratologie auch als lyrische oder dramatische Narration verstanden werden.

Das *Queer Reading* und der theoretische und historische Standpunkt der *Queer*-Studien sind hauptsächlich eine fächerübergreifende Frageperspektive (vgl. ebd., 2003, S. 20ff.), womit zu bedenken wäre, ob hier überhaupt von einem neuen methodischen Ansatz die Rede sein kann. Andere TheoretikerInnen sprechen jedoch dagegen direkt von *queeren* Methoden und der *queeren* Methodik (vgl. Jagose, 2005, S. 169). Völlig eindeutig ist jedoch, dass die methodischen Zugänge der *Queer*-Theorien einen gemeinsamen Nenner mit den gegenwärtigen feministischen und Gender-Studien haben. Wie in diesen dominieren auch in der *Queer*-Theorie insbesondere poststrukturalische, psychoanalytische, dekonstruktivistische und diskursanalytische Ansätze. Auf jeden Fall soll jedes *queere* Projekt immer auch das Durchque(*e*)ren und Hinterfragen der eigenen theoretischen Positionen begleiten, sonst wäre seine kritische Absicht eigentlich nur Impotenz. Auch aus diesem Grund ist es notwendig, sich die Fragen hinsichtlich der Möglichkeiten des *queeren* Lesens zu stellen.

Aus der Sicht der Literaturwissenschaft und der Rezeptionsästhetik kann das *Queer Reading*, ähnlich wie die feministische Rezeption von Literatur, auf die Art und Weise hinterfragt werden, wie es zum Beispiel Jutta Osinski macht. Bei ihrem Versuch, die feministischen Literaturtheorien zu systematisieren, stellt sie sich hinsichtlich der Rezeption der Literatur eine schlicht lautende Frage: „Analytisches oder travestierendes Lesen?“ (Osinski, 1998, S. 171) Dabei assoziiert sie die analytisch verfahrenden ideologiekritischen und diskursanalytischen Ansätze vor allem mit dem sog. New Personalism. Als Gegensatz dazu betrachtet sie das dekonstruktive Lesen. Bei dessen Erörterung kommt sie zu der prägnanten Aussage: „Es hat sich in der Literaturwissenschaft nicht durchgesetzt.“ (Ebd., S. 172) Sie subsumiert unter dem dekonstruktiven Lesen Lektüreverfahren des Parodierens, Travestierens und spiegelnden Wiederholens. Diese seien, so Osinski, fachwissenschaftlich nicht konsensfähig und entzögen sich jeder Diskussion über die Texte (vgl. ebd.). Insgesamt räumt sie den dekonstruktiven Lektüren eher den Stellenwert einer Theorie denn Praxis ein und spricht sogar von einer Verwechslung: Dekonstruktive Lektüren

> „werden meist verwechselt mit Projektionen von Theoremen Lacans, Derridas oder der *écriture féminine* auf literarische Texte. Projektionen von Modellen auf literarische Texte dekonstruieren diese Texte jedoch nicht, sondern fügen sie in Denkmuster ein, die von außen an sie herangetragen werden. [...] Um analytisch objektivierende Lektürehaltungen kommt die feministische Dekonstruktion im Gegensatz zu ihren eigenen Theoremen nicht herum, wenn sie in der Literaturwissenschaft diskursfähig sein will.“ (Ebd.)

Von dieser scharfen Kritik ausgehend lassen sich mehrere Fragen stellen. Verneinen wirklich die dekonstruktiven Theorien das analytische Lesen, wie es Osinski behauptet? Auf welche Art und Weise lesen die dekonstruktive Literaturwissenschaft und die Literaturwissenschaft schlechthin literarische Texte? Inwieweit ist das dekonstruktive Lesen gleich travestierendes Lesen, um auch auf den Begriff – der angeblich disjunktiv zum analytischen Lesen stehen soll – einzugehen. Und schließlich ist überhaupt ein solches Lesen möglich?

Die heikle Angelegenheit der Dekonstruktion, wie das in mehreren vor allem poststrukturalistischen Theorien der Fall ist, ist die Unmöglichkeit ihrer Definition, der sie sich eigentlich entziehen sollte. Dennoch kann sie unter anderem als eine Position oder Strategie der Subversion des logozentrischen Denkens begriffen werden. Im Hinblick auf die Literaturwissenschaft wäre sie als bestimmter Modus der Lektüre aufzufassen (vgl. Culler, 1988, S. 95). Bezüglich des philosophischen Diskurses spricht Derrida in *Positionen* darüber, dass Dekonstruktion der Philosophie bedeuten würde, die Genealogie ihrer Begriffe von einer Außenposition zu denken. Wie Jonathan Culler hinzufügt: „Einen Diskurs dekonstruieren heißt aufzuzeigen, wie er selbst die Philosophie, die er vertritt, bzw. die hierarchischen Gegensätze, auf denen er ruht, unterminiert". (Ebd., S. 96) Das bedeutet, dass die subversive Strategie den gemachten (konstruierten) Charakter der intellektuellen Konstruktionen aufzudecken versucht. Dabei werden vor allem die Randpositionen eines Diskurses aufgegriffen und ins Zentrum der Beobachtung gerückt. Das Zentrum wird also durch ein vorher am Rande erscheinendes Supplement ergänzt. Die Hinzufügung soll unter anderem die ursprüngliche binäre Hierarchie umkehren. Eines der bekanntesten Beispiele, an denen Derrida die dekonstruktive Methode demonstriert, ist die Opposition Stimme/Schrift. „Was Derrida in *Grammatologie* und *Dissemination* anhand der Dichotomie Stimme/Schrift entwickelt, charakterisiert dekonstruktive Denkmodelle, die als ‚Analysen' (im etymologischen Wortsinn von ‚Zerlegung') der epistemischen Bedingungen von Ideologieproduktion auf der Folie einer Theorie der Schrift betrachtet werden können." (Babka, 2003, S. 10) So kann also die Dekonstruktion zweifelsohne als eine Art Analyse angesehen werden, und es zeigt sich, dass auch andere Wissenschaftler, wie auch Derrida selbst, ohne Scheu von diesem Wort Gebrauch machen.[30] Es liegt auf der Hand, dass die Analyse ein Bestandteil und die Grundlage jeglicher literaturwissenschaftlichen Lektüre ist, wobei das theoretische Gerüst an den Text nachträglich herangetragen wird. Im Vergleich zu Schillers Beschreibung der schönen Gesellschaft im Tanz veranschaulicht Werner Hamacher die Idee auf diese Weise:

> „Dieses Bild der prästabilisierten Harmonie in den gesellschaftlichen Verhältnissen, dem die literarische Hermeneutik noch heute als dem Ideal des Umgangs mit der Rede des andern nachhängt, verbirgt nur die Züge der Gewalt, die dem militärischen Bild vom Einmarsch in Feindesland zutage liegen: denn die Gemeinschaft im schönen Schein der Einstimmigkeit verdankt sich erst dem Oktroi einer allgemeinen Regel, hinter die sich jeder *eigene Kopf* soll beugen und der jeder eigene Schritt soll folgen können. Das ästhetische Verhältnis der Wissenschaft zur Literatur, [...] ist bloß das Deckbild jenes Gewaltverhältnisses, das die Literaturwissenschaft herstellt, wenn sie ihre Form-, Geschichts- und Sinnbegriffe auf den Korpus der Literatur appliziert." (Hamacher, 1988, S. 7)

So kann in dem Punkt, was das Einfügen der Texte in theoretische Denkmuster angeht, teilweise auch Osinski Recht gegeben werden, und zwar mit der Ergänzung, dass es jede literaturwissenschaftliche Methode betrifft, die Dekonstruktion nicht ausgenommen. Eine Erwartung jedoch, dass die

---

[30] Vgl. dazu nicht nur Babka (2003), sondern auch Culler (1988), mehrere Theoretikerinnen in Vinken (1992) oder Hamacher in de Man (1988).

Dekonstruktion die Texte dekonstruieren, zerlegen oder verzerren soll[31], wäre etwa der Annahme gleich, dass der Strukturalismus die Texte strukturiert. Eher umgekehrt, genau so, wie der Strukturalismus davon ausgeht, dass den Texten eine gewisse Struktur innewohnt, so geht der dekonstruktive Ansatz davon aus, dass den Texten das Potenzial zu ihrem „Gegenlesen" inhärent ist. Dabei konzentriert sich das Lesen nicht auf die Aufdeckung einer zentralen Bedeutung, weil eine solche im Zeichen des Logozentrismus stehen würde, sondern im Sinne der *différance* geht es um deren Aufschiebung. In Derridas Lektüre ist dies auch im Prozess der „Aufpfropfung" sichtbar:

> Einerseits arbeitet die marginale Aufpfropfung innerhalb dieser Begriffe, um ihre Hierarchie umzukehren und um zu zeigen, daß dasjenige, was bisher als marginal galt, in Wirklichkeit zentral ist. Andererseits wird diese Umkehrung, die dem Marginalen Bedeutung verleiht, gewöhnlich so durchgeführt, daß sie nicht einfach zur Feststellung eines neuen Zentrums führt […], sondern zu einer Subversion der Unterscheidung von Wesentlichem und Unwesentlichem, von Innen und Außen. (Culler, 1988, S. 155f.)

Bei Paul de Man geht das Interesse in die Richtung des Aufzeigens von unterschiedlichen, sich widersprechenden und zuwiderlaufenden Bedeutungen in einem Text, wobei die literale und die figurale Bedeutung zugleich supplementär als auch disjunktiv zueinander stehen. Die Tatsache ist jedoch die, dass es einfach nicht zwei Bedeutungen (buchstäbliche oder figurative) gibt, zwischen denen wir nur zu entscheiden hätten, weil diese Verwirrung einfach nicht innerhalb der Sprache aufgelöst werden kann (vgl. de Man, 1988, S. 39). Dies bedeutet unter anderem, dass sich jedes Lesen permanent „verlesen" muss und stets zu einer Aporie der Unlesbarkeit der Texte führt. Dieses „*misreading*" begleitet jede sprachliche Kommunikation, und für die Literatur stellt es sich als unausweichlich dar, denn die komplette literarische Sprache ist nach de Man vor allem figurale Sprache (vgl. de Man, 1988, S. 40). Einen Weg zu deren Entschlüsselung stellt tropenkritisches Lesen dar, das Paul de Man als Grammatikalisierung der Rhetorik bezeichnet und es zum Beispiel anhand der Lektüre von Proust vorführt, um solche Analysen als Variationsmuster für andere Autoren und Werke vorzuschlagen. „Das wird in der Tat die Aufgabe der Literaturwissenschaft in den kommenden Jahren sein." (Ebd., S. 47)

Und wirklich hat sich der Vorschlag von de Man als ein ergiebiger Weg für die feministische Dekonstruktion erwiesen, die unter anderem einerseits als

[31] Vgl. dazu den Vorwurf, dass Felmann Balzacs Text nicht dekonstruiert, sondern analytisch liest, in Osinski (1998, S. 172).

Reaktion auf die „male school of deconstruction“[32] zu verstehen ist und die andererseits stark von der Rezeption der im französischen Feminismus etablierten Theorie der sexuellen Differenz (Cixous, Irigaray, Kristeva) beeinflusst wurde. In den Vereinigten Staaten entwickelt sich die feministische dekonstruktive Theorie seit den 80er Jahren, ihre Aufnahme im deutschsprachigen Raum setzt etwa in den 90er ein (vgl. auch Demčišák, 2006), vor allem nachdem Barbara Vinken mit ihrem Sammelband *Dekonstruktiver Feminismus. Literaturwissenschaft in Amerika* der germanistischen Literaturwissenschaft einen Einblick in dieses Gebiet ermöglichte (vgl. Vinken, 1992). Im Zuge der Dekonstruktion konzentrieren sich die Feministinnen auf die Lektüre der theoretischen Schriften, beispielsweise von Freud oder Lacan, ihr Interesse widmen einige aber auch dem von Männern dominierten literarischen Kanon. In beiden Fällen entwickeln und praktizieren sie eine Lesehaltung, die als „weibliches Lesen“ bezeichnet wird und dem Lesen von Männern entgegengesetzt sein soll. Vinken definiert das männliche und weibliche Lesen folgendermaßen:

> „‚Männliches' Lesen […] nimmt als wesentliche Bestimmung des Menschen, was nur zeichenhafte Zuschreibungen sind; es besteht darin, den Phallus im männlichen Geschlecht repräsentiert zu sehen und die Form der Repräsentanz als substantiell – während das Simulacrum, das der Phallus ist, gerade dies symbolisch verhindert. Der kategoriale Fehler dieser Verwechslung, das Versehen dieses Lesens ist der Phallizismus. Umgekehrt besteht ‚weibliches' Lesen darin, die Maske der Wahrheit, hinter der der Phallozentrismus seine Fiktion versteckt, als Maske zu entlarven.“ (Ebd., S. 17)

Anders formuliert beharrt das „männliche Lesen“ auf der Verdrängung der Differenz und der Verschleierung der differentiellen Produktion, die jegliche Repräsentationen schafft und Bedeutungen stiftet. Dieser Prozess ist sowohl für Sexualität als auch Textualität analog, was auch Barthes in seinem Werk *S/Z* zeigt und worauf Vinken ebenso verweist (vgl. ebd.). Außerdem macht Vinken bei der Erörterung von weiblichem Lesen darauf aufmerksam, dass weder die männliche, noch weibliche Variante des Lesens mit dem biologischen Geschlecht von Mann und Frau zusammenhängt. Sowohl Frauen können wie Männer als auch Männer wie Frauen lesen, was eigentlich eine Parallelität zu Cixous' Auffassung der männlichen oder weiblichen Ökonomie in ihrer Theorie der écriture féminine schafft.

Schon die Französinnen entwickeln innerhalb der feministischen Theorie interessante Ansätze, die mit der Suche nach einer typischen weiblichen

---

[32] Es handelt sich um eine pejorative Anspielung auf die Yale School, mit der sich die Namen J. Derrida, P. de Man, H. Miller verbinden.

Ausdrucksweise verbunden sind. Vor allem Irigaray, deren Schreiben auf der sog. zweiten Syntax und einem mimetischen Spiel beruht, fixiert ihre Analysen und Lektüre von männlichen Werken und Theorien auf eine unverwechselbare Weise, die bei Osinski den anfangs erwähnten Zweifel an Diskursfähigkeit zutage treten lässt, vor allem aus dem Grund, dass der Stil von Irigaray selbst einem literarischen Werk ähnelt. So verwischen sich bei Luce Irigaray die Grenzen zwischen Literatur und Kritik. Es handelt sich vielleicht jedoch um die verschleierte Differenz zwischen Literatur und Nichtliteratur, wie auch zwischen Wissenschaft und Nicht-Wissenschaft, was an Paul de Mans Worte erinnert, dass die Differenz zwischen Literatur und Literaturwissenschaft ein Trug ist, denn beide sind „verurteilt (oder privilegiert), für immer die strengste und folglich am wenigsten verlässliche Sprache zu sein." (de Man, 1988, S. 50) Ähnlich wie bei Irigaray könnte teilweise auch das Schreiben von Cixous als dekonstruktiv angesehen werden. Schließlich ließe sich hierher auch Derrida selbst gesellen, der z. B. im Text *Glas* durch die parallele Gegenüberstellung zweier Texte zu deren Dekonstruktion beiträgt. Auf der anderen Seite ist der analytische Stil von de Man ebenso wie der der amerikanischen dekonstruktiven Feministinnen anders. Ihre Werke und Aufsätze wären Osinskis Überlegung entsprechend wissenschaftlich diskursfähig, das bedeutet jedoch nicht, dass sie auf die Dekonstruktion verzichten und reine Theorie bleiben. Die Dekonstruktion ist ein unabdingbarer Teil ihrer Analyse, nicht aber deren Verschriftlichung und Mitteilung. Dekonstruktivistisch gesagt kommt hier nur eine Differenz zwischen Stimme und Schrift zustande.

Das, was die ersten feministischen dekonstruktiven Lektüren leisten, bezeichnet Barbara Vinken als Defiguration. Dies wäre ihrer Meinung nach die erste Phase der Dekonstruktion im Feminismus (vgl. Vinken, 1992, S. 23ff.). Die Defiguration hat unter anderem zu der radikalen Relektüre des männlichen Kanons beigetragen, bei der sich die Positionen und das Verhältnis von Männlichkeit und Weiblichkeit als figural erwiesen haben. In der anschließenden Phase der Refiguration geht es vor allem um die Frage, wie sich der scheinbare Essentialismus (der Männlichkeit und Weiblichkeit), den die Defiguration enthüllt hat, verschieben lässt. Auf der theoretischen Ebene sieht die Dekonstruktion eine der möglichen Lösungen in der Travestie oder Parodie der Geschlechter. Einige Impulse hinsichtlich einer solchen performativen Subversion bringt Judith Butler in die feministische Debatte. Im Gegensatz zu den Ansichten der anderen Feministinnen, die in den Praktiken der Travestie und der sexuellen Stilisierung eine Herabsetzung der Frauen oder Übernahme der gesellschaftlichen Stereotypen sehen, meint Butler, dass die Performanz der Travestie auf die Unstimmigkeiten zwischen Geschlecht und Geschlechtsidentität verweist und somit die Geschlechtsidentität entnaturalisieren, also dekonstruieren kann. Parallel zu der erwähnten Analogie zwischen Textualität und Sexualität könnten folgende Überlegungen Butlers auf die Strategie des travestierenden Lesens transponiert werden, demnach würde es heißen: Die Parodie/Travestie

> „setzt nicht voraus, daß es ein Original gibt, das diese parodistischen Identitäten imitieren. Vielmehr geht es gerade um die Parodie des Begriffs des Originals als solchen. [...] sie ist eine Produktion, die effektiv – d. h. in ihrem Effekt – als Imitation auftritt. Diese fortwährende Verschiebung ruft eine fließende Ungewissheit der Identitäten hervor, die ein Gefühl der Offenheit für deren Re-Signifizierung und Re-Kontextualisierung vermittelt." (Butler, 1991, S. 203)[33]

Zu ersetzen wäre dabei noch der Begriff der „Identität" durch „Interpretation" bzw. durch „Bedeutung" eines Textes, die im Prozess der Lektüre entsteht.

Ohne sich einer Übertragung der Gedanken ins System der Literaturwissenschaft bedienen zu müssen, können an dieser Stelle direkte Überlegungen zu der Analyse der Figur der Prosopopöie aufgegriffen werden, mit denen sich innerhalb der feministischen Dekonstruktion in Deutschland vor allem Bettine Menke auseinandersetzt. Die Prosopopöie (Figur der Verleihung der Stimme) erweist sich als die rhetorische Figur, die den ganzen feministischen Diskurs trägt. Indem der Feminismus im Namen der Frau spricht, setzt er in der Theorie das Subjekt der Frau voraus, das er eigentlich erst anschließend rhetorisch produziert. Der traditionelle Feminismus, der auf der Essentialität des Weiblichen beharrt, übersieht auf diese Art und Weise seinen blinden Fleck. Der dekonstruktive Feminismus, wenn er sich als Feminismus bezeichnet, kann auch diesen blinden Fleck nicht überwinden oder sich vor ihm retten, ein Vorteil ist jedoch eben die Einsicht und das Bewusstsein der eigenen rhetorischen Verfasstheit (vgl. Menke, 1992, S. 437).

Diese Einsicht ist meiner Meinung nach auch für die Literaturwissenschaft generell notwendig. Jede literaturwissenschaftliche Lektüre ist nämlich ein travestierendes Lesen, in dem Sinne der Travestie als Kleidertausch. Das, was die Lektüre eines Literaturwissenschaftlers von einer nichtliteraturwissenschaftlichen Lektüre unterscheidet, ist durch die Instanz der

33 Interessant ist ebenso Butlers Überlegung hinsichtlich der Angemessenheit des terminologischen Gebrauchs des Begriffes „Parodie", den sie in Anlehnung an Fredèric Jameson vielleicht eher mit „Pastiche" ersetzen würde (vgl. Butler, 1991, S. 203f.).

Wissenschaft über literarische Texte und deren interne Regeln vorbestimmt. So gesehen schlüpfen wir in die Rolle und das freiwillig gewählte methodologische Kleid eines Literaturwissenschaftlers und nehmen damit die Regeln von diesem „Spiel" an. Diese Idee führt zu der am Anfang diskutierten Diskursfähigkeit zurück, die nur unter den Spielern des gleichen Spieles möglich ist. In dieser Hinsicht gebe ich wiederum auch Osinski Recht, dass die Mitteilung über die Ergebnisse der Lektüre in dem jeweiligen Kleid der Wissenschaft auch im gewissen Rahmen stattfinden muss, um die Diskussion über die Lektüretexte zu ermöglichen.

Parallel zu einem Teil von Osinskis Schlussfolgerung hinsichtlich des feministisch-ideologiekritischen Lesens[34] würde das *Queer Reading* ein von der *queeren* Erfahrung ausgehendes Lesen darstellen, zu dem diese Arbeit nicht tendieren will, da sich eine subjektive Lesart, obwohl sie zwar aus der Sicht eines soziokulturellen Horizonts sicherlich ihre Legitimität im Rezeptionsprozess beanspruchen könnte, einer allgemeinen Nachvollziehbarkeit entziehen würde. Ob oder inwieweit die Dekonstruktion eines Textes unter dem *queeren* Aspekt möglich ist, oder ob sich das sog. analytisch-objektivierende Leseverfahren nur mit den Theorien koppelt, erinnert an die erwähnte Überlegung zwischen *queer* als Methode und *queer* als Frageperspektive. Es muss uns aber unbedingt vor Augen geführt werden, dass die Rahmenlinien der jeweiligen Perspektive (bzw. Methode) jeweils einen blinden Fleck im Spiel lassen, der unumgänglich ist und dass die Möglichkeit (oder eher die Unvermeidbarkeit) eines Verlesens und Missverständnisses immer vorbehalten bleibt. Das dekonstruktiv verstandene misreading hat nämlich immer eine produktive Dimension. Als Beispiel könnte hier die Rezeption der früheren Butler in Deutschland (einschließlich der Missinterpretationen ihrer Texte) erwähnt werden, die zu einem Umdenken und Weiterführen der Theorie von Gender und *queer* beigetragen hat. Zum Abschluss des Vorwortes zu ihrem späteren Buch *Körper von Gewicht* formuliert Butler deswegen mit Vorsicht: „Mit der kritischen Neuformulierung unterschiedlicher Formen theoretischer Praxis, einschließlich feministischer und *queer*-Forschung, soll kein programmatischer Text vorgelegt werden. Und doch – als ein Versuch meine »Intentionen« zu klären, scheint ihm bestimmt zu sein, eine Reihe neuer Missverständnisse hervorzurufen. Ich hoffe, sie werden sich zumindest als produktiv erweisen." (Butler, 1997, S. 17) Diese Erwartung von produktiven Missverständnissen hege ich im Zusammenhang mit der Relektüre und Rezeption der Texte von Brecht in dem Gedanken- bzw. Theoriespektrum von *queer*, aber auch im Zusammenhang mit der Rezeption meiner Arbeit.

[34] Osinski spricht von einem naiv-identifikatorischen Lesen (vgl. Osinski, 1998, S. 173).

3 Baal

3.1 Annäherung

Von den in dieser Arbeit behandelten Werken gehört *Baal* wohl zu den meist analysierten. Das mag daran liegen, dass es sich um das erste veröffentlichte Drama Brechts handelt, aber vielleicht auch daran, dass die Titelfigur als Prototyp eines Bürgerschrecks und Anarchisten die Aufmerksamkeit auf sich zieht und sich auf gewisse Weise leicht in die Schusslinie der Kritik stellt. Die getroffenen und oft auch daneben geschossenen Attribute wie expressionistisch, nihilistisch, frauenfeindlich, primitiv, vitalistisch, autobiografisch geprägt, ohne Weisheit etc. zeugen von unterschiedlichen Betrachtungsperspektiven, Ansätzen oder aber auch Vorurteilen dem Werk oder dem Autor gegenüber.

Sich dem *Baal* zu nähern heißt eher, sich mit dem Stoff Baal auseinanderzusetzen, denn das Werk liegt eigentlich in fünf abweichenden Fassungen vor, die zeitlich im Großen und Ganzen den Jahren 1918, 1919, 1922, 1926 und 1953 zuzuordnen sind.[35] Laut der Brecht-Forschung soll als Grundlage einer angemessenen Interpretation die zweite Fassung des Stückes herangezogen werden. Dieser Meinung ist schon in den 60er Jahren Dieter Schmidt, der die erste kritische Edition der Fassungen von 1918, 1919 und 1926 herausgab (vgl. Schmidt, 1970). Auf ihn beruft sich auch Jan Knopf in seinem Brecht-Handbuch (vgl. Knopf, 1980, S. 13), in der späteren fünfbändigen Ausgabe des Handbuches tut es dann Jürgen Hillesheim. Seine Erläuterung dazu lautet:

> „Es ist die 2. Fassung, auf deren Grundlage B[recht] ein Bühnenmanuskript herstellte und Verlagen anbot. Darüber hinaus herrscht in der Forschung Konsens, daß in dieser umfangreichsten Fassung, die unter dem Eindruck der gescheiterten Räterepublik und dem Enthusiasmus intellektueller Monarchie entstand, der vom Kreise Mühsams, Tollers, Landauers und anderer ausging, das berauschende Lebensgefühl am markantesten in den Vordergrund tritt, die Gestaltung des Protagonisten und dessen radikaler Antibürgerlichkeit am differenziertesten ist und das Stück am geschlossensten erscheint." (Hillesheim, 2001, S. 71)

Das Kriterium des Umfangs und der differenzierten Gestaltung der Titelfigur erwähnt auch der Kommentar der von Knopf mitherausgegebenen Berliner und Frankfurter Ausgabe der Werke von Brecht. Außerdem wird an dieser Stelle angenommen, eben die Fassung von 1919

---

[35] Zu der Entstehungsgeschichte vgl. z. B. GBFA 1, S. 507ff., Schmidt (1966) und Schmidt (1967).

spiegle die ursprüngliche Intention Brechts am vollständigsten wider (vgl. GBFA 1, S. 512). Sowohl die neuere Forschung wie auch vorher Schmidt berücksichtigen unter anderem die eigene distanzierend-kritische Autorperspektive Brechts.[36] Trotzdem ist es nicht die zweite, sondern die dritte Umarbeitung des Stoffes, aufgrund derer die ersten nur leicht voneinander abweichenden Drucke (1920, 1922 und 1923) erschienen und die auch als Grundlage für erste Aufführungen diente.[37] Diese Fassung bleibt eigentlich für lange Zeit die Einzige, die der breiten Rezeption zugänglich ist. Sogar die letzte Fassung aus dem Jahr 1953, der sich auch die späteren Suhrkamp-Auflagen bedienen, beruht auch trotz Brechts Vorhaben, den *Baal* erneut umzuarbeiten, weitgehend auf der Fassung aus dem Jahr 1922 und übernimmt auch die vorher nicht gedruckte Schlussszene dieser dritten Fassung. Gegenüber dem Mainstream der Forschung erscheint mir jedoch die dritte Fassung des Stücks keineswegs „blasser" oder weniger ausdrucksvoll, das heißt, ihre Änderung und Kürzung geschehen nicht zu deren Nachteil.[38] Als solche ist diese Fassung genauso geschlossen wie die zweite, zum ersten Mal bekommt der einleitende *Choral vom großen Baal* seine mehr geschlossene Ringstruktur, und die Schilderung Baals ist reichlich differenziert. Im Vergleich mit dem Kommentar der GBFA, der die Nuancen der Differenzierung „in den Beziehungen zur Geliebten, zum Freund, zur Mutter, zu der sogenannten guten Gesellschaft, der Kirche, den Fuhrleuten, Holzfällern, Vagabunden und auch zur Landschaft" (GBFA 1, S. 512) sieht, fehlt von allem Erwähnten in der dritten Fassung einzig die Darstellung der Mutter. Von der inneren Logik und von Motivation der Handlung her scheint sogar die

[36] Brecht glaubt hinsichtlich der dritten Fassung, den *Baal* „gründlich verpfuscht" zu haben. Seine Behauptung ist: „Er ist zu Papier geworden, verakademisiert, glatt, rasiert, mit Badehosen usw. Anstatt erdiger, unbedenklicher, frecher, einfältiger!" (GBFA I, S. 513) bzw. meint er, dass der ehemalige Sinn verloren gegangen sei (vgl. GBFA 26, S. 323). Da es in meiner Analyse nicht um die Rekonstruktion des „ehemaligen Sinns" und der Autorbedeutung, sondern um die rezeptionsästhetische und *queere* Perspektive geht, sind diese Kommentare und Einschätzungen für meine Arbeit nicht ausschlaggebend.

[37] Eine Ausnahme stellt die vierte in Wien uraufgeführte Fassung dar, die sich jedoch dank der neusachlichen Verfremdung des Stoffes von den anderen vier Fassungen am meisten unterscheidet, einen anderen Titel (*Lebenslauf des Mannes Baal*) und auch eigenen Charakter trägt und deshalb eher als eigenständig zu betrachten ist.

[38] Dem Urteil, dass die zweite Fassung als die „gültige" oder „gelungenste" gelten soll, widerspricht außer mir auch Götz Beck (vgl. Beck, 1999, S.110, Anmerkung 1). Seiner Ansicht folgt jedoch keine Argumentation.

dritte Fassung gelungener zu sein.[39] Aus diesen Gründen ist sie für eine Interpretation genauso angemessen und relevant wie die zweite Fassung. Außerdem ist es methodisch weitgehend sinnvoll, unter den verschiedenen Varianten kontinuierlich einen Vergleich zu ziehen. Dieser Weg hat sich auch bei den meisten Interpretationen als produktiv erwiesen.
Brechts Interesse in seinen Stücken gilt, wie Jan Knopf zusammenfasst, nicht dem Subjektiven, sonder eher dem Intersubjektiven, dem „Zusammenleben der Menschen innerhalb gesellschaftlicher Verhältnisse" (Knopf, 2001b, S. 5). Wenn die folgende Analyse auf die triangulären Konfigurationen in dem Werk eingeht, so richtet sie einerseits ihr Augenmerk auf die wechselseitigen intersubjektiven Beziehungen, andererseits will sie aber vor allem die konstitutiven Elemente der Subjekte und der Charaktere, also ihr Wesen und ihr subjektives Dasein und weniger ihre gesellschaftliche Verflechtung verfolgen. Schließlich akzentuiert eben die Mehrheit der Interpretationen die antagonistische Stellung Baals zu der Gesellschaft und den Mitmenschen, deswegen will diese Untersuchung auch andere Akzente setzen.

3.2 Baal im homosozialen Umfeld (Baal - Emilie - Mech)

In allen Fassungen des Stückes wird Baal in der Expositionsszene als nonkonformistischer Mensch eingeleitet. Pickerodt betont in seiner Untersuchung, dass die Figur eines Exzentrikers wenigstens in der deutschen Literatur meistens mit dem bürgerlichen Bewusstsein zusammenhängt und die Sphäre der Kultur repräsentiert. Bei seinem Vergleich der Brechtschen Figur mit Goethes Tasso sieht er zwar gewisse Ähnlichkeiten, macht jedoch klar, dass sich Baal nicht nur dem bürgerlichen Geschäftsgebaren entzieht, sondern auch auf das traditionelle Künstlerverhalten verzichtet (vgl. Pickerodt, 2005, S. 165). Dabei sind in dieser Hinsicht die ersten zwei Fassungen sicherlich radikaler und provokanter. Ab der dritten Fassung ist die neue Anfangsszene eher gemäßigt, jedoch eben erst diese bringt die erste offene trianguläre Konfiguration zwischen Baal, Mech und dessen Frau Emilie zutage.[40] Mech und Baal sollen zwei

[39] Das sieht sogar schon Dieter Schmidt. Obwohl er diese Fassung als poetisch ärmer betrachtet, muss er zugestehen, dass das Stück im Aufbau präziser und die Formulierungen genauer sind (vgl. Schmidt, 1966, S. 123).

[40] Die trianguläre Konfiguration zwischen Baal, dem Gastgeber der Soiree und dessen Frau Emmi ist schon in der zweiten Fassung präsent, wird jedoch nicht offen in der

unterschiedliche Typen und Welten darstellen – die bürgerliche Welt und den Bohemien, der sich der verlogenen und scheinheiligen Gesellschaft bewusst widersetzt. Interessant ist, dass sich aber beide Figuren mehr gleichen als unterscheiden und dass ihr gemeinsamer Nenner in der Ichbezogenheit und Selbstgefälligkeit liegt. Der reiche Mech, der gern den Mäzen spielt, sieht in der Kunst und in dem Dichter Baal nichts anderes als Geschäft und Ware, die man besitzen und mit der man verhandeln kann. Baals Einstellung zur Kunst scheint mit seiner Aussage: „Die Fuhrleute zahlen was, wenn sie [die Chansons] ihnen gefallen." (GBFA 1, S. 87) ähnlich zu sein. Seine Geschäftsvorstellung beruht jedoch auf einem direkten Handel durch Tausch: „Ich habe keine Hemden. Weiße Hemden könnte ich brauchen." (Ebd.) und nicht auf dem Handel, der durch das Geld vermittelt wird und so verfremdend wirkt. Auf diese Weise bleibt es ihm möglich, nicht zu bloßem bezahlbarem Produktionsmittel zu werden, sich nicht als Arbeitskraft zu verkaufen und keine Selbstentfremdung im Sinne von Hegel durchzumachen. Eben das ist die Tatsache, die Mech reizt, und das ist auch der Grund, warum er für Baal gewisse Sympathie empfindet: „Aber Sie haben einen Schädel wie ein Mann in den malaiischen Archipels, den ich **liebte**. Der hatte die Gewohnheit, sich zur Arbeit peitschen zu lassen. Er arbeitete nur mit gebleckten Zähnen." (Ebd., Hervorhebung J. D.) Die Konkurrenzgrundlage zwischen beiden besteht also in den Herrschafts- und Eigentumsansprüchen (auf die Arbeitskraft und das geistige Eigentum) und in dem Wunsch nach Autonomie und Freiheit. Die Kunst an sich spielt dabei sowohl für Baal als auch für Mech keine Rolle, was an dem Beispiel der Einstellung zur Musik zu sehen ist. Zu der Frage: „Die Musik selbst mögen Sie wohl nicht?" (Ebd., S. 88) passt so die vorherige Äußerung Mechs „Ich esse gern mit Harmonium." (Ebd.) wie auch Baals Antwort: „Sie reden zu viel: Ich höre die Musik nicht. Aber die Arme sieht man." (Ebd.) Für beide Männer wird hier die Musik zur bloßen Begleiterscheinung ihrer Triebstillung, denn bei Mech geht es nur um das Essen und bei Baal um seinen sexuellen Reiz bei Anblick von Emilies Armen. Beide Männer gleiten gleichermaßen ins Animalische herunter, sie fressen und betrinken sich, so dass Emilie beide ähnlicherweise ermahnt, nicht zu viel zu trinken.[41] Die Männer verhalten sich der Frau gegenüber ähnlich,

ersten Szene ausgetragen, sondern erst am Hintergrund der Szene in der Branntweinschenke bemerkbar.

[41] Emilia zu Mech: „Du sollst nicht so viel trinken!" (GBFA 1, S. 87), zu Baal: „Trinken Sie, bitte nicht zu viel, Herr Baal!" (GBFA 1, S. 88), und Pillers Ausruf kurz vor dem Ende der Szene könnte sich ruhig auf beide Figuren beziehen: „Total besoffen!"

indem sie ihr eine untergeordnete Rolle zuweisen und sie parallel zu einem Dienst auffordern:

> „BAAL zu Emilie: Wollen Sie nicht etwas auf dem Harmonium spielen?
> […]
> MECH Ich wollte Ihnen einen Gefallen tun! Willst du nicht noch Äpfel schälen, Emilie?" (Ebd.)

In beiden Wünschen kommen zugleich die oben angedeuteten Triebe zum Vorschein, von denen sich Baal und Mech leiten lassen. Emilie hat in dieser Hinsicht nur die Aufgabe der Triebstillung, sie selbst besitzt keine Subjektivität und ist nur eine Schnittstelle, an der die Rivalität der Männer ausgetragen wird. Verglichen mit einem Tier und gleich einer Sache wird sie zum Gegenstand eines männlichen Handels:

> „BAAL Handeln Sie nicht auch mit Tieren, Mech?
> MECH Sind Sie dagegen? - Kann ich also ihre Gedichte haben?
> BAAL *streichelt Emiliens Arm:* Was gehen Sie meine Gedichte an?" (Ebd.)[42]

So ist für Baal die lächerliche Herausforderung Mechs, ein Wettessen zu veranstalten uninteressant, denn er ist „satt" und ihm geht es eher darum, seinen sexuellen Appetit zu befriedigen. Die bürgerlichen Schranken der Ehe stören ihn dabei nicht, und eheliche Monogamie ist für ihn einem Monopol gleich: „Warum sollst du nicht auf meine Knie? Zittern dir die Schenkel unterm Hemd? Trinkt. Warum die Monopole? Gehen Sie zu Bett, Mech!" (Ebd., S. 89) Aus diesem Blickwinkel wäre es möglich, Mechs Worte „aber mit dem Tier kann man nicht handeln" (ebd.) doppeldeutig zu lesen.[43] In beiden Leseweisen verzichtet Mech auf jegliches Verhandeln mit Baal, denn in keinem der Fälle kann es zu einem beiderseitig befriedigenden Geschäft kommen. Mech ist nicht in der Lage, Baal für sich unterwürfig zu machen,[44] und er will auch nicht erlauben, dass Baal Besitz

(GBFA 1, S. 89) ist zu Baal gemeint, aber auf dem Weg zur Tür gerufen, durch die eben Mech hinausgegangen ist.

[42] In der Fassung aus dem Jahr 1926 ist diese Anspielung noch deutlicher. Baals Antwort lautet: „Er redet immer noch von Gedichten." (GBFA 1, S. 144)

[43] Das Tier könnte hier als Verhandlungsgegenstand verstanden werden (und in diesem Sinne ginge es hier um eine Verweigerung Mechs mit dem Tier - Frau zu handeln) oder in der üblichen Leseweise und Deutung das Tier als Verhandlungspartner (d. h. Verweigerung, mit Baal zu handeln). In beiden Bedeutungen repräsentiert das Tier etwas, von dem man Besitz ergreifen kann - es sei eine Frau oder ein Mensch, der dem anderen untergeordnet ist. Außerdem taucht das Tier als Handlungsgegenstand noch in der Stierszene auf.

[44] Er versucht es nicht nur durch das Bemühen Baal zu kaufen, sonder auch dadurch, dass er ihn mit der eben veranstalteten Soiree, dem Essen und Trinken, sowie mit weiteren Angeboten - „ Wollen Sie nicht noch ein Bad nehmen? Soll ich ihnen ein Bett

von seiner Frau ergreift. Es ist für ihn einfach unvorstellbar, jemanden anderen an sein Eigentum, zu dem die Frau und seine Huldiger gehören, heranzulassen. Deshalb fordert er demonstrativ alle - über die er als Machthaber verfügt - ihm zu folgen. „Komm, Emilie! Kommen Sie, Piller! Kommen Sie, Johannes!" (Ebd.)

Die episodenhafte Rivalität zwischen Baal und Mech um die Herr-Rolle in Bezug auf Emilie (im Sinne ihrer Be**herr**schung) gipfelt in der Szene Branntweinschenke. Emilie wird hier auf mehrfache Weise von Baal gedemütigt, er bestellt sie zum einen in das ihr unangenehme Milieu unter „lauter Gesindel" (ebd., S. 92), zum anderen dressiert er sie wie ein Tier oder eine Sklavin.[45] Die permanenten Aufforderungen zum Trinken wirken dabei als Umkehrungen der oben beschriebenen Ermahnungen Emilies aus der ersten Szene. Baal trifft da ganz präzis und bewusst die Schwachstelle der Frau, die trotz ihres Willens dann schließlich *„mit Tränen in den Augen"* (ebd., S. 94) seinem Wunsch nachgeht und den Schnaps trinkt. Mit dieser Geste erfüllt und pervertiert sich die von Emilie ausgesprochene metaphorische Wendung: „Und mit diesem verfluchten wundervollen Geschwätz schleift er einen an seinen Trog!" (Ebd., S. 92) Daraufhin steigert sich die Manipulation Baals mit Emilie, die nun schön aus seiner Hand frisst oder vielleicht besser gesagt brav aus seinem Trog trinkt. Er zwingt sie, in der Kneipe einen völlig fremden Mann zu küssen, was sie dann letztendlich parallel zu der vorigen Selbstüberwindung mit *„tränenübergeströmten Gesicht"* tut (vgl. ebd., S. 96). Die bewusste Misshandlung der Frau[46] in der ganzen Szene begleiten zwei unterschiedliche Reaktionen. Bei den Frauen ist es die Solidarität zueinander, die sowohl in der Gestalt der Johanna als auch der Kellnerin Luise zu sehen ist, denn beide versuchen mit Baal zu reden:

> „Das sollten Sie nicht tun, Herr Baal." (Ebd., S. 93);
> „Lassen Sie doch die Madam, Herr Baal." (Ebd., S. 95),

bieten Emilie Unterstützung, beschwichtigen sie:

> „JOHANNA *zu Emilie*: Wollen Sie mit mir gehen? Wir gehen dann beide. [...] *legt ihren Arm um sie*: Ich verstehe Sie gut, es macht nichts." (Ebd., S. 93)

---

machen lassen? Haben Sie nicht noch was vergessen?" (GBFA 1, S. 88) –, wenigstens zur Dankbarkeit und einer Art Abhängigkeit verpflichten und so an sich herrisch binden will.

45 In der Kommunikation mit ihr kommen vor allem Ausrufesätze und Befehle zum Ausdruck: „Setz dich!"; „Du wirst trinken."; „Trink nur!"; „Trink, sag ich!" usw. (GBFA 1, S. 92ff.).

46 Die Bewusstheit der Misshandlung bestätigt auch Baals Äußerung: „Da wird eine mißhandelt und will Liebe haben." (GBFA 1, S. 95).

und verurteilen Baals Bösartigkeit nach dem erniedrigenden Kuss:

„Pfui, schämen Sie sich!" (Ebd., S. 96)

Ganz anders reagieren die Männer in der Branntweinschenke, sie jubeln dem „Zirkus" zu und billigen ihn. Im Sinne der soziologischen Auffassung von Conell und Bordieau kann man an dieser Stelle von der männlichen Komplizenschaft sprechen. Wie das schon aus der Szene mit Mech hervorging, beanspruchen die Männer gleicherweise ihr Recht auf die Unterdrückung und Beherrschung der Frau. Auch wenn Baal als „Phallokrat", dem es nicht schwerfällt, in aller Öffentlichkeit die Frau zu demütigen, bezeichnet wird (vgl. Vanhelleputte, 1997, S. 123), muss eingesehen werden, dass er in dieser Hinsicht gar nicht anders als alle anderen Männer handelt und nur die vorgegebenen männlichen Verhaltensmuster kopiert. Einer der Fuhrleute sagt schon am Anfang der Szene: „Ich hau die meine immer blau, vor ich sie befriedigen tu." (GBFA 1, S. 96) Dem gleichen Schema nach wird auch Emilie zuerst erniedrigt, sodass am Ende Baal konstatieren kann: „Du kannst jetzt ruhig sein. Jetzt hast du's hinter dir." (Ebd.) Im homosozialen Umfeld ist Baal zu diesem Verhalten sogar gezwungen, es wäre nämlich ein Ausdruck seiner Schwäche, wenn er gegenüber der Frau nicht Oberhand behalten würde. Als er Emilie zu dem Kuss zwingt, sagt er deshalb zu ihr: „Wenn du mich vor den Leuten blamierst, ist es Matthäi am letzten." (Ebd., S. 95) Erst nachdem alle Männer wieder weg sind und er mit der Frau allein bleibt, kann er ihr ein paar Zärtlichkeiten zuteilen: *„Baal fährt ihr mit dem Handrücken über die Stirn.* [...] *Hebt ihr das Gesicht, tut ihr das Haar aus dem nassen Gesicht.* Vergiß es! *Wirft sich schwer über sie und küßt sie."* (Ebd., S. 96) In der zweiten Fassung enthält die Regieanweisung sogar den Hinweis, dass sich Baal zuerst umsieht (vgl. ebd., S. 33). Die Übernahme von gesellschaftlichen patriarchalen Mustern wirkt verpflichtend, in Anbetracht dessen ist auch der scheinbar asoziale Baal völlig sozialisiert und konform. Seinen Platz innerhalb des bestehenden homosozialen Kontinuums bestätigt er mit Hilfe von Misogynie, womit er seine Stärke beweist. Das sieht sogar der Jüngling Johannes ein, obwohl seine Position in dem männlichen Umfeld eher „feminin" ist. Johannes heißt im Gegensatz zu den anderen Männern die Misshandlung von Frauen nicht gut, womit er die männliche Komplizenschaft aufgibt und mit den Frauen sympathisiert. Auf der anderen Seite schätzt er jedoch Baals Verhalten als Stärke ein, denn seine Auswertung der Situation nach der Erniedrigung durch den Kuss lautet: „Das war böse, Baal! Das Trinken macht ihn bös und dann fühlt er sich wohl. Er ist zu

stark." (Ebd., S. 96, Hervorhebung J. D.)[47] Eben diese Stärke macht ihn in den Augen der anderen Männer zu einem richtigen Mann und konstituiert seine vorbildhafte Männlichkeit: „So soll ein Mannsbild sein." (Ebd.), bekommt Baal von den Fuhrleuten zugerufen. Die Misshandlung von Emilie befürworten die männlichen Komplizen auch deshalb, weil sie eigentlich eine untreue bürgerliche Frau ist. Es mag daran liegen, dass aus der Sicht der geschlechtlichen Machtverhältnisse eine Ehebrecherin weniger die Institution der Ehe, als viel mehr die Herrscherposition des Mannes angreift und verletzt, indem sie sich seinem Bann und seinem „Monopol" entreißt. Die Frauen sind die „Schwestern im Hades!" (Ebd., S. 93), also die Männer bedrohenden Furien, wie es Baal bei Johanna und Emilie in der dritten Fassung formuliert. Der Ehebruch einer Frau begründet bei den anderen Männern den Anspruch auf Misogynie als moralisch zu billigende Strafe für die Verletzung der Heiligkeit der Ehe. Als Ausdruck der verdienten Strafe begleitet diese Szene an mehreren Stellen der metaphorische Ausruf: „Pflaumen soll sie fressen!" (Ebd., S. 91, S. 93, S. 96), den die zweite Fassung noch nicht enthält. Die Pflaume gehört eindeutig zu den erotischen Chiffren Brechts. In Verbindung mit dem Wort „fressen" gewinnt das Bild jedoch eine negative Konnotation, möglicherweise deutet es auf das Schwängern der Frau hin, auf eine Strafe mit physischen und gesellschaftlichen Konsequenzen, die die Ehebrecherin sogar wenigstens zeitweilig am weiteren sexuellen Genießen hindern wird. Diese Interpretation kann außerdem auch die letzte Anspielung auf Emilie in der Dachkammerszene unterstützen, wo Baal sie als Belästigung empfindet und sie mit einem herumlaufenden „Segelschiff" vergleicht (vgl. ebd., S. 97). Das Schiff assoziiert bei Brecht unter anderem die Frau und die geblähten Segel - wie das bei einem Segelschiff der Fall ist - können ein Anzeichen für den Zustand der Erregung bzw. auch der Schwangerschaft sein. Auch ungeachtet ihres Zustands ist sie auf jeden Fall für Baal nicht mehr brauchbar, denn er ist „satt".

[47] Die männliche Stärke beweist Baal innerhalb der Szene in der Branntweinschenke auch an einer anderen Stelle. Er muss Eckart widerstehen, das heißt, er unterliegt nicht der Versuchung und seiner femininen Seite, er lässt sich nicht unterwerfen, wie das im Fall einer Frau ist.

3.3 Das Bild der Päderastie (Baal - Johanna - Johannes)

Bereits in der Fassung von 1919 ist die Einleitung der Johannes-Figur in der ersten Szene des Stückes angelegt. Der junge Mensch scheint für Baal Mitleid zu empfinden, ihn zu verstehen und sich zu ihm hingezogen zu fühlen, er bittet Baal zugleich um Erlaubnis, ihn besuchen zu können. In der dritten Fassung übernimmt die bemitleidende Rolle stattdessen Emilie mit einem lakonischen „Er tut mir leid." (GBFA 1, S. 89) Johannes Worte drücken nun kein Verständnis oder Mitleid mehr aus, sie bleiben einzig im Rahmen der Anziehung zu dem Dichter und des Interesses an ihm. Auffällig ist, dass die Struktur von Johannes Rede mit einer vorheriger Replik Mechs identisch ist:

> MECH Wollen Sie nicht noch ein Bad nehmen? Soll ich ihnen ein Bett machen lassen? Haben Sie nicht noch was vergessen?
> [...]
> JOHANNES *zu Baal*: Darf ich zu Ihnen in Ihre Kammer kommen? - Darf ich mit Ihnen heimgehen? - Wollen Sie noch etwas von ihm, Frau Mech?" (Ebd., S. 88f.)

Wie besprochen wurde, können die Worte Mechs von seinem Versuch zeugen, Baal für sich zu gewinnen, worum es schließlich auch Johannes geht. Dabei gehen die ersten zwei Sätze in beiden Fällen auf ein intimes Moment (wie ins Bad oder ins Bett gehen) hinaus, das durch den dritten auf den Inhalt der vorigen zwei Sätze nicht anknüpfenden und so eher jeweils irritierend wirkenden Satz abgelöst wird. Dadurch wird auch die entstehende Intimität wieder zurückgenommen. Genauso zwischen gleichzeitiger (Wunsch-)Nähe und Distanz schwankt auch die erste Begegnung zwischen Johannes und Baal. Die Regieanweisungen zeigen zuerst Annäherungsversuche von Johannes: „Johannes, an der Tür, tritt näher" (Fassung 1919; ebd., S. 26) und später sogar verstärkt: „Stehend legt er [Johannes] den Arm um Baals Schultern." (Fassung 1922; ebd., S. 89), worauf in der zweiten Fassung Baal mit distanziert abwehrendem „Lassen Sie mich in Ruhe." (Ebd., S. 26) und in der dritten Fassung gar nicht reagiert. Insgesamt ist also die Konfiguration Baal - Johannes in der ersten Szene der dritten Fassung enger als die in der zweiten. In beiden Varianten aber begründet sie die darauf folgende Szene in Baals Dachkammer. Demgegenüber verzichtet Brecht in der Fassung von 1953 auf die Schilderung der beschriebenen Annäherung, und obwohl Johannes in der ersten Szene anwesend ist, spricht er Baal gar nicht an und sein späteres Erscheinen in Baals Kammer wirkt infolge dieser Auslassung ganz unmotiviert.

In der Dachkammerszene mit Baal und Johannes bringt Brecht die poetischsten Überlegungen des Stückes zur Liebe im physischen und „metaphysischen" Sinne zum Ausdruck.[48] Paradoxerweise kehrt sich an dieser Stelle das Spiel zwischen Distanz und Nähe um, denn während in der zweiten Fassung Johannes Baal mit dem Du anspricht, tut er das in der dritten Fassung nicht und bleibt bei dem distanzierten Sie. Hier wie dort übernimmt Baal die Position eines Vertrauten und versorgt den Jüngling mit Ratschlägen in Sachen Liebe. Er wird sozusagen zu seinem Erzieher, womit die Bindung zwischen ihnen mit der antiken Päderastie gleichzusetzen ist. Auf der anderen Seite vermittelt Baal seinem „Schüler" keine wissenschaftlichen Erkenntnisse, denn schließlich stellt er keinen bürgerlichen Intellektuellen dar. Gleich der Anfang der Szene soll den Eindruck verhindern, es würden hier philosophische Wahrheiten vermittelt. Den ersten ins Metaphysische ausschweifenden Überlegungen Baals folgen nämlich Johannes Frage „Wissen Sie was von Astronomie?" und ein lapidares „Nein." (GBFA 1, S. 89) als Antwort. Diese Einleitung der Szene ist sogar von dem nächsten Dialog durch die Regieanweisung „*Stille.*" bzw. „*Pause.*" (Ebd., S. 89 bzw. S. 27) getrennt. Das ermöglicht meiner Meinung nach, die ganze Szene auch als Travestie eines sokratischen bzw. platonischen Dialogs zu lesen. Man könnte ruhig sagen, dass sich der Gegenstand der ganzen Unterhaltung um Eros dreht, ähnlich wie es in Platons *Symposion* der Fall ist. Allerdings geht es nicht um den sog. höheren Eros und nicht um seinen gnoseologischen Charakter, behandelt werden vor allem die körperliche Liebe und die Frage, ob Johannes „es" (wie das auch in den unterschiedlichen Fassungen formuliert wird) tun soll. Baals Auffassung der Liebe steht in einem starken Gegensatz zu den bürgerlichen Vorstellungen, die hier stellvertretend durch das Gesetz und die Eltern präsent sind.[49] Die moralische bürgerliche Implikation lautet, dass die (außereheliche) sexuelle Vereinigung „schmutzig" sei. Eine Ansicht, die schon dem jungen Johannes einverleibt ist, von der er ausgeht und die er zuerst auch Baal zumutet: „Ich sehe: Sie halten die Vereinigung

[48] Beim Vergleich der Fassungen von 1919 und 1922 ist die dritte Fassung zwar weniger umfangreich, aber poetisch genau so ausdrucksvoll wie die zweite, beide Fassungen weichen voneinander auch in der Verwendung einiger poetischen Bilder ab. Auf keinen Fall wirkt die dritte Fassung in dieser Hinsicht ärmer. Die dritte Fassung enthält teilweise ganz neue Bilder wie z. B. das sexuelle Bild des Machandelbaumes oder die lyrische Passage über den fortschwimmenden Sommer und die Verwesung schwangerer Frauen bzw. andere Anspielungen auf die bürgerlichen Leute – wie Geschrei der Schweine, verfaulte Zähne im Mund etc. (vgl. GBFA 1, S. 89ff.), womit die anderen fehlenden Passagen und Bilder meines Erachtens kompensiert werden.

[49] „JOHANNES Aber das Gesetz straft es und die Eltern!" (GBFA 1, S. 90)

auch für schmutzig." (Ebd., S. 90, Hervorhebung J. D.) Baal diagnostiziert jedoch diese Einstellung als heuchlerisch: „Das ist das Geschrei der Schweine, denen es nicht gelingt." (Ebd.)[50] Die Leute, die eine solche Sexualmoral predigen, haben sich in Baals Augen ihrer Menschlichkeit entfremdet. „Schweine" und „Schmutzfinken" sind demnach metaphorisch nicht nur unrein, sondern eo ipso vertiert. Sie werden auch als „verflossene Menschen" (ebd.) enttarnt. Anzunehmen ist nämlich, dass sie früher selber sexuell aktiv waren, nunmehr jedoch ihre Scheinheiligkeit zur Schau stellen und dabei eigentlich nur impotent geworden sind. Die Potenz oder aber ihr Gegenteil wird bildlich durch das Symbol der Zähne ausgedrückt. Wenn auf der einen Seite die Eltern in ihrem Mund nur „verfaulte Zähne" (ebd.) haben, so beobachtet Johannes bei Baal fast mit Faszination: „Ihre Zähne sind wie die eines Tieres: graugelb, massiv, unheimlich." (Ebd., S. 91) Baals Stärke steht hier im Kontrast nicht nur zu der älteren bürgerlichen Generation, sondern auch zu Johannes selbst, der sich persönlich als „schwach" sieht.[51] Von Johannes Position aus kann die Liebe eben in dem umgangssprachlichen Gebrauch des Wortes als platonisch bezeichnet werden, denn er erlebt sie nur als Zuneigung, Wunsch und Vorstellung, ihre höchste Intensität erreicht er nur in seinen erotischen Träumen, die er Baal in der Dachkammer anvertraut. Demgegenüber ist Baals Bild der Liebe eher epikureisch. Sie stellt für ihn ein sehr intensives und sinnliches Erlebnis dar, das er seinem „Schüler" nur in einer Reihe von Bildern veranschaulichen kann:

> „Und die Liebe ist, wie wenn man seinen nackten Arm in Teichwasser schwimmen läßt, mit Tang zwischen den Fingern; wie die Qual, vor der der trunkene Baum knarzend zu singen anhebt, auf dem der wilde Wind reitet; wie ein schlürfendes Ersaufen im Wein an einem heißen Tag und ihr Leib dringt einem wie sehr kühler Wein in alle Hautfalten, sanft wie Pflanzen im Wind sind die Gelenke, und die Wucht des Anpralls, der nachgegeben wird, ist wie Fliegen gegen Sturm und ihr Leib wälzt sich wie kühler Kies über dich." (Ebd.)

Die Naturverbundenheit dieser Symbole wurde schon mehrmals von der Forschungsliteratur konstatiert. Es soll deshalb ein anderer Aspekt betrachtet werden. Im Prinzip erscheint in dem angeführten Auszug die

---

50 Die angeblich mehr radikale Fassung von 1919 formuliert diesen Gedanken eher gemäßigt: „Schäme dich, wie kannst du das meinen. Nur Schmutzfinken tun das. Wer schmutzige Hände hat, dem ist alles Schmutz." (GBFA 1, S. 28)

51 Vgl. Johannes' Äußerung: „Aber ich bin zu schwach, es zu tun." (GBFA 1, S. 90) bzw. die Analyse im vorigen Kapitel, wo in der Szene in der Branntweinschenke das Phänomen der männlichen Stärke bei Baal ebenso von Johannes angesprochen wird.

Liebe[52] als Wechselspiel und Wechselwirkung der unterschiedlichen Elemente (etwa sehr vereinfacht gesehen Schwimmen zwischen Algen, mühevolles Singen gegen den Wind, Knarren des Baumes im Wind, Nachgeben unter Anprall, Fliegen gegen den Sturm, Abkühlung in der Hitze...). Das „Spiel" der entgegengesetzten (Natur-)Elemente führt eigentlich zu einer Art Harmonie oder Symbiose zwischen ihnen. Dieses Konzept erinnert an Vorstellungen von Eryximachos aus Platons *Gastmahl*. Für ihn hat die Liebe keine metaphysische Dimension, er beschreibt sie eher als Auswirkung des zweifachen Eros - des ordnenden und des unmäßigen, der in der Natur, aber auch in der Heilkunst und der Musik das Auseinanderstrebende zusammenfügt und Harmonie erschafft (vgl. Platon, 2008, S. 23ff.). In Baals Beschreibung der Liebe wechseln sich Ausdrücke der Aktivität und Passivität ab, wobei der männliche Part einigermaßen passiv bleibt oder schließlich zu der Passivität kommt und sie genießt. Es kommt hier darüber hinaus zu einem Entgegenwirken des einen (Männlichen) und des anderen (Weiblichen), wobei teilweise eine klar geschlechtliche Teilung und Zuordnung der Bilder nicht möglich oder auch gar nicht nötig ist. In der zweiten Fassung wird diese Facette der Liebe auch direkt angesprochen: „Aber die Liebe ist wundervoll und für alle Geschlechter gleich herrlich." (GBFA 1, S. 29) So ist die Äußerung: „die Liebe muß alle Schranken durchreißen und auf sich tragen" (ebd., S. 29) u. a. auch auf die Geschlechterschranken zu beziehen.
Der ganzen Dachkammerszene sind keine maskuline Überlegenheit und machohafte Stärke, die Baal oft zugeschrieben werden, zu entnehmen. Eher umgekehrt wird von ihm vor allem in der dritten Fassung auch die eigene Schwäche mitreflektiert. Es ist die Angst vor den Folgen der sexuellen Vereinigung - also Angst vor den Frauen, die sich infolge der Schwangerschaft in „Tiere" verwandeln und ihm „bös und kindisch, unförmig mit dicken Bäuchen und fließenden Brüsten und mit feuchtklammernden Armen wie schleimige Polypen" (ebd., S. 90) erscheinen. Obwohl einerseits der sexuelle Akt von Baal in poetischen Bildern verherrlicht wird, hat er auch eine eher ängstigende Wirkung. Der Sex ist eigentlich „wie Kampf um Leben und Tod" (ebd., S. 28), und der niedere Eros scheint mit dem höheren völlig unvereinbar zu sein. In der Schilderung Baals bewahrt die Liebe also ihren zweifachen Charakter, was der abschließende Vergleich zur Kokosnuss veranschaulicht: „Aber die Liebe ist auch wie eine Kokosnuß, die gut ist, solange sie frisch ist, und die man ausspeien muß, wenn

[52] Es muss erwähnt werden, dass es sich hier um die Schilderung der körperlichen Liebe handelt, denn die hier verwendeten Symbole haben einen primär stark erotischen Charakter.

der Saft ausgequetscht ist und das Fleisch bleibt über, welches bitter schmeckt." (Ebd., S. 91) Dieser Vergleich steht in einer Parallele zu den vorigen Worten Baals: „Wenn du sie beschlafen hast, ist sie vielleicht ein Haufen Fleisch, der kein Gesicht mehr hat." (Ebd., S. 90) Die Liebe im biologischen Sinne ist nämlich mit der Liebe als Erscheinung des Geistes für Baal nicht vereinbar, und der Sex zerstört folglich die ursprüngliche spirituelle Beziehung. Möglicherweise ist diese engstirnige Einstellung nur eine radikale Konsequenz der Ablehnung von allem Bürgerlichen, zu dem auch die Vorstellung einer romantisch-platonischen Liebe gehört. Logisch streng genommen ist jede kognitive Auffassung beliebigen Phänomens nur ein gedankliches Konstrukt - so auch jede Vorstellung der Liebe. Im Laufe des Gesprächs mit Johannes entwirft Baal eine eigene „Auffassung" dieses Phänomens, in der zwar die körperliche und geistige Liebe als unvereinbar auftreten, jedoch die Liebe an sich einen romantischen Hauch bekommt, denn Johannes kommt bei Baals Schilderung zur Schlussfolgerung, dass „es so selig ist" (ebd., S. 91). Aus Baals Botschaft und aus den ambivalent geschilderten Bildern wird und kann Johannes nicht klug werden. Er missversteht Baals Vortrag als Anregung zum sexuellen Handeln, so dass ihn Baal dann explizit davor warnen muss. Seine Warnung und Rat zeugen von dem Wunsch, den Jüngling vor der „bitter schmeckenden" Erfahrung fernzuhalten, dass die Spaltung des natürlichen sexuellen Triebes und des im Gefüge gewisser Muster angeeigneten Denkens/Verhaltens/Fühlens (die wir mit Liebe verbinden) unüberbrückbar ist und Irritationen hervorrufen kann. Die Künstlichkeit unserer Liebesmuster und Vorstellungen, denen wir uns anzupassen versuchen, zeigt sich auch in der Tatsache, dass Baals Vortrag eigentlich als „künstlerischer Akt", also als Arie in der Begleitung der Gitarre stattfindet. Schließlich distanziert er sich von seinem „Lobgesang" auf den Eros mit dem Wegwerfen der Gitarre und dem Kommentar: „Aber jetzt habe ich die Arie satt." (Ebd.) Diese Demonstration und Distanz kommen aber erst in der dritten Fassung des Stückes zur Geltung. Die Begleitung der Arie mit dem Stimmen der Gitarre, den harten Akkorden und dem Zupfen der Läufe verfremdet den präsentierten Inhalt und verweist auf seine Dissonanzen, damit verschwindet auch der teilweise zur Romantik verführende Ton der zweiten Fassung. Obwohl Baal allem Anschein nach bei der Beurteilung des Eros abseits der bürgerlichen Moral stehen will und die romantische Vorstellung der Liebe ablehnen möchte, kann er sich davon nicht ganz befreien. Er sympathisiert mit der platonischen Art und Weise der Liebe und möchte, dass der Jüngling Johannes auf dieser Ebene der Liebe bleibt. In der folgenden Szene in der Branntweinschenke kommt Baal bei der Konfrontation mit Johannes und seiner Freundin zu einem wertenden Urteil: „Lieben ist besser als Genießen." (GBFA 1, S. 92) Der Hedonist entpuppt sich hiermit als Romantiker und möglicherweise auch als sich selbst kritisierender Moralist.[53] In den Ausdrücken „Lieben" und „Genießen" präsentieren sich nämlich die zwei vorher betrachteten Erscheinungsbilder des Eros, wobei an dieser Stelle von Baal die geistige Liebe höher als die rein körperliche geschätzt wird. Der Gegensatz zeigt sich auch in der figurativen Gegenüberstellung des „noch reinen" Paares Johanna - Johannes einerseits und des ehebrecherischen und sexuellen Verhältnisses Baal - Emilie andererseits. Diese Perspektive fehlt aber in der Fassung von 1919, hier verzichtet Baal auf die vorher erwähnten Worte und stattdessen richtet er an Johanna die rhetorische Frage: „Sie sind sehr verliebt in Ihren Johannes, wie?" (Ebd., S. 30) Das breite Lachen (laut der Regieanweisung) verleiht der Frage jedoch einen ironisierenden Unterton. In beiden Fassungen folgt der Kommentar bezüglich der Liebe der jungen Leute auf den Satz Johannas, in dem sich sowohl ihre Liebe als auch die bestehende trianguläre Konstellation Baal - Johanna - Johannes offenbaren: „Ich bin eifersüchtig auf Sie. Er redet nur von Ihnen." (Ebd.) In der dritten Fassung wird der zweite Satz durch „Er schwärmt immer von Ihnen." (Ebd., S. 91) ersetzt. Der Ausdruck „schwärmt" drückt hier im verstärkten Maße die Hingezogenheit des Jünglings zu Baal aus und akzentuiert damit die päderastische Beziehung zwischen beiden. Johannes Schwärmerei von Baal kann seiner Schwärmerei von Johanna gleichgesetzt werden, seine Liebe bleibt in beiden Fällen rein platonisch. Spätestens an dieser Stelle des Stückes (was eigentlich schon aus der Dachkammerszene mit Johannes ersichtlich ist) bekundet sich die homoerotische Komponente der Baalschen Figur. Das Ganze verstärkt noch Johannes mit seiner bewundernden Reaktion: „Ich begreife, daß Ihnen Männerherzen zufliegen, aber wie können Sie Glück bei Frauen haben?" (GBFA 1, S. 92)[54] Indirekt verbirgt sich hinter dieser Reaktion ein ähnliches Eifersuchtspotenzial wie bei Johanna. In dem Dreieck Baal - Johanna -

[53] Auf der anderen Seite könnte auch eine ironische Lesart dieses Gedanken berücksichtigt werden, womit Baal nun wieder als Zyniker einzustufen wäre. Der Zynismus mag einerseits anderen Stellen der Branntweinschenke zu entsprechen, steht jedoch im Kontrast zu den Ansichten, die Baal vorher Johannes unter vier Augen präsentiert. In Anbetracht dieser möglichen Lesart bestätigt sich die Tatsache, die auch bei der Analyse der triangulären Beziehung Baal - Emilie - Mech beobachtet wurde, und zwar, dass Baal sein Verhalten infolge seines sozialen Umfelds jeweils ändert und sich in der Anwesenheit der Männer anders präsentiert.

[54] In der zweiten Fassung ist zusätzlich noch das Adverb „beglückt" zu finden: „Ich begreife beglückt, daß dir Männerherzen zufliegen." (GBFA 1, S. 30), was der homoerotischen Komponente noch zugutekommt.

Johannes erfüllt wiederum die Frau die Rolle der Mittlerin, jedoch auf eine andere Art und Weise als das in dem vorher analysierten Dreieck der Fall war. Baal und Johannes sind nämlich nicht als Konkurrenten aufzufassen, dementsprechend ist Johanna kein Austragungsort der männlichen Rivalität, obwohl Baal sie sich unterwirft und aneignet.[55] Auf der symbolischen Ebene tritt er bei Johanna mit dem weiblichen Teil des Johannes-Johnna-Paares in physischen Kontakt, womit er indirekt auch mit dem männlichen Bestandteil des Paares verkehrt. Johanna und Johannes assoziieren schon durch die Namensgebung eine Einheit, der sich Baal auf dem geistigen und dem körperlichen Weg nähert, damit vollzieht sich auch praktisch die Trennung des höheren und niederen Eros, der platonischen und physischen Liebe. Die Einheit und Trennung manifestieren sich außerdem auch szenisch.[56] Ähnlich wie bei Johannes kommt bei der Johanna-Figur einerseits kindische Naivität und andererseits starke Beeinflussung durch die bürgerliche Sexualmoral zum Ausdruck. Den invertierten moralisch-gesellschaftlichen Zwang sieht Anna Kugli als mitverantwortlich an für Johannas Tragödie:

> „Denn die Scham ist es, die in den schlimmsten Fällen die Mädchen sogar in den Tod treibt, so etwa Johanna in Baal, die sich für das sexuelle Abenteuer mit dem Dichter verurteilt: ‚Oh, was habe ich getan. Ich bin schlecht.' (GBFA 1, S. 37) Baals sexuell motiviertes Interesse genügt ihr nicht, sie will wissen: ‚Hast du mich lieb?' (S. 38) Johanna gehorcht damit der gesellschaftlichen Konvention, nach der Sex nur aus vermeintlicher Liebe heraus motiviert sein darf – da das bei Baal und ihr nicht der Fall ist, empfindet sie ihre Schuld als so groß, dass sie Selbstmord begeht." (Kugli, 2006, S. 78)

---

55 Bei einer Auseinandersetzung mit Johannes spricht Baal sogar von seiner Johanna: „Ein Leichenstein **meiner** verflossenen Johanna?" (GBFA 1, S. 102, Hervorhebung J. D.)

56 In beiden Fällen ist das Geschehen in Baals Dachkammer situiert. Die Dachkammerszene ist in der Fassung von 1922 auch der einzige sich wiederholende Schauplatz (neben der Branntweinschenke; deren zweimaliges Vorkommen wird noch behandelt werden). In der zweiten Fassung von 1919 kommt die Kammerszene noch ein drittes Mal mit der Figur der Sophie vor, die dritte Fassung (1922) bringt beide Episoden (mit Johanna und Sophie) ohne den Schauplatzwechsel. Die Annäherung an Johannes wird vor und die Verführung der Johanna nach der Szene der Branntweinschenke geschildert. Innerlich sind beide Dachkammerszenen auch durch die zeitliche Angabe verknüpft: Die Dialoge sind in eine Sternennacht (Johannes) und eine Morgendämmerung (Johanna) eingeordnet. Zum Kontext des höheren und niederen Eros gehören sogar die Regieanweisungen – die Szene mit Johannes fängt mit gemeinsamem Starren in den Himmel an, die mit Johanna eher am Boden – auf dem Bettrand sitzend.

Das Gefühl der Scham verbindet Johanna zugleich mit der Figur der Emilie. In der Branntweinschenke machen sich die Fuhrleute über Emilies Untreue (oder im Allgemeinen über die Untreue der Frauen) lustig: „Schäm dich, untreu zu sein! sagte die Frau zum Knecht ihres Mannes, der bei der Magd lag." (GBFA 1, S. 93), worauf dann Emilie über dem Tisch schluchzt und zugibt, sich zu schämen (vgl. ebd.). Es geht hier also nicht nur um die Bedingung, dass der Sex innerhalb einer Liebesbeziehung stattfinden soll, sondern auch um die Tatsache, dass Johanna ihrem Freund fremdgegangen ist. Dessen ist sie sich aber erst in dem Moment bewusst, als ihr Baal rät, Johannes zu belügen. Ihre überraschte Reaktion: „JOHANNA Johannes? Schwer zur Tür, ab." (Ebd., S. 98) verrät, dass sie anscheinend vergaß, dass sie sich nicht nur vor sich selbst (Sex mit einem Mann, der sie nicht liebt), sondern auch vor ihrem Geliebten wird rechtfertigen müssen. Aus dieser Hinsicht trägt sie im Vergleich zu Emilie eine doppelte Last. Laut Kugli gibt Baal Johanna mit seinem Ratschlag zu verstehen, dass sie sich mit dem Lügen den gesellschaftlichen Normen entziehen kann. Er selber schreibe den Konventionen auch keine Bedeutung zu (vgl. Kugli, 2006, S. 33). Auf der anderen Seite kommentiert Baal Johannas Gefühl der Sünde mit: „Wasch dich lieber!" (GBFA 1, S. 97) Damit bringt er parallel zu der Dachkammerszene mit Johannes die Metapher von Reinheit und Schmutz ins Spiel und das nicht nur mit dieser Bemerkung, sondern auch mit seinen Anspielungen auf die biblische Sintflut: „Weiß und reingewaschen von der Sintflut, läßt Baal seine Gedanken fliegen, gleich wie Tauben über das schwarze Gewässer." (Ebd.) Er bezieht damit das Reinwaschen nicht nur auf das Mädchen, sondern auch auf sich selbst und stellt eben die zwei Sphären – das Körperliche und das Geistige erneut gegenüber. Obwohl er möglicherweise gesündigt hat, jetzt „schmutzig" ist und „stinkt",[57] muss er sich als Mann für das Genießen seiner Sexualität nicht schämen. Er veranschaulicht im Kontrast von „schwarzen Gewässern" und „weißen Tauben", dass die Gedanken, das Geistliche (und also der höhere Eros) von dem Körperlichen (dem niederen Eros) unabhängig sind, obwohl der Körper sündigt, bleibt der Geist rein. Es mag aber nicht so ganz stimmen, denn anscheinend macht er genau so wie Johanna einen Rechtfertigungsprozess in sich durch. Im Unterschied zu Johanna, die an ihrer Scham und dem Schuldgefühl zugrunde geht, nimmt er eine positive Stellung zu der eigenen Sexualität und dem Genuss ein. Die Frage nach der Schuld ist für

[57] Auf den Wunsch Johannas das Fenster zu öffnen, kommt er mit: „Ich liebe den Geruch. – Was meinst du zu einer frischen Auflage? Hin ist hin." (GBFA 1, S. 97) entgegen, denn er findet Gefallen an dem, was er mit Johanna gemacht hat und schämt sich im Unterschied zu ihr für das Genießen seiner Sexualität nicht.

ihn jedoch nicht so einfach abzutun. Er löst sie auf die Art und Weise, dass er die Schuld an der Verführung von Johanna dem Johannes zuschiebt,[58] gegenüber Johanna rechtfertigt er sich ebenso mit Ausreden und verschiebt die Schuld auf andere, so dass er sich selbst als Verfolgter und Opfer von Johannes, Emilie und Johanna ausgibt: „Der Johannes ist imstand und macht Krach. Die Emilie läuft auch herum wie ein Segelschiff. Ich kann hier verhungern. Ihr rührt ja keinen Finger für einen. Ihr wollt ja immer nur das eine." (GBFA 1, S. 97) Johannes kommt hierbei wiederum in eine Reihe mit den weiblichen Figuren, im Unterschied zu den Frauen ist er zuerst aber nicht ein direktes Opfer von Baal. Die Tatsache, ob er „verletzt" wird, hängt vor allem davon ab, ob ihm Johanna die Wahrheit erzählt oder ihm gegenüber lügt. Von dieser Perspektive aus lässt sich Baals Hinweis, dass Johanna ihren Geliebten belügen soll, auch als Versuch umdeuten, Johannes zu schützen. Diese Deutung würde außerdem die homosexuelle Komponente in Baals Verhalten stärken und der oben zitierten überraschten Reaktion Johannas eine weitere Bedeutung verleihen, u. z. die der Verwunderung, dass Baal in diesem Moment überhaupt an das Wohl von Johannes denkt. Ähnlich wie die Konfiguration zwischen Baal - Emilie - Mech gezeigt hat, dass sich Baal einerseits nonkonformistisch verhalten möchte, aber andererseits in dem homosozialen Umfeld den patriarchalen Mustern unterliegt, so zeigt sich in der Konfiguration Baal - Johanna - Johannes, dass das Liebeskonzept, das auf der Trennung von dem niederen und dem höheren Eros beruht und Körper und Geist trennt, nicht zu realisieren ist und zu Katastrophe führt. Ähnlich ist es auch mit den moralischen Implikationen, die das genussorientierte Verhalten mit sich bringt. Obwohl Baal gern außerhalb des Einflusses von Moral stehen möchte, gelingt es ihm nicht ganz, denn sein Inneres begleiten nach wie vor die Fragen der Rechtfertigung seines Verhaltens. Dieser innere Zwiespalt kommt vor allem in der Konfrontation mit der „Reinheit" des Paares Johanna - Johannes zum Ausdruck. Als Johanna nach der Liebesnacht Baals Dachkammer verlässt, ruft er zweimal nach ihr, rennt zum Fenster und beobachtet mit der doppelten Bemerkung: „Da läuft sie hin! Da läuft sie hin!" (Ebd., S. 98), der Schluss des Bildes lässt vermuten, dass noch etwas zwischen beiden unausgesprochen oder ungeklärt blieb. Auch die Regieanweisung: „Er will ins Bett zurück, schmeißt aber dann ein Kissen auf den Boden und läßt sich ächzend drauf nieder. Es wird dunkel. Im Hof spielt eine Bettlerorgel." (GBFA 1, S. 98) ist alles andere als Bild eines siegreichen und selbstbewussten „Frauenvernaschers". Auch Hillesheim

[58] „Der Johannes ist an allem schuld. Schleppt dich rauf und trollt sich wie Oskar, wie ihm ein Licht aufgeht, warum dir die Knie zittern." (GBFA 1, S. 97)

macht deutlich, dass anhand der Szene nicht genügend eindeutig ist, ob Johanna für Baal nur „Lustobjekt" war. Außerdem vermerkt er, dass die Forschung bisher die ganze Johanna-Episode „nie recht zu deuten wusste" (Hillesheim, 2008, S. 29).[59] Aus der Untersuchung des Dreiecks Johannes - Johanna - Baal ist auf jeden Fall deutlich, dass Johanna eine weitaus größere Bedeutung für die Schilderung der Baal-Figur hat und sie vor allem die Widersprüche in seinem Inneren illustriert. Der Johanna-Episode kommt eben auch im weiteren Verlauf eine Bedeutung zu. In dem zweiten Teil der Szene[60] erfährt Baal von den zwei Schwestern, dass Johanna Selbstmord begangen hat. Er ist zwar nun zu den Worten „Schwimmt sie noch..." (GBFA 1, S. 99) fähig, es kommt jedoch zu einer raschen Veränderung in seinem (wenigstens sexuellen) Verhalten. Obwohl die Mädchen schon ausgezogen sind und es zu einem Geschlechtsakt kommen sollte, reagiert Baal auf einmal mit: „Ich bin heut so faul, ihr könnt heim." (Ebd.), was sehr leicht als heuchlerische Verschleierung der plötzlichen Impotenz zu verstehen ist und auf eine starke innere Belastung hindeutet. In der gleichen Kombination wiederholt sich dieser Gedanke am Ende dieses Teiles der Dachkammerszene, nachdem die Schwestern weggegangen sind. In Baals Monolog kommt zweimal das Wort „Kanallje" vor. Scheinbar bezieht es sich als Schimpfwort auf die Hausfrau, die die zwei Mädchen nach Hause schickt, Baal eine Predigt hält und ihm kündigen will. Die Formulierung: „Kanallje mit Herz! - Ich bin heut sowieso schon verflucht faul." (Ebd., S. 101) ist jedoch völlig identisch mit der Reaktion auf die Nachricht über Johannas Tod, der die Verleugnung von eigener Schwäche bzw. Unfähigkeit (die sich besser als Faulheit anhört) folgt. Um den unangenehmen Gedanken loszuwerden, stürzt sich Baal auf das dichterische Schaffen und nimmt sich ganz groß vor: „Ich mache einen neuen Adam." (Ebd.) Ähnlich dem vorigen Teil der Szene endet auch ihr zweiter Teil laut der Regieanweisung mit dem Spiel der Bettlerorgel, was an den Abgang Johannas von der Bühne erinnert.[61] Wie es auch der Anfang des dritten und letzten Teiles dieser Szene klar macht, ist Baal nicht nur dem Trinken, sondern auch der künstlerischen Impotenz verfallen und nicht in der Lage, sich auf das Schreiben zu konzentrieren. Sein Denken ist

[59] Hillesheim erforscht in seinem Aufsatz die autobiografischen Zusammenhänge mit der Figur der Johanna. Als ihr Vorbild gilt Brechts Jugendgeliebte Paula Bahnholzer. Zugleich dokumentiert er, dass die Figur des Jünglings Johannes Züge Brechts trägt und somit auf die Liebe Brechts zu Bahnholzer anspielt (vgl. Hillesheim, 2008, S. 26).

[60] Den zweiten und dritten Teil der Szene gibt es in der Fassung von 1919 nicht.

[61] Mit der Bettlerorgel endet ebenso auch der dritte Teil der Szene, was insgesamt an allen drei Stellen einen melancholischen (vielleicht fast romantischen) Effekt erzeugt.

von den Gedanken an Johanna zerstreut, motivisch tauchen bei ihm die Bilder vom Wasser, Verfaulen, Leibern, Geruch, Weiß und Dunkel auf, in denen sich vollständig die Gewissensbisse wiederholen und die in die Schlussfolgerung münden: „Ich bin ein Liebhaber ohne Geliebte. Ich unterliege." (GBFA 1, S. 101) Schließlich verjagt er auch Johannes, der ihn an seine Tat schon durch seine Anwesenheit erinnert: „Stehst du da herum? Ein Leichenstein meiner verflossenen Johanna? Johannes' Leichnam aus einer anderen Welt, wie? Ich schmeiße dich raus!" (Ebd., S. 102) Die Bedeutung der fast kindisch aussehenden Vertreibung von Johannes[62] erhellt sich vor allem in Anbetracht der anschließenden Szene „Gekalkte Häuser mit braunen Baumstämmen".[63] Die Unterredung zwischen Baal und dem betrunkenen Strolch thematisiert die Problematik des Geistigen und Körperlichen in der religiösen und der „Baalschen" Sicht. Es zeigt sich, dass Baals vorherige Idee, Johannes an die Wand zu schmeißen, eben mit diesem Kontext zu tun hatte und indirekt auch die Schuldfrage wieder aufgreift. Auch szenisch schafft die Regieanweisung des Herumlaufens um Strolch eine Parallele zu der Auseinandersetzung mit Johannes. Zweimal, mit einer Variation, wiederholt Baal bei seinem Herumlaufen einen ähnlichen Gedanken: „Wer hat die Baumleichen an die Wände geschlagen?" (Ebd., S. 104) und später „Aber die Frauenleiber, die er [gemeint wird Jesus] an die Wände schlägt, das tät ich nicht." (Ebd., S. 105) Bei den religiösen Festen Pfingsten (Anspielung an das bereits verwelkte Grün)[64] und Fronleichnam (Zeit der Szene), die im Zusammenhang mit dieser Szene eine Rolle spielen, geht es einerseits um Feier der Entsendung des Heiligen Geistes (Pfingsten) und Hochfest des Leibes und des Blutes Jesu Christi (Fronleichnam), womit hier symbolisch der Geist und der Körper aufgegriffen werden. Trotz ihres ideellen Unterschiedes zeigen Strolch, der religiös überzeugt ist, und Baal, der einen solchen Glauben ablehnt, in einigen Punkten gewisse Übereinstimmung. Es geht erstens um das Verhalten in dem männlich homosozialen Umfeld. Strolch, der wegen der geschlagenen Bäume angesprochen wird, reagiert in Anwesenheit Baals distanziert und abwertend, indem er von „Baumkadavern" spricht. Erst nach Baals Abgang von der Szene gibt er seine Schwäche und den Grund für sein

62 „[Baal] *Läuft um ihn* [Johannes] *herum.* Das ist eine Unverschämtheit! Ich schmeiße dich an die Wand, es ist sowieso Frühjahr! Hopp!" (GBFA 1, S. 102)

63 Die Szene liegt in Baal von 1918 in einer völlig anderen Fassung als „Straße vor einer niederen Schenke" vor und weist noch nicht den hier analysierten Sachverhalt auf. In der Fassung von 1919 wurde diese Szene gestrichen.

64 Vgl. auch den Zeilenkommentar zu den Zeilen 24 und 25 (S. 104) in der GBFA 1, S. 543.

Trinken zu: „Ich aber habe Schnaps im Leib, ich halte das nicht aus. Ich halte diese verfluchten toten Pflanzen nicht aus." (GBFA 1, S. 105) Zweitens zeigt sich, dass auch Baal mit Verdrängung eines inneren Problems zu kämpfen hat, denn er assoziiert offensichtlich schon mit dem Anblick der „toten" Bäume seine „Opfer", und die Reaktion auf Strolchs abwertende Worte verdeutlicht das:

> „STROLCH Pah, Baumkadaver! Trinkt aus einer Schnapsflasche.
> BAAL Frauenleiber sind nicht besser!
> STROLCH Was haben die Frauenleiber mit der Prozessionen zu tun?
> BAAL Es sind Schweinereien! Du liebst nicht!" (Ebd., S. 104)

Man könnte Baals Antwort nur als Kritik an den Praktiken der katholischen Kirche lesen.[65] Auf der anderen Seite trägt hier das Wort „Schweinerei" auch die Konnotation der moralischen Unreinheit bzw. der Sünde, mit der sich Baal auseinandersetzen muss und ähnlich wie bei der Johanna-Szene verdrängt er diesen Gedanken sofort mit einem Gegenangriff. Strolchs Erwiderung: „Der weiße Leib Jesu: ich liebe ihn!" (Ebd.) polarisiert wiederum den Begriff der Liebe in die körperliche und die geistige Sphäre. Während er sich bei Baal als physisch erweist, ist er bei dem anderen eher spirituell. In dem weiteren Gespräch beweist Strolch, dass beide „Vorstellungssysteme" sowohl Gemeinsamkeiten haben als auch Diskrepanzen in sich tragen.[66] Das Problem, mit dem sowohl Baal als auch er kämpfen, wird von ihm folgendermaßen auf den Punkt gebracht: „An die Wände geschlagen! Sie schwammen nicht die Flisse [sic!] herunter! Sie sind geschlachtet worden für ihn, den weißen Leib Jesu." (Ebd., S. 105) Während Strolch das Prinzip eines symbolischen Opfers erklärt (die Bäume werden zur Feier im Namen einer höheren Idee geopfert), beziehen sich seine Worte auch auf Johanna, die eben nicht symbolisch, sondern praktisch zu einem Opfer wurde und im Fluss endete. Wenn Baal vorher behauptete, dass er die Frauenleiber nicht an die Wände schlagen würde, dann bestätigt sich seine Äußerung fast wortwörtlich damit, dass er das mit Johannes vorhatte. Johannes ist so verstanden ein lebendiges Symbol des Todes von Johanna (wie schon formuliert wurde - ihr „Leichenstein"). Er ist aber sowohl symbolisches als auch praktisches Opfer von Baals Handeln. Am Beispiel von Johanna und Johannes wird klar, dass es nicht möglich ist, zwischen dem symbolischen und dem praktischen Opfer zu unterscheiden, denn

65 Als Verspottung könnte auch Baals Bemerkung: „Vielleicht werde ich katholisch." (GBFA 1, S. 105) gelten.

66 Aus dieser Sicht ist die in der vorigen Anmerkung zitierte Bemerkung auch halb ernst zu nehmen. Auf die Diskrepanz innerhalb des Glaubens verweist vor allem Strolchs Bemerkung, dass Jesus nicht katholisch wurde (vgl. GBFA 1, S. 105).

beide sind zu tatsächlichen Opfern Baals geworden. Johannes als Opfer zeigt am stärksten die zweite Szene in der Branntweinschenke nach acht Jahren. Johannes tritt hier „abgerissen, in schäbigem Rock mit hochgeschlagenem Kragen, hoffnungslos verkommen" (GBFA 1, S. 130) auf, infolge der Tragödie mit seiner Braut verfällt er dem Trinken. Schon sein erster Satz beweist, dass er nicht mehr die frühere Naivität aufweist, denn er verfügt nun über das männliche „Wissen" um Leben und Sexualität.[67] Die Beziehung zwischen Baal und Johannes ist nicht mehr als Päderastie einzustufen, beide sind sogar per du. In einigen Zügen seiner Rede erinnert Johannes jetzt an Baal. Er versteht die „bürgerlichen Verhältnisse" als seine Vergangenheit und betrachtet sich selbst als „Genie". Er hat sogar gelernt, unter Männern seine Schwäche nicht zu zeigen. Denn als er gefragt wird, ob ihm der Untergang von Baal wehtut und ihn beschäftigt, kommt er mit einer ausweichenden Antwort entgegen: „Es ist schade um ihn, sage ich euch." (Ebd., S. 131) Ähnlich versteckt er jetzt seine Individualität, indem er Baal hindert, seinen (Johannes') Namen auszusprechen. Nach wie vor hat sich aber nichts an seinen Gefühlen für Baal verändert. Diese kann er nur besser verstecken, sogar als er seinen Wunsch gesteht, bei Baal zu bleiben: „Jetzt bleibe ich immer bei dir." (Ebd., S. 133), muss er seine homosexuelle Zuneigung hinter einer rationalen Argumentation verstecken: „Du kannst mich gut mitnehmen. Ich esse fast nichts mehr." (Ebd.)

So wie Baal an Johannas Tod mitverantwortlich ist, bewirkt er auch Johannes' Untergang. Er ruiniert die beiden Teile dieses triangulären Verhältnisses - einerseits physisch und andererseits psychisch. Im gewissen Sinn wird er dadurch auch zu einem Opfer seines Selbst. Die Szene mit Strolch zeigte sein Bedürfnis, mit dem, was er angerichtet hat, klarzukommen. Die Religion ist dabei nicht der richtige Weg, und deswegen lehnt er Strolchs Angebot ab, sich der Prozession anzuschließen, und entgegnet ihm mit: „Ich gehe an den Fluß hinunter und wasche mich. Ich kümmere mich nie um Leichname." (GBFA 1, S. 105) Seine Worte mögen die Gleichgültigkeit, Distanz und moralische Freiheit deklarieren, in ihrer Widersprüchlichkeit zeugen sie aber auch vom Schuldgefühl (und der Notwendigkeit, sich von der „Sünde" zu reinigen). Damit erinnern sie stark an die Strategie, die am Anfang auch Strolch zeigt, indem er sein Problem vor Baal leugnet. Vor dem anderen Mann muss Baal eigentlich dasselbe tun - das heißt, als Mann seine Schwäche nicht zeigen. Diese Pointe erhellt sich eben gleich, nachdem Baal die Szene mit Strolch verlässt.

67 Wovon seine folgende Replik zeugt: „Mit fünfundzwanzig ginge das Leben erst an. Da werden sie breiter und haben Kinder." (GBFA 1, S. 130)

3.4 Konzeption der Freundschaft (Baal - Sophie - Ekart)

Um dem künstlerischen und menschlichen Versagen bzw. den Schuldgefühlen zu entkommen, fasst Baal den Beschluss: „Ich muß ausziehen. Aber erst hole ich mir eine Frau. Allein auszuziehen, das ist traurig." (GBFA 1, S. 101) Die szenische Anweisung der dritten Fassung gibt dabei an: *„Unten spielt ein Harmonium Tristan."* (Ebd.) Die Tristanmusik verkündet die bald kommende und schicksalhafte Begegnung zwischen Baal und Sophie.[68] Sophie, eine fremde Frau, die Baal wie ein „Orang-Utan" (ebd., S. 102) auf der Straße überfällt, scheint zuerst im wahren Sinne des Wortes seine Beute zu sein. Obwohl sie sich dagegen wehrt, unterliegt sie schließlich. Weniger im physischen, als eher im psychischen Sinne.[69] Sie gibt sich völlig bewusst hin, was auch ihre Worte in der späteren Szene „Mainacht unter Bäumen" beweisen: „Es ist gut, so zu liegen wie eine Beute und der Himmel ist über einem und man ist nie mehr allein." (Ebd., S. 106) In derselben Szene artikuliert auch Baal seine Liebe zu Sophie. Die Naturszenerie der Mainacht, in der beide in den Baumwurzeln vor dem Regen geschützt verbleiben, erinnert an eine Liebesgrotte und somit an Tristan und Isolde. Die Liebe zwischen Baal und Sophie hat einen ähnlichen, fast magischen Charakter, sie ist einer Naturkraft ähnlich. Baal formuliert es mit Worten: „Die Liebe reißt einem die Kleider vom Leibe wie ein Strudel" (GBFA 1, S. 106) Der Liebende ist dementsprechend „nackt" und ausgeliefert, in Anspielung darauf sind die folgenden Worte Sophies als Liebesgeständnis zu lesen: „Ich möchte mich verkriechen in dir, weil ich nackt bin, Baal." (Ebd.) Die geistige und körperliche Seite der Liebe wird bei Sophie sogar zu einer Einheit.[70] Außerdem stellt die physisch-psychische Vereinigung zwischen Sophie und Baal den Versuch dar, der Einsamkeit und Tristesse des menschlichen Daseins zu entkommen. Sophies Gedanke, sich in der Liebe nicht mehr allein zu fühlen, greift fast wortwörtlich frühere Worte Baals auf: „Jetzt ist Himmel über uns und wir sind allein." (Ebd., S. 103), so

---

68 Die zweite Fassung gibt als szenische Anweisung nur ein Klavierspiel an (vgl. GBFA 1, S. 44).

69 Wiederholt wird auch in dieser Szene das Körperliche und Geistige gegenübergestellt. Sophie entscheidet sich für Baal auch trotz seiner Hässlichkeit: „Du bist so hässlich, so hässlich, daß man erschrickt ... Aber dann ..." (GBFA 1, S. 103)

70 Sie überwindet auch die Vorstellungen, dass Sexualität eine Sünde bedeute. Am Anfang muss sie nämlich mit fast lächerlichem Aberglauben kämpfen: „Wenn mich der Boden verschluckt? Wenn ich in eine Höhle geschleift werde am Abend und nie mehr komme?" (GBFA 1, S. 104) Auf der anderen Seite zeigen sich diese Worte paradoxerweise als Vorwegnahme des späteren Schicksals von Sophie, denn sie wird in die Wurzeln der Bäume in der Mainacht geschleppt und kommt auch nicht mehr heim.

dass beide Äußerungen als These und Antithese wirken. Ähnlich wie Sophie sucht auch Baal in der Liebe eine Rettung. Sein Bedürfnis geliebt zu werden ist genau so stark, er teilt es auch mit: „Ich bin unrein geworden. Du mußt mich lieb haben, **eine Zeitlang**!" (Ebd., Hervorhebung J. D.) Hiermit gesteht er vor Sophie seine Schwäche, sozusagen entblößt er sich vor ihr. Die Fassung von 1919 ist an dieser Stelle ausführlicher und Baals Flehen um die Hilfe ausdrucksvoller: „Ich wurde zum Teufel gejagt und meine Mutter dauert mich. Ein Freund von mir geht daran kaputt, daß ich sein Mädel zusammengehauen habe. Von ihr fehlt jede Spur. Die Frau meines Chefs ist schwanger von mir und hat die Hölle daheim. Ich kann keinem helfen. Hilf du mir! Du mußt mich lieb haben." (Ebd., S. 45) Die Reaktion Sophies ist in beiden Fassungen gleich: „So bist du? ... Ich hab dich lieb." (Ebd., S. 103) Dadurch zeigt sich die Stärke ihrer Liebe, denn sie liebt Baal trotz allem. Trotz seines Äußeren und trotz seines Charakters. Die Beziehung mit Baal geht sie mit voller Bewusstheit des Risikos ein, obwohl sie eben an den unterschiedlichen Liebesauffassungen zugrunde geht. Für Sophie ist die Liebe ein überzeitliches Phänomen, das Hingabe und „Sein für andere" bedeutet[71] und ihr das Gefühl gibt, nicht allein zu sein. Die Diskrepanzen hängen schon mit der Auffassung der zeitlichen Dimension der Liebe zusammen. Baals Worte manifestieren den Unterschied in der Wahrnehmung der Zeit und der Liebe: „Jetzt sind es drei Wochen, sagt die Geliebte in den Baumwurzeln, als es dreißig Jahre waren. Und da war sie schon halb verwest." (GBFA 1, S. 106) Für Baal unterliegen die Dinge in der Natur dem natürlichen Lauf der Vergänglichkeit. Aus dieser Sicht ist eine zeitlose Auffassung der Liebe unhaltbar. Schon bei der Formulierung seines Bedürfnisses nach Liebe verwendet Baal in der dritten Fassung das Wort „Zeitlang". In der Fassung von 1919 hat der Gedanke über die Vergänglichkeit der Liebe in den Szenen mit Sophie eine stärkere poetische Kraft. Die Szene „Nacht", die dann später durch die Naturszene im Mai ersetzt wurde, enthält motivisch die Bilder der weißen Wolke im Wind, die im Zusammenhang mit den Gedichten *Erinnerung an Marie A.* und *Die Liebenden* stehen und die Flüchtigkeit des Liebesglücks und dessen Täuschung thematisieren (vgl. ebd., S. 48 und den Kommentar S. 539). Es zeigt sich auch tatsächlich, dass Baals Liebe zu Sophie nicht von Dauer ist. Obwohl Baal auf sie verzichtet und sie schlecht behandelt, stellt sich Sophie selbst nicht als Opfer dar:

> „SOPHIE Mir sinken die Knie ein. Warum läufst du wie ein Verzweifelter?

[71] Auch als Sophie die Frage bekommt, ob sie Geschwister hat, antwortet sie mit: „Ja, sie brauchen mich." (GBFA 1, S. 104), d. h. auch ihre Geschwisterliebe zeigt sich als ein Sein für die anderen.

BAAL Weil du dich an meinen Hals hängst wie ein Mühlenstein.
EKART Wie kannst du sie so behandeln, die von dir schwanger ist?
SOPHIE Ich wollte es selbst, Ekart." (GBFA 1, S. 118)

Ihr Verhalten hat teilweise masochistische Züge, denn sie geht bis an die Grenzen und fordert Baal sogar zweimal auf, dass er sie schlägt. Diese volle Selbsthingabe und Selbstaufopferung kann als radikale Konsequenz der absoluten Liebe verstanden werden. Die Frau unterliegt dem Liebesbann und findet dafür keine Erklärung. Als Ekart sie fragt: „Und dieses durchsichtige Vieh liebst du immer noch?" (Ebd.), kommt sie nur zu der Antwort: „Ich kann nichts dafür, Ekart. Ich liebe noch seinen Leichnam. Ich liebe noch seine Fäuste. Ich kann nichts dafür, Ekart." (Ebd.) Obwohl ihr Ekart in ihrem Zustand der Schwangerschaft und Verzweiflung Unterstützung anbietet, kann sie von Baal nicht loslassen. Ihr Festhalten an der Idee der großen Liebe, die bis hinters Grab geht, erweist sich als verhängnisvoll, selbstdestruktiv und fast pathologisch. Die Perseveration ist also der wahre Grund ihrer Tragödie, die fast symbolisch in dem Schrei aus dem Dunkeln endet: „Baal!" (GBFA 1, S. 120) Er ist das krankhafte Wahnbild, bei dem sie verharrt. Sophie ereilt zwar ein ähnliches Schicksal wie die anderen Frauenfiguren dieses Stückes, die an die große Liebe glauben, allerdings unterscheidet sie sich von ihnen dadurch, dass sie selbstständiger wirkt und über sich selbst entscheidet. Sogar gleich am Anfang hat sie die Möglichkeit, Baals Kammer zu verlassen, was sie aber nicht tut. Ihre Entscheidungen trifft sie völlig autonom und gibt Baal sogar Anweisungen.[72] Schließlich ist sie als die Einzige in der Lage, Baal in ihren Bann zu ziehen und sein Verhalten zu beeinflussen. Es zeigt sich, dass auch er der Kraft der Liebe unterliegen kann. Die Beziehung mit Sophie geht er unter Einsatz der eigenen Individualität ein, und deshalb stellt er sich ihr am Anfang vor: „Ich heiße Baal." (Ebd., S. 103) Zusammen mit dem Geständnis der eigenen Schwäche: „Du mußt mich trösten. Ich war schwach vom Winter." (Ebd.) kann er Sophies Interesse erwecken: „SOPHIE *zu ihm aufschauend* Baal heißt du…?" (Ebd.) Jedoch im Gegensatz dazu fordert er sie auf, ihre Persönlichkeit zu vergessen,[73] weil nur so eine Liebesbeziehung aufgebaut werden könne. In der zweiten Fassung wird auf den besonderen Stellenwert der Geliebten auch in einer Szene mit der Mutter eingegangen. Die Mutter hält Sophie für eine Hure, stellt sie den anderen Frauen gleich, mit denen ihr Sohn verkehrt, und macht ihm in diesem Zusammenhang

[72] So etwa z. B.: „Aber du mußt still liegen." (GBFA 1, S. 103); „Horch!" (GBFA 1, S. 105)

[73] Der Verweis auf das Verdrängen der eigenen Persönlichkeit realisiert sich auch über den Eigennamen: „SOPHIE BARGER Weißt du denn, wie ich heiße? Ich heiße Sophie Barger. BAAL Du mußt es vergessen." (GBFA 1, S. 103)

Vorwürfe. Trotz des rohen Verhaltens gegenüber seiner Mutter entpuppt sich Baal gleich daraufhin als jemand, der auf andere Menschen eingehen kann. Er verteidigt Sophie und versichert der Mutter: „Das wird meine Frau. Ich hab dich lieb." (Ebd., S. 46) Es ist nicht von Bedeutung, inwieweit seine Worte über die Heirat im bürgerlichen Sinne ernst sind, wichtig ist die Tatsache, dass Baal seiner Mutter eine Illusion gibt, die sie braucht.[74] Die Illusion der Liebe kann nämlich nur durch Illusionen entstehen und genährt werden. In der Szene mit Baal, seiner Mutter und Sophie spielt die Mutter eine Mittlerrolle, anhand derer sich Baals Fähigkeit zu lieben beweist. Genau so, wie er gefühlvoll auf die Mutter eingeht, geht er auf Sophie ein. Als Auslöser fungiert bei Baal ein Satz, den beide Frauen aussprechen: „Ich schäme mich so." (GBFA 1, S. 46) Die Artikulation der Scham bei der Mutter, wie auch bei der Geliebten verweist auf einen Fehler in Baals Verhalten, denn beide schämen sich eigentlich seinetwegen. Er geht auf dieses Gefühl ein und versucht seinen Fehler wieder gut zu machen. Bei Sophie versucht er das mit einer Ablenkung durch den Tanz. Die Klaviermusik ruft in ihm zugleich Gedanken an Johanna und Johannes hervor, was deutlich macht, dass das Phänomen des Gewissens bei ihm präsent ist. Mit Sophie versucht Baal einen anderen Weg zu gehen. Als Höhepunkt seines Liebesbeweises könnte in der Fassung von 1922 die Szene „Nachtcafé zur ‚Wolke der Nacht'" gelten, die gleich nach der Liebesszene „Mainacht unter Bäumen" folgt. Wegen der Liebe ist Baal nämlich in der Lage, sich selbst zu verneinen und sich zu einer Tätigkeit zu zwingen, die er unter anderen Umständen vielleicht sonst nie machen würde. Trotz seiner Abneigung, sich als Arbeitskraft zu verkaufen, was schon aus der Analyse des Dreiecks Baal - Emilie - Mech und der ersten Szene des Stückes sichtbar wurde, opfert Baal seine Freiheit und lässt sich auf die aus seiner Sicht erniedrigende Arbeit als Kabarettist ein. Die Soubrette aus dieser Szene bringt es auf den genauen Punkt: „Er arbeitet nur für seine Geliebte, mit der er zusammenlebt." (Ebd., S. 107) Dass er das nur unter Alkoholkonsum verträgt und am Ende sogar durchs Abortfenster fliehen muss, beweist den Ernst und das Gewicht der Situation, auf die er

[74] Auf eine ähnliche Weise wiederholt sich dieser Liebesbeweis gegenüber der Mutter auch in der Szene, wo sie stirbt. Hinsichtlich Baals Lage und der Situation der Mutter kurz vor ihrem Sterben zeigt sich die Vortäuschung einer Illusion noch verstärkt. Vgl. die Szene „Die Kammer von Baals Mutter" (GBFA 1, S. 72ff.). Es ist demzufolge falsch, wenn Borchers behauptet, die einzige Figur, gegenüber der Baal Gefühle zeige, sei Ekart. Baals Liebesäußerungen zu Mutter als auch zu Sophie hat er wahrscheinlich bei der Akzentuierung der Homosexualität in seiner Untersuchung übersehen (vgl. Borchers, 2001, S. 236).

sich ursprünglich im Namen der Liebe einlässt.[75] Einer solchen Selbstaufopferung und eines Verzichtes auf seine Freiheit und Individualität ist er jedoch auf die Dauer nicht fähig. Seine Flucht führt szenisch und symbolisch in die grünen Felder, wo er sich dem Gefühl der Freiheit hingibt[76] und auf eine neue Erfahrung hinaus steuert. Es ist das homosexuelle Erlebnis mit seinem Freund Ekart. Dieser betritt die Bühne zum ersten Mal in der ersten Branntweinschenken-Szene. In das Geschehen greift er in dem Moment ein, als Baal durch sein Verhalten Emilie zum Weinen bringt und sie offensichtlich schlecht behandelt. Seine Rede beginnt mit Worten: „Laß das! Geh mit mir Bruder!" (GBFA 1, S. 94) und verlockt Baal mit dem Versprechen eines naturverbundenen unmittelbaren Erlebens mit dionysischen Zügen, dem nur schwer zu widerstehen ist. Götz Beck vergleicht diese Szene sogar zu der Verführung Fausts (Beck, 1999, S. 119). Baals Worte: „Luise! Luise! Einen Anker! Laß mich nicht mit dem!" (GBFA 1, S. 95) reagieren auf die Verführung. Johannes erkennt es: „JOHANNES

[75] In der Fassung von 1919 können als Steigerung der Selbstaufopferung zugunsten der Liebe zu Sophie die Szenen „Bar", „Nacht", „Hinter den Kulissen eines Kabaretts" und schließlich die Szene „Nachtcafé" gelten. Das Liebesgefühl, das Baal übermannt, entspricht völlig einer romantischen Auffassung, denn die Liebe gibt ihm das Gefühl, reich zu sein: „SOPHIE DECHANT Und die ganze Nacht hast du das gewusst und daß wir arm sind? BAAL Ich habe es gestern abend vergessen. Es ist noch genug da: Weiße Häuser am Abend, mit blauem Himmel und grünem Himmel darüber. [...] Deine Bäume. Dann Morgenlicht in der Dachluke. Dann Sternenhimmel. Ist das nichts? Ich liebe dich darum." (GBFA 1, S. 49) Paradoxerweise ist Baal an dieser Stelle ein Romantiker und idealistisch-schwärmerisch im Vergleich zu der ökonomisch und praktisch denkenden Frau. Seine Suche nach der Arbeit, die für ihn Selbstverneinung bedeutet, hat also eine klare Motivation. Sein Ende im Gefängnis, in das er auch der Arbeit wegen gelangt, könnte in diesem Zusammenhang symbolisch für den Verlust seiner Freiheit stehen. Im Vergleich zu der dritten Fassung steigert sich die Aufopferung Baals wegen der Liebe zu Sophie sogar in dem Moment, als er sie an seinen Freund abgeben will, um sie zu beschützen. Als er weiß, dass ihn die Polizei abholen wird, bittet er Ekart: „Was muß ich dir geben, daß du meine Frau nimmst?" (GBFA 1, S. 52) Baal bezeichnet an dieser Stelle Sophie sogar als „seine" Frau, womit teilweise die Illusion, die er seiner Mutter vorher gibt, in die Wahrheit umschlägt. Die Beziehung zwischen Baal und Sophie hat teilweise Merkmale der bürgerlichen Ehe: Der Mann geht seiner Pflicht nach, die „Familie" zu versorgen, die Frau erwartet das von ihm und übernimmt die Rolle einer Mutter (Sophie erwartet bald auch ein Kind). Als Zeichen der Bürgerlichkeit stehen auch der „Leib im Hemd" und das „weiße Bett" in den Versen, die Baal Sophie gegen Ende der Szene „Nacht" vorsingt (vgl. GBFA 1, S. 49). In diesem Kontext wird dann auch verständlich, dass er später diese Beziehung abbricht, um den von ihm verhassten gesellschaftlichen Konventionen zu entfliehen.

[76] Das Gefühl assoziieren z. B. „Juliluft, Wind, kein Hemd in den Hosen" (GBFA 1, S. 109).

Laß dich nicht verführen!" (Ebd.), worauf Baal mit: „Mein lieber Schwan!" (Ebd.) reagiert. Der Zeilenkommentar der Großen kommentierten Berliner und Frankfurter Ausgabe stellt den Zusammenhang dieses Ausrufs einerseits mit der Anspielung an Richard Wagner und andererseits mit dem Sinn keiner guten Ahnung (in der Verbindung mit dem Verb „schwanen")[77] her. Wobei das unangenehme Vorgefühl mit Johannes' Verweis auf den Teufel übereinstimmen könnte. Der homoerotische Subtext ermöglicht außerdem das Wort „Schwan" an dieser Stelle entweder auf Johannes (der Baal unterstützend beiseite steht) oder auf Ekart (der Baal verführen will) zu beziehen.[78] Der Ausdruck ist dabei feminin konnotiert. Auch in der Dachkammerszene mit den zwei Schwestern und der Hausfrau verwendet Baal das Wort „Schwan" als Vergleich für Frauen: „Wie Schwäne flattern sie mir ins Holz" (ebd., S. 100).[79] Möglicherweise greift auch Ekart den Ausdruck „Schwan" auf und erwidert ihn mit dem Vergleich: „Wie zwei weiße Tauben fliegen wir selig ins Blau!" (GBFA 1, S. 95), der als homoerotische Anspielung verstanden werden kann.[80] Alle Anwesenden - Johannes, Johanna und Emilie - versuchen Baal von der Verführung abzuhalten. Vor allem Johannes argumentiert dabei mit dem bürgerlichen Umfeld (Mutter, Kunst), wenn er sich an Ekart mit „Schämen Sie sich! Sie sind der Teufel!" (Ebd.) wendet, bringt er damit auch moralische Urteile zum Ausdruck. Wiederholt wird an Baals Stärke appelliert (Johannes, Johanna). Die Opposition ist so groß, dass Baal am Ende an Ekart u. a. den Satz richtet: „Sie gehen nicht mit, Bruder!" (Ebd.) Obwohl er Ekart ablehnt, damit vor anderen seine Stärke demonstriert und zum „Sieger" wird,[81] ist eher das Gegenteil der Fall. Denn das Wort „Bruder" zeigt, dass er sich mit Ekarts Gedanken identifiziert und sich zugleich von den anderen (die er als

---

77 Bei Wagner soll es um die Redewendung: „Leb wohl, leb wohl, mein lieber Schwan!" gehen (vgl. GBFA 1, S. 542).

78 Die Worte „Mein lieber Schwan" sind bei Brecht in Form der Anrede auch in den Briefen an Arnolt Bronnen zu finden.

79 Die Reaktion der Hausfrau auf diesen Satz: *„schlägt Hände zusammen:* Schöne Schwäne! Was Sie für 'ne Sprache haben! Sie könnten Dichter werden, Sie!" (GBFA 1, S. 100) ist zugleich eine Reflexion des poetischen Sprechens, das einerseits die Realität metaphorisch verschleiert und andererseits durch die Polyvalenz den Raum für das Missverstehen eröffnet. Die Mehrdeutigkeit und bewusste Unklarheit ist eben in diesem Sinn auch mit der Verwendung des Ausrufs „Mein lieber Schwan!" angesprochen worden.

80 Das Bild der fliegenden Tauben findet auch Verwendung in der erotischen Morgenszene mit Johanna, wo es als Gegenüberstellung des Körperlichen und Geistigen gedeutet wurde. Dementsprechend hat die homoerotische Liebe an dieser Stelle eher eine geistige Dimension.

81 „JOHANNA Diesmal haben Sie gesiegt, Herr Baal!" (GBFA 1, S. 95)

„sie" zusammenfasst) abgrenzt. Die anderen „gehen nicht mit", denken anders, und Baal lässt sich unter ihrem Druck beeinflussen. Der „Anarchist" will zuerst den bürgerlichen Weg gehen. Statt Ekarts Versuchung zu unterliegen, unterliegt er eher dem gesellschaftlichen Zwang. Als Mann bewies er seine Stärke, weil er der homosexuellen Versuchung standgehalten hat. Noch schweißgebadet von der Situation stellt er seine Männlichkeit unmittelbar unter Beweis, indem er Luise verführen will: „Jetzt schwitze ich! Bist du heute frei, Luise?" (Ebd.) Damit werden auch die Demütigung von Emilie und deren absolute Unterwerfung eingeleitet, die als Instrument der demonstrativen Wiederherstellung seiner bedrohten Männlichkeit dienen. Baal kann sich zuerst dem gesellschaftlichen und moralischen Druck nicht entziehen, nach seinem vorübergehenden Scheitern als Mann, Freund und Schriftsteller sucht er einen möglichen Ausweg in der Realisierung der Liebe zu Sophie. Wie schon gezeigt wurde, gibt ihm die Liebe an sich nicht das Gefühl des Glücks oder der Freiheit, im Gegenteil ist er eher seines Selbst beraubt. Als Konsequenz folgt die Flucht in andere Dimensionen. Die meisten Interpretationen gehen davon aus, dass Baal sein Glück im Einswerden mit der Natur sucht. Wie jedoch Bartl und Vaßen übereinstimmend feststellen, ist die Gleichsetzung Baals mit der Natur nicht angebracht. Vielmehr ist von der Vereinigung der Gegensätze Natur - Kultur auszugehen, die ihn gleichermaßen prägen, so dass er eine Mittlerstellung einnimmt (vgl. Bartl, 2008, S. 216; Vaßen, 2006, S. 204). In diesem Sinne stellt der Bruch mit der Gesellschaft und der Kultur keine absolute Befreiung dar, trotzdem ist Baal auf der Suche danach.

Das Gefühl der Freiheit gibt ihm der Anfang eines vagabundierenden Lebens zusammen mit Ekart. Die homoerotische Bindung zwischen Baal und Ekart unterstreicht also den Bruch mit den gesellschaftlichen Konventionen und dem früheren bürgerlichen Weg. Diese Beziehung wird in dem Text permanent als Bruderschaft charakterisiert und bereits bei der ersten Begegnung mit Ekart eingeleitet. Das Gefühl der wieder erlangten Freiheit verbindet sich in der Szene „Grüne Felder, blaue Pflaumenbäume" mit dem unmittelbaren Erleben der Natur - sozusagen auf der eigenen Haut. Die Freiheit beginnt mit der direkten Körpererfahrung: „Sie [die Hosen] wetzen mir die bloßen Schenkel. Mein Schädel ist aufgeblasen vom Wind, in dem Haar der Achselhöhle hängt mir der Geruch der Felder." (GBFA 1, S. 109)[82] Vergleichbar mit anderen Stellen des Textes wird auch

[82] Eine parallele Szene der zweiten Fassung heißt „Landstraße, Sonne, Felder" und beschreibt das pantheistische Einswerden mit der Natur in mehreren Bildern. Zu den Körperteilen, an denen sich das Erlebnis mehr komplex demonstriert, gehören hier: Bauch, Schenkel, Schienbein, Nase, Augenlid, Haare und Rücken (vgl. GBFA 1, S. 63).

hier das Körperliche der Seele gegenübergestellt. Der Kontrast stellt sich auch über die Figuren her, wenn Baal einerseits seine Worte mit „meine Seele“ akzentuiert, Ekart andererseits hingegen von seinem Leib folgendermaßen spricht: „Mein Leib ist leicht wie eine kleine Pflaume im Wind.“ (Ebd.) Der Vergleich seines Körpers zum Pflaumenbaum verleiht seinem ersten Satz in dieser Szene eine nachträgliche Bedeutung: „Warum läufst du wie ein Elefant von den Pflaumenbäumen fort?“ (Ebd.) Es lässt sich anhand des intratextuellen Bezugs als Wunsch nach körperlicher Nähe deuten, vor der Baal zuerst flieht.[83] Ebenso drückt die Frage „Wollen wir uns nicht ins Wasser legen?“ (GBFA 1, S. 109) das Verlangen nach einer gemeinsamen Aktivität aus, die mit der unmittelbaren körperlichen Erfahrung zusammenhängt. Das gemeinsame Baden stellt in dieser Situation einen erotischen Unterton her.[84] Schließlich geht Baal auf Ekarts Herausforderung ein: „Wollen wir uns von dem lauen Wasser eines blauen Tümpels aufschwemmen lassen?“ (Ebd.) Die Formulierung als Frage wie auch andere Elemente dieser Szene[85] machen jedoch klar, dass zwischen Baal und Ekart ein gewisses gegenseitiges Unverständnis herrscht, so dass beide nicht wirklich aufeinander eingehen können und sich eigentlich fremd bleiben. Zwischen beiden Gestalten entwickelt sich eine eigene

Im Unterschied zu der dritten Fassung ist die Szene innerhalb des Handlungsaufbaus aber anders positioniert, sodass sie mit der Deutung des „Zur-Freiheit-Kommens“ nicht korrespondiert und sogar die im Weiteren analysierte homosexuelle Komponente nicht enthält. Die Konstellation zwischen Baal und Ekart erinnert hier eher an die frühere Beziehung zwischen Baal und Johannes. Ekart bezeichnet an dieser Stelle Baal als „Schwärmer“, seine Erfahrung und Vorstellung werden damit als romantisch bzw. naiv beurteilt.

83 Unter anderem verweisen die Pflaumenbäume oft auf einen typischen Bestandteil des locus amoenus einer Brechtschen Liebesszene. Baals „Fortlaufen von den Pflaumenbäumen“ ist auch mit der Flucht vor jeglicher Liebesverbindung zu verbinden und hängt mit seinem Wunsch nach Freiheit und Unabgängigkeit zusammen.

84 Wolf Borchers behauptet: „Der Grad der Beziehung ist nicht eindeutig. Entwürfe Brechts weisen das Verhältnis zwischen Baal und Ekart als ein sexuelles aus, allerdings ist dies in keiner Druckfassung explizit gestaltet.“ (Borchers, 2001, S. 237) Seiner Feststellung ist jedoch zu widersprechen, denn gerade in der gedruckten Fassung von 1922 und auch in der von 1955 sind mehrere Anspielungen auf das sexuelle Verhältnis zwischen beiden Figuren enthalten. Einerseits durch die oben analysierte Metaphorik des gemeinsamen Schwimmens, Ringens und Liegens und andererseits durch explizite Erwähnung im Text kann der körpernahe Kontakt bezeugt werden: „DIE BAUERN [...] Bleibt ihr hier über Nacht? BAAL Ja. **In einem Bett!**“ (GBFA 1, S. 110, Hervorhebung J. D.)

85 Es scheint, dass Baal und Ekart eigentlich einander nicht zuhören können und dass jeder von ihnen einen eigenen Monolog führt. Darüber hinaus macht Baal Ekart den Vorwurf, dass er von seiner Seele nichts verstehe.

Spannungsdynamik und fast immer stehen sie in einer Opposition zueinander.[86] Den eigentlichen Unterschied formuliert Ekart mit den Worten: „Ich habe nicht deine Elefantenhaut!" (Ebd., S. 118) Teilweise eskaliert die Spannung in einem Ringkampf, der in einen erotischen Akt umschlägt: „BAAL *an ihn, presst Ekart an sich:* Jetzt bist du an meiner Brust, riechst du mich? Jetzt halte ich dich, es gibt mehr als Weibernähe!" (Ebd., S. 120) Der Ausgangspunkt für den Streit, der dem Kampf vorausgeht, ist Sophie. Auf diese Art wird sie zur symbolischen Mittlerin der männlichen Rivalität, aber andererseits auch des gleichgeschlechtlichen Bündnisses. In einer patriarchal bestimmten Gesellschaft gehen die Männer eine Koalition ein, die ihnen die Herrschaft über das anderee Geschlecht gewährleistet. Ekart muss auf den Kampf gegen den anderen Mann verzichten. Er resigniert: „EKART *starrt Baal an, der auf den Himmel sieht:* Ich kann es nicht schlagen." (Ebd.) Obwohl sich das „es" an dieser Stelle auf Baal bezieht,[87] bekommt der Satz zugleich eine übertragene Bedeutung. In der *queeren* Lesart deutet es auf ein inneres Prinzip hin, von dem Ekart beherrscht wird und das er nicht unterdrücken kann. Es assoziiert das (homosexuelle) Begehren nach dem Anderen, gegen das er nicht kämpfen kann und dem er sich schließlich hingibt.[88] Nach der Auseinandersetzung

---

[86] Der Unterschied ist schon körperlich festgelegt. Obwohl Ekart ein kräftiger Bursche ist, wird mit seinem Körper die Leichtigkeit assoziiert, dagegen wird Baal immer „schwerer". Baal und Ekart haben oft unterschiedliche Einstellungen. Ekart ist mit dem Verhalten seines Freundes mehrmals nicht einverstanden. Das zeigt sich z. B. sowohl in der Stierszene als auch in der Situation als Baal Sophie im Stich lassen will. Diese Tatsache widerlegt Pickerodts Ansicht, dass „Brechts *Baal*-Stück auch keine manifesten zwischenmenschlichen Konflikte" (Pickerodt, 2005, S. 169) kennt. Im Gegenteil sind in dem Stück mehrere Konfliktlinien zu beobachten.

[87] In dem Gespräch zwischen Ekart und Sophie wird Baal mit einem „Vieh" bzw. „Tier" verglichen und so versachlicht. Die Versachlichung zeigt sich auch in dem Pronomen „es" statt „er".

[88] Der Satz verbirgt in sich noch eine größere Bedeutungspolyvalenz. Unter Berücksichtigung des unmittelbar vorangehenden Satzes von Baal „Jetzt sieht man schon Sterne über dem Gesträuch, Ekart." (GBFA 1, S. 120) kündigt sich auch der Ausgang der Beziehung zwischen Baal und Ekart an. Einerseits konstatiert Baal, dass es mehr als Weibernähe gibt (was die neue homosexuelle Erfahrung rechtfertigt), andererseits starrt er aber jetzt in den Himmel und bewundert ihn. In der Gegenüberstellung der sinnlich wahrnehmbaren Realität im Diesseits (zu der sowohl die Liebe im geistigen wie auch körperlichen Sinne zählt) und der Hinwendung zu einer ideellen Welt (der allgemeinen Lebensphilosophie und auch der Liebesauffassung Baals) hat das diesseitige Erleben, das eher nur zur Enttäuschung führt und immer nur vorübergehend ist, keine Chance. Die (schwärmerischen) Vorstellungen und Wünsche eines Menschen können nie hundertprozentig mit der Realität übereinstimmen. Aus dieser Sicht

zieht ihn Baal fort und durch die Ankündigung ihres nächsten Ziels: „Wir müssen Nachtquartier haben. Im Gehölz gibt es Mulden, wo kein Wind hingeht." (Ebd.) stellt sich eine Parallele zum Ort der Liebesszene mit Sophie („Mainacht unter Bäumen") her. Sophie wird endgültig gegen Ekart getauscht,[89] das Begehren nach einem Mann scheint stärker zu sein. Borchers spricht sogar von einer letzten Steigerung in Baals Liebesleben (vgl. Borchers, 2001, S. 235). Der wahrscheinlich größeren Intensität der homosexuellen Liebe entspricht eine häufigere Frequenz, mit der Baal seine Liebe zu Ekart verbal artikuliert. Während er der Frau nur einmal ein Liebesgeständnis macht, sagt er zu dem Mann dreimal „Ich liebe dich." Nicht nur anhand dieser Aussagen, sondern auch im Zusammenhang mit der bisherigen Analyse kann ich mit Florian Vaßen nicht einverstanden sein, wenn er behauptet: „Liebe kennt Baal nicht, da er zu einer engen, dauerhaften Bindung nicht fähig ist, er ist immer allein." (Vaßen, 2006, S. 2007) Die Dauerhaftigkeit einer Bindung ist nicht ausschlaggebend für die Fähigkeit zu lieben und dieses Gefühl auch zu artikulieren. Ekart ist eines solchen Geständnisses jedoch nicht fähig. Im Kontakt mit Baal setzt sich die ursprüngliche Spannung fort. Auf die Liebeserklärungen Baals reagiert er in allen drei Fällen negativ oder mit Ignoranz.[90] Dies hängt jedoch nicht damit zusammen, dass er Baals Liebe nicht erwidern würde, eher zeugt es von seiner Unfähigkeit, es vor Baal zu gestehen. In seiner Abwesenheit tut er das aber: „WATZMANN Er [Baal] wird immer ekelhafter. EKART Sage das nicht. Ich will das nicht hören: Ich liebe ihn. Ich nehme ihm nie irgendwas übel. Weil ich ihn liebe." (GBFA 1, S. 131) Zwei Tatsachen resultieren aus seinen Worten. Erstens lässt sich aus Ekarts Liebeserklärung ein Prozess der Idealisierung seines Partners ablesen, denn er möchte über ihn nichts Schlechtes hören bzw. er entschuldigt bewusst seine Fehler, was seiner Liebe zu Baal den romantisch-idealen Charakter

---

kann Ekart diese gedankliche Transzendenz des Diesseits, dieses ideale „Es" nicht übertreffen, nicht schlagen.

89 Sie wird verlassen, aus dem männlichen Bund ausgeschlossen und als Frau auf sich selbst gewiesen, was zu ihrer Tragödie beiträgt.

90 Bei der ersten Liebeserklärung ist noch Sophie anwesend: „BAAL Ich liebe dich darum. EKART So halt doch wenigstens dein verfluchtes Maul davon, solang sie noch dabei sitzt." (GBFA 1, S. 118), das zweite Mal reagiert Ekart mit „Ich gehe aber nicht mehr mit dir!" (GBFA 1, S. 124), womit er in seinen Vorwürfen gegenüber Baal fortsetzt, ohne auf ihn zu hören und das dritte Mal kommt eher die Gleichgültigkeit zum Ausdruck: „BAAL Ich liebe dich. EKART Ich liege zu gut." (GBFA 1, S. 125) Die letzten beiden Fälle sind zugleich ein Beispiel für die schon vorher konstatierte fremdartige Kommunikation, in der beide Teilnehmer nur aneinander vorbei reden und nicht wirklich aufeinander eingehen.

gibt.[91] Zweitens wird aus dem Kontext klar, dass Ekart vor Baal immer eine Maske trägt, hinter der er seine wahren Gefühle versteckt. In dieser Hinsicht erinnert er teilweise an Baal und sein Verhalten den Frauen gegenüber. Sein Benehmen (vor allem seine Worte und der Ton, mit dem er mit Baal spricht) ist Baals Umgang mit Emilie ähnlich,[92] seine Gedanken erinnern an Baals früheren Wunsch, in die freie Welt auszuziehen: „EKART *bricht aus*: Ich will jetzt wieder in den Wäldern sein, in der Frühe! Das Licht ist zitronenfarben zwischen den Stämmen! Ich will wieder in die Wälder hinauf." (Ebd., S. 132) Und er macht sich sogar die frühere Einstellung Baals zur Sexualität, Moral und Treue eigen, denn als er mit der Kellnerin ertappt wird, klingt seine Entschuldigung fast „baalisch": „Was hast du denn? Das ist doch nichts. Es ist lächerlich. [...] Du bist doch nicht auf die da eifersüchtig? [...] Warum soll ich keine Weiber haben?" (Ebd.)[93] Ähnlich wie Johannes übernimmt er also am Ende gewisse Verhaltenszüge seines Freundes, beide wirken in dieser Szene zugleich mehr „männlich", demgegenüber scheint Baal zu „verweiblichen". Aus der übergreifenden Perspektive erhalten Baals grüblerische Gedanken: „Wo war das nur schon so? Das war schon einmal so." (Ebd.), die sich anscheinend auf Watzmanns Lied beziehen, einen anderen Sinn. Johannes und Ekart kopieren Baals maskulines Verhalten, vergegenwärtigen sein früheres Ich und stellen in dieser Szene quasi sein Alter Ego dar, dessen Teil schließlich getötet wird. Die Szene endet in der Dämmerung und Dunkelheit, aus der heraus Baal

---

91 Die Idealisierung des Partners zeigt sich im Text wiederholt. Der Prozess der bewussten Unterdrückung einer möglich unerwünschten Wahrheit wird auch im folgenden Dialog der beiden anschaulich: „EKART [...] Du hast wohl schon lange kein Weib mehr gehabt? BAAL Warum? EKART Ich dachte es mir. Sage nein." (GBFA 1, S. 130)

92 Er gibt Baal das Gefühl, von ihm belästigt zu werden und erteilt ihm wiederholt Befehle:

> „WATZMANN Bist du das, Baal?
> EKART *hart:* Was willst du schon wieder? [...] Sing weiter, Baal [...] Blödsinn! Siehst du was, Baal?
> BAAL Bist du mein Freund, Ekart?
> EKART *mühsam:* Ja, aber sing!" (GBFA 1, S. 133)

Somit erinnert er an Baal, an seine Art, wie er in der ersten Branntweinschenken-Szene Emilie begrüßt und ihr ständig befiehlt zu trinken.

93 Im Unterschied zu der dritten Fassung sind Ekarts Ausreden in der zweiten Fassung kürzer und in eine Replik verdichtet: „Ach, Unsinn! Meine Herrn! Ein Glas auf Kommunität unter Brüdern! Baal!" (GBFA 1, S. 78) Ekart beruft sich hier auf das Prinzip der männlichen Komplizenschaft, die sein Verhalten als typisch männlich legitimiert und die Bedeutung, die Baal einer Frau durch seine Eifersucht beimisst, als Unsinn degradiert.

den Namen „Ekart!" (GBFA 1, S. 134) ruft. Damit wird eine Assoziation zu der Szene hergestellt, in der Baal Sophie verlässt, sie ruft an der Stelle Baals Namen. Bei Baal ist es sogar das einzige Wort, das er ausspricht, nachdem er Ekart und die Kellnerin auf dessen Schoß erblickt. In beiden Fällen symbolisieren die Namen eine starke Bindung an die jeweilige Person, bezeichnen zugleich in dem Moment einen Verräter, wirken als Beschuldigung und belegen, dass sich Ekart und Baal eigentlich ähnlich sind. Das heißt, dass sich Baal in einen Menschen verliebt hat, der wie er selbst ist (bzw. war). Der Grund für den Mord an Ekart ist psychologisch als Eifersucht motiviert und könnte auf den ersten Blick auf die männliche Rivalität der beiden Protagonisten zurückgeführt werden. Diese Sicht vermitteln auch zwei Landjäger in einer der nachfolgenden Szenen. Ihre Erklärung lautet:

> „ZWEITER LANDJÄGER Es war wegen einer Kellnerin, einer eingeschriebenen Dirne. Wegen der erstach er seinen besten Jugendfreund. [...] Er hatte nie was. Die Kellnerin war das Letzte. Darum erschlug er wohl auch seinen Freund.
> ERSTER LANDJÄGER Wenn nur Schnaps zu haben wäre oder ein Weib." (Ebd., S. 135)

Auf jeden Fall ist nicht zu übersehen, dass der von den Jägern abgegebene Kommentar einerseits Zeichen einer Rekonstruktion und eines Gerüchtes trägt (offensichtlich durch die Wiederholung und die Partikel *wohl*) und andererseits eine heteronormierte männliche Anschauung darstellt. Die Worte des ersten Jägers veranschaulichen klischeehaft das typisch männliche Denken (Weiber, Schnaps), und die Vermutungen des zweiten Jägers basieren auf der männlichen Ökonomie, die die Frauen als Gegenstände des Besitzes und folglich als Streit- und Rivalitätsobjekte wahrnimmt. Dass es sich um eine „Dirne" handelt, macht es noch mehr nachvollziehbar.[94] Eine homosexuelle Komponente (und Hypothese) kann im Wahrnehmungshorizont der Jäger nicht in Betracht kommen. Der Text an sich liefert aber mehrere Belege, die im Gegenteil dazu beweisen, dass die Eifersucht in dieser Szene von der gleichgeschlechtlichen Liebe motiviert ist. Am deutlichsten sind vielleicht die letzten Worte Ekarts in der dritten Fassung: „Bin ich dein Geliebter?" (GBFA 1, S. 133), mit denen er

[94] Dass die Frauen innerhalb des homosozialen Umfelds tatsächlich zum Austragungsort der männlichen Rivalität werden, wurde bereits vorher diskutiert. Auf der Grundlage dieser Problematik beruht das trianguläre Verhältnis Baal - Emilie - Mech. Es wurde zugleich festgestellt, dass zu Baals Verhalten in diesem Dreieck eben das homosoziale Umfeld beiträgt. Vom homosozialen Umfeld ist genauso auch der Kommentar des Jägers geprägt.

Baals Angriff zu verstehen versucht. [95] Jedoch auch ohne diesen Hinweis lässt sich in der Entwicklung der Handlung verfolgen, dass sich die Eifersucht bei Baal immer auf Ekart und nicht auf die Frauen bezogen hat. Zum ersten Mal ist es in der Szene „Ebene. Himmel. Abend" sichtbar, in der er Sophie und Ekart vorwirft, ihn betrogen zu haben:

> „BAAL Ihr wart beieinander.
> SOPHIE Schlage mich dafür.
> EKART *schreit* Hast du sie mir nicht an den Hals geworfen?
> BAAL Damals konntest du mir noch gestohlen werden." (Ebd., S. 118)

Sein Vorwurf richtet sich scheinbar gegen Sophie, aber wie sein letzter Satz beweist, ist der wahre Grund seiner Sorge nicht die Geliebte, sondern Ekart, der ihm nun nicht mehr „gestohlen" ist. Zwischen Baal und Ekart entsteht eine besondere Rivalität, was die Frauen angeht. Baals Versuch, seinem Freund alle Frauen auszuspannen, erinnert zuerst an sein Verhalten gegenüber Johannes, dessen Geliebte er auch verführen musste. (Dieses Verhalten wurde bereits als symbolische sexuelle Annäherung der Männer und als Trennung der geistigen und körperlichen Liebe interpretiert.) Für Baal ist zugleich diese Praktik des Beischlafs mit der Frau seines Freundes ein eigenartiger „Liebesbeweis", der auf seine Auffassung der Liebe zurückzuführen ist. Indem er sich zu dem körperlichen Kontakt erniedrigt, soll der andere dadurch seine Reinheit bewahren:

> „EKART Du hast mich zweimal aus dem Bett geschmissen. Dich ließen meine Geliebten kalt, du fischtest sie mir weg, obgleich ich sie liebte.
> BAAL Weil du sie liebtest. Ich habe zweimal Leichen geschändet, weil du rein bleiben solltest. Ich brauche das. Ich hatte keine Wollust dabei, bei Gott!" (Ebd.)

Die Betonung des Wortes „weil" statt „obwohl" lässt sich in der Eifersucht begründen. Es geht hier jedoch nicht um die Frauen als solche, Baal scheint nicht an dem Körperlichen interessiert zu sein, eher ist er auf die Liebe eifersüchtig. So wie bei Johannes, möchte er auch bei Ekart dessen ganze Aufmerksamkeit (und die Liebe) auf sich ziehen und nur für sich haben.

---

[95] Obwohl Ekart in der zweiten Fassung nicht fragt, ob ihn Baal für seinen Geliebten hält, lässt der Text eine imaginäre Verbindung zwischen beiden entstehen, indem der eine jeweils den Namen des anderen als letztes Wort ruft. Wie schon vorher beschrieben wurde, korrespondiert dieser Ruf auch mit der Szene des Verlassens von Sophie, womit dann in der letzten Szene mit der Einbeziehung Ekarts die Triangularität des Begehrens Baal - Ekart - Sophie wieder hergestellt (und zugleich zerstört) wird. Die dritte Fassung arbeitet gezielt mit dieser Konstellation, denn die Kellnerin trägt laut der Regieanweisung Züge von Sophie. Diese Anspielung verstärkt aber auf der anderen Seite eine heteronormative Erklärung der Tat, denn es liefert das aus heteronormativer männlicher Ökonomie verständliche Argument, dass Baal auf die Frau (weil sie ihn an die frühere Geliebte erinnert) eifersüchtig ist.

Seine Eifersucht führt ihn sogar zum Mord an einem jungen Weib, das sich in Ekart verliebt hat. Unter Einfluss der gleichgeschlechtlichen Liebe ändert sich auch seine Einstellung zur Sexualität. Er behauptete „keine Wollust" bei den verführten Frauen zu haben, später gesteht er auch: „Ich mag kein Weib mehr..." (GBFA 1, S. 125), und auch die Tatsache, ob er das junge Weib in der Szene „Junge Haselsträucher" vor der Ermordung vergewaltigt hat, bleibt in der Schwebe. Auf Ekarts Frage: „Du hast wohl schon lange kein Weib mehr gehabt?" (Ebd., S. 130) kommt nur ein Lachen als Antwort, was zwar ironisch (und also als Gegenbehauptung) verstanden werden kann, jedoch auf der anderen Seite auch als eine „männliche" taktische Ausweichung, um seine Schwäche (den Verlust seiner Männlichkeit und die Stärke der Liebe zu Ekart) nicht gestehen zu müssen. Als Schwäche ist auch seine Eifersucht zu bezeichnen. Zudem gehört diese Eigenschaft in dem Stück eher der Domäne der Weiblichkeit an, denn man kann sie bei der Gestalt der Johanna, teilweise bei dem zuerst feminin wirkenden Johannes beobachten. Baal selbst stellt an Ekart, als dieser vom Sex mit dem jungen Mädchen erzählt, die eitle und zugleich eifersüchtige Frage: „Ist sie schöner als ich?" (Ebd., S. 127) Dadurch vergleicht er sich mit den Frauen und macht deutlich, dass er Objekt der männlichen Begierde sein will. In der Szene mit Ekart und der Kellnerin auf seinem Schoß wird er aber enttäuscht und mit dem „männlichen" (eigentlich auch mit seinem früheren) Verhalten konfrontiert. Ekart findet die Eifersucht bei einem Mann dagegen lächerlich und unsinnig. In der zweiten Fassung des Stückes stellt er ihr „Kommunität unter den Brüdern" (ebd., S. 78) entgegen, womit er das polygame Verhalten, hinsichtlich dessen die Eifersucht keinen Sinn hat, auf die patriarchale Komplizenschaft zurückführt. Schließlich scheint das männliche Ausleben der Sexualität auf Polygamie zu verweisen, was die Eifersucht schon im Voraus ausschließen sollte. Baals eifersüchtiges und für Ekart nicht nachvollziehbares Verhalten kann als Attribut der Liebe, der Baal verfallen ist, und zugleich als Merkmal seiner sich vollziehenden „Verweiblichung" betrachtet werden. Er verliert auch seine Stärke und Potenz. In der Branntweinschenke bemerkt zuerst Johannes: „Der Wind geht nimmer in sein Segel! (GBFA 1, S. 131), und in der letzten Szene „Bretterhütte im Wald" wird auf Baal die Metapher der Zähne bezogen: „Zähne zusammen! Hast du noch Zähne? [...] Du hast keine Zähne mehr." (Ebd., S. 135) Die Szene situiert Baal wieder in das männliche homosoziale Umfeld, in dem seine Schwäche und „Weiblichkeit" mit der männlichen Rohheit der anderen Holzfäller kontrastieren. Sein Flehen um die Aufmerksamkeit der Männer erinnert konkret an Sophie und ihre Verzweiflung, als sie verlassen wurde,[96] deshalb wirkt es einigermaßen weiblich. Darüber hinaus wird er als „Altes Weib!" (Ebd., S. 136) beschimpft, als kastrierter Hahn[97] bezeichnet und von allen Anwesenden verlacht: „ALLE *in großem Gelächter*: Sollen wir Mama spielen? - Willst du Schwanengesang von dir abgeben?" (Ebd.)[98] Unter allgemeinem Gelächter wird Baal von einem der Männer bespuckt.[99] Diese anonyme Figur demonstriert erneut das typische männliche Verhalten und den Einfluss eines männlichen homosozialen Umfelds auf den Mann. Darüber hinaus erinnert er an die Verhaltensweise, die vorher auch bei Baal zum Ausdruck kam. Vor anderen Männern spuckt der anonyme Holzfäller dem ausgegrenzten Schwächling ins Gesicht, um ihn zu erniedrigen und sich vor anderen zu beweisen, als jedoch seine Kollegen die Bühne verlassen, geht er auf Baals Wünsche ein, wischt ihm den Speichel weg und zeigt teilweise Bereitschaft, etwas für ihn zu tun.[100] Sein Gemüt zeigt außerdem einen Hang zur „Romantik": „DER EINE MANN *in der Tür*: Sterne." (GBFA 1, S. 136) Ähnlich wie Baal mischt er in sich das rollentypische, maskuline, „harte" Verhalten und eine „weiche" Gefühlsseite, die er nur in der Abwesenheit der Gruppe zum Vorschein bringen kann. Auch Baal gegenüber verhält er sich ambivalent, einerseits erniedrigt er ihn, andererseits steht er ihm bei, einerseits reagiert er auf Baals Fragen mit Ignoranz, andererseits liefert er ihm Antworten.[101] Nachdem er die Szene verlässt, spricht Baal folgenden Satz aus: „Der ist beim Teufel." (Ebd., S. 137) Wer gemeint ist, ist nicht ganz eindeutig, denn

96 Die Parallele entsteht vor allem durch den Versuch sich die Zeit für sich zu erbitten (der Klimax der Verzweiflung wird die Antiklimax der beanspruchten Zeit entgegengesetzt). Bei Sophie: „Wollt ihr nicht noch die Nacht bei mir bleiben? [...] Eine Viertelstunde!" (GBFA 1, S. 119), bei Baal: „Könnt ihr nicht noch etwas dableiben? [...] Wenn ihr noch dreißig Minuten bliebet. [...] Zwanzig Minuten!" (GBFA 1, S. 136)

97 „Was, du irrsinniges Huhn, wollte Sagen Kapaun!" (GBFA 1, S. 137)

98 Dabei kann auch das Wort „Schwan" wieder seine weibliche Konnotation beweisen und die übliche Bedeutung des Ausdrucks erweitern.

99 Als ihm der Speichel weggewischt wird, äußert sich Baal, dass es ihm schmeckt. Seine Haltung, Gefallen an der Erniedrigung zu zeigen, lässt sich als masochistisch bezeichnen. Dieses Merkmal erinnert wiederum an Sophie, deren Verhalten auch Züge des Masochismus trug. Im Unterschied zu ihr ist in dieser Szene die Reihenfolge umgekehrt, während sie zuerst masochistische Gedanken hat, endet sie im verzweifelten Anflehen. Baal demgegenüber fängt mit dem Flehen an, die Erniedrigung wird dann zu einem masochistischen Genuss.

100 „Kann ich noch etwas für dich..." (GBFA 1, S. 137)

101 „BAAL Gehst du? DER EINE MANN An die Arbeit! BAAL Wohin? DER EINE MANN Was geht das dich an? BAAL Wie viel ist es? DER EINE MANN Elf und ein Viertel." (GBFA 1, S. 137)

die Aussage könnte sich auf Ekart beziehen, der in den nächsten Gedanken bei Baal vorkommt. Als Schlussfolgerung der vorherigen Analyse kann aber dieser Satz eben den Holzfäller und dessen gezeigte Schwäche meinen. Das offene Zeigen der Gefühle, das Handeln danach, die Liebe und Nächstenliebe sind menschliche Schwächen, die nur dazu führen können, dass der Mensch an seinen schwachen Stellen getroffen wird, dass er leiden und zugrunde gehen kann. Kurz vor dem Sterben[102] halluziniert Baal und sieht seine Mutter und Ekart dabei. Sie deuten teilweise auf seine Schuldgefühle hin, aber vor allem repräsentieren sie seine Schwächen, denn es sind Personen, die Baal geliebt hat. Dass er sich den Freund jedoch wegwünscht, zeugt weniger davon, dass er Reue und Schuld hinsichtlich seines Todes empfinden würde, als vielmehr von der Tatsache, dass er sich von Ekart betrogen und verletzt fühlen konnte. Seine letzten Worten enthalten in dreimaliger Wiederholung die Selbstansprache mit: „Lieber Baal." (Ebd.), die man einfach nur als narzisstische Selbstschmeichelei betrachten könnte, die zum Baal-Typus passt. Meiner Meinung nach drücken sie jedoch das allgemeine menschliche Bedürfnis aus: geliebt zu werden. Es bestätigt den doppelten Charakter der Liebe, die man einerseits braucht und die einen andererseits abhängig machen und zerstören kann. Die allerletzten Worte Baals: „Sterne ... hm." (Ebd.) könnten auch aus diesem Kontext gedeutet werden. Der Blick in die Sterne kommt in dem Stück auch an anderen Stellen vor: bei der Dachkammerszene mit Johannes, bei dem Kampf mit Ekart und zum dritten Mal in der Schlussszene. Außerdem beichtet Baal einmal an Ekart:

> „BAAL Wenn ich nachts nicht schlafen kann, schaue ich die Sterne an. Das ist geradeso.
> EKART So?
> BAAL misstrauisch: Aber das tue ich nicht oft. Sonst schwächt es." (Ebd., S. 130)

Im Gegensatz zu dieser Äußerung Baals sieht Räuker in dem Licht der Sterne „die Kraft, jene Schwelle zu überwinden und in die Natur zurück zu kriechen" (Räuker, 2008, S. 157). Die Momente, wo Baal Sterne anschaut, verbinden Elemente wie Liebe, Schwärmerei und „Romantik", die Baal nicht gestehen will. Obwohl er die Gefühle leugnen möchte und sich ständig anders präsentiert, ist er die ganze Zeit eigentlich ein „Kindskopf mit Fettherzen" (GBFA 1, S. 95), wie ihn Ekart bei der ersten Begegnung bezeichnet. Trotz seines asozialen Verhaltens ist er gefühlsvoll, in gewisser Hinsicht fast naiv. Seine Welt- und Liebesanschauung kann er nicht in

[102] Ob Baal stirbt, ist in allen Fassungen - mit Ausnahme der fünften - nicht ganz eindeutig, der Schluss bleibt offen, was sich auch auf die unterschiedlichen Interpretationen auswirkte.

Einklang mit der Welt bringen, er kann weder den üblichen bürgerlichen Weg noch den alternativen Weg eines Outlaws gehen. Er ist ständig auf der Suche nach Freiheit und Unabhängigkeit. Er möchte sich von allen Beziehungen, von allen Schranken und von jeder Abhängigkeit befreien. Baals Streben nach Glück und seine äußere antibürgerliche Haltung will Aaron Kuchle als Ausdruck einer unbewussten Schicht seines Selbst und nicht als bewusste Zielsetzung verstehen (vgl. Kuchle, 2000, S. 37), was jedoch mit Kuchles psychoanalytischem Ansatz zusammenhängt und sicherlich kritisch hinterfragt werden kann. Unbestreitbar ist aber die Tatsache, dass Baal, ob nun bewusst oder unbewusst, dem bürgerlichen Leben und der Liebe zu Sophie zu entkommen versucht und sich von seinen Gefühlen zu Ekart abhängig und verletzlich macht.[103] Durch den Mord an ihm löst er sich auch von dieser Beziehung ab. Letztendlich zeigt sich aber, dass er die Nähe der anderen Leute und auch ihre Aufmerksamkeit braucht (und um sie betteln muss), und auch dass das Gefühl geliebt zu werden, für ihn unentbehrlich ist. Ebenso ist sein Gewissen, das sich in einigen Situationen, insbesondere im Moment des Sterbens meldet, Zeugnis dessen, dass Baal nicht ganz abseits der Moral steht. Die absolute Freiheit ist genauso wenig wie absolute Liebe möglich. Alle Vorstellungen von der Welt und ihrer Beschaffenheit sind nur reine Ideen, deren Realität - ähnlich wie Sterne - unerreichbar ist.

[103] Auch Borchers verweist in seiner Analyse darauf, dass Baal durch die Gefühle zu Ekart seinen Freiheitsanspruch verliert (Borchers, 2001, S. 240).

4 Im Dickicht der Städte

4.1 Annäherung

Das Drama *Im Dickicht der Städte* gehört von Anfang an zu den eigenartigsten Stücken Brechts, so dass ihm schon im Vergleich mit *Baal* und *Leben Eduards des Zweiten* die Etikette *queer* (in der Bedeutung von „sonderbar“, „anders“, „verrückt“) entsprechen würde.[104] Ebenso formuliert die Forschung, dass es wenigstens auf den ersten Blick als „total wirre[s] Stück“ (Knopf, 1980, S. 37) wirkt.[105] Bereits die Erstfassung aus dem Jahr 1922 unter dem Titel *Im Dickicht* stößt auf Unverständnis, was Brecht zur weiteren Überarbeitung für den Druck zwingt und mit dem Bemühen verbunden ist, dem Ganzen mehr Klarheit zu verschaffen. Gisela E. Bahr, die als die Erste die frühere Fassung edierte und einen Vergleich der Versionen unternommen hat, bestätigte tatsächlich, dass die Druckfassung von 1927, die nun den Namen *Im Dickicht der Städte* trägt, „sachlicher in der Atmosphäre, klarer in der Struktur, gradliniger in der Handlungsführung, auch knapper in der Sprache“ (Bahr, 1984, S. 69) ist. Müller führt die oft beschworene Unverständlichkeit auf ein strukturelles Problem des Stückes zurück und ist überzeugt: „Der Eindruck der Unverständlichkeit erweist sich als unberechtigt, wenn man die mit gutem Grund zahlreichen Äußerungen zum Selbstklärungsprozess im Tagebuch und zur Vermittlung in den publizierten Hinweisen zu Stück und Aufführung heranzieht.“ (Müller, 2001, S. 117) Auch wenn man versucht, Müller zu folgen, ist man bei einer möglichst textnahen und eher rezeptionsästhetisch orientierten Untersuchung erneut vor die ursprüngliche Schwierigkeit des Textes gestellt, denn als einziger behilflicher „publizierter“ Hinweis wäre der „Vorspruch“ zu dem Drama bzw. bei der ersten Fassung der „Programmzettel“ zu verstehen. Im Weiteren beschränkt sich die Analyse auf die zweite Fassung des Stückes, die einerseits den Rezipienten mehr zugänglich war (und das nicht nur im Sinne der Verständlichkeit, sondern vor allem als Lektüregrundlage) und auf die sich auch die literaturwissenschaftlichen Interpretationen in der Regel beziehen.

---

104 Indem Bahr die bogenförmige Struktur des Textes nachweist, kommt sie zu der Schlussfolgerung, dass das Stück nicht linear, sondern „quer“ gelesen sein sollte (vgl. Bahr, 1984, S. 84), was auch das *Queer Reading* assoziieren könnte.

105 Das Paradigma „Ich verstehe rein gar nichts“ gilt auch für die Perspektive der Verhältnisse in der Großstadt, in der eher die Logik von Aporien herrscht (vgl. Knopf, 1980, S. 36).

Beim Versuch der Anwendung des Schemas vom triangulären Begehren innerhalb der Figurenkonstellation zeigt sich im Vergleich zu *Baal*, dass sich die „Dreieck-Konfigurationen" nicht von einem Punkt (d. h. einer Figur) entfalten, sondern dass diesmal zwei konstante Punkte angelegt sind, zu denen sich jeweils der dritte Punkt als Vermittler hinstellt. Als Basis treten die zwei Kontrahenten - Shlink und George Garga - auf: die Funktion der Vermittler übernehmen vor allem Gargas Familie (insbesondere die Schwester Marie und die Mutter) und Gargas Geliebte. Es scheint also, dass es wiederum die Frauen sind, die das mannmännliche Begehren instituieren und zugleich zu dessen „Opfer" werden. Als Austragungsorte des Konfliktes sind sie deutlich schon in der ersten Szene markiert:

„MAYNES Sie [Garga] sind ein Narr und ein Waschlappen, ein phlegmatischer Kuli. Bedenken Sie doch...
SKINNY Ihre unschuldigen, gramgebeugten Eltern!
DER WURM Ihre Schwester!
DER PAVIAN Ihre Geliebte! Das hübsche junge Mädchen hier!
GARGA Nein! Nein! Nein!" (GBFA 1, S. 445)

Mit den Bezeichnungen „Narr", „Waschlappen" und „Kuli" tastet Maynes die Bereiche des Bewusstseins (des Intellekts), der Männlichkeit und der sozialen Position an, die sich im Verlauf der Handlung bei der Figur Garga auch trotz seines Widerwillens und der dreifachen Verneinung neu konstituieren. Die Eltern, die Schwester und die Geliebte werden als Instrumente innerhalb dieses Prozesses, der als Kampf zwischen Shlink und Garga ausgetragen wird, erkennbar gemacht.[106] Zugleich ist nicht zu übersehen, dass alle anwesenden Männer unisono Opposition zu Garga bilden und auf ihn genauer gesagt einen homosozialen Druck ausüben. Die stärkste manipulative Komponente des homosozialen Umfelds verkörpert sich in der Figur des Shlink. Im Weiteren soll die Konstituierung von Gargas „neuer Identität" in dem homosozialen Umfeld betrachtet werden und das jeweils im Zusammenhang mit den drei genannten dominierenden Instrumenten dieser Veränderung.

[106] Noch zu Ende des Stückes wird an die stattgefundene Instrumentalisierung erinnert. In der zehnten Szene, als Garga von „Opferung" spricht, fasst Shlink noch mal zusammen: „GARGA [...] Einen Anzug habe ich gekauft, und für Ihr Gerede habe ich meinen Schlaf **geopfert**. SHLINK Ihren Schlaf, **Ihre Mutter**, **Ihre Schwester** und **Ihre Frau**." (GBFA 1, S. 493, Hervorhebung J. D.) Ebenso „sieht" in der neunten Szene Garga eine imaginäre „Gesellschaft" der nicht anwesenden Figuren, deren Schicksale den eindeutigen Opferstatus verdeutlichen. Genannt werden dabei: die Schwester Marie Garga, die Frau Jane Garga, die Mutter Maë Garga und außerdem noch „ein Mann der Heilsarmee, unbenannten Namens" (ebd., S. 489).

4.2 Symbolische Ordnung und sexuelle Stratifizierung (Shlink - Gargas Eltern - Garga)

Die Erschütterungen der existenziellen Grundlage Gargas, also seine absichtlich provozierte Entlassung aus Maynes Bibliothek, wird zur Ausgangslage für die allmähliche Veränderung der Familie. Dieses Paradigma erinnert erstaunlicherweise an Kafkas Text *Die Verwandlung*, wo der Sohn auch eines Tages die Rolle des Ernährers der Familie nicht mehr erfüllt und dadurch gewisse Prozesse in Gang setzt.[107] Wenn Maynes also ankündigt: „Sie sind entlassen!" (GBFA 1, S. 445), so haben seine Worte eine performative Wirkung nicht nur auf Garga, sondern nehmen Einfluss auch auf die Leute, die von ihm abhängig sind. Der Vater John bringt es auf den Punkt: „Wenn er [Garga] entlassen ist, können wir Schimmel fressen." (Ebd., S. 454) Es zeugt unter anderem davon, dass die hierarchische Struktur dieser Familie nicht „normal" ist und die Rollenverteilung Eltern - Kinder anders funktioniert. Maë spricht auch von dem Autoritätsproblem des Sohnes: „Seit seiner frühesten Kindheit verträgt er es nicht, daß etwas über ihm ist." (Ebd., S. 454) In diesem Zusammenhang geht nicht nur der Vater seiner Aufgabe als Familienernährer nicht nach, sondern auch die Mutter verpasst die Möglichkeit, ihre Kinder zu erziehen, sie stellt sich trotz ihrer Fürsorge auf die Distanz: „Ich weiß, daß ich dir nichts sagen darf, wie es andere Mütter machen." (Ebd., S. 456) Dass sie nicht versucht, George in seinen zum Ruin der Familie beitragenden Entscheidungen zu beeinflussen, hängt wiederum mit der verkehrten Autoritätsordnung bei den Gargas zusammen. So wie Maë nicht wie andere Mütter ist, so ist auch diese Familie nicht wie jede andere. Den Unterschied macht auch George selbst deutlich, indem er nach den zuletzt zitierten Worten seiner Mutter folgende Rede hält:

> „Ach, all die vielen **anderen** Leute, die vielen **guten** Leute, alle die vielen **anderen und guten** Leute, die an den Drehbänken stehen und ihr Brot verdienen und die vielen **guten** Tische machen für die vielen **guten** Brotesser, alle die vielen **anderen**

---

107 Das beobachtet auch Bahr in einer Anmerkung. Sie vergleicht die Ausgangssituation bei Brecht mit Kafkas *Prozess* und *Verwandlung*, erwähnt die Namensähnlichkeit der Protagonisten Garga und Samsa und weist auf die Veränderung der Vatergestalten hin, die sich bei beiden Autoren am Ende auf ihr Soldatentum besinnen (vgl. Bahr, 1984, S. 87, Anmerkung 34). Eine ähnliche Parallele zeigt sich meiner Meinung nach auch bei der Gestalt der Schwester. Ähnlich wie bei Kafka die junge Schwester zu Ende der Erzählung die Anzeichen sexueller Reife aufweist und damit die potenzielle Ernährerin der Familie sein kann, wird auch die Marie bei Brecht „verkauft", um den Unterhalt des Vaters zu besorgen. Interessant wäre sicherlich auch eine tiefere Komparation beider Werke.

> **guten** Tischmacher und Brotesser mit ihren vielen **guten** Familien, die so viel sind, ganze Haufen sind es schon, und niemand spuckt ihnen in die Suppe, und keiner befördert sie mit einem **guten Fußtritt** in **das gute andere Jenseits**, und keine Sintflut kommt über sie mit »Stürmisch die Nacht und die See geht hoch«." (Ebd., S. 457, Hervorhebung J. D.)

In der Forschung werden die Worte Gargas vor allem als Symptom der Entfremdung wahrgenommen, die insbesondere als Selbstentfremdung des Menschen durch die Arbeit zu verstehen ist (vgl. Knopf, 1980, S. 40). Abgesehen von dem entfremdenden und stumpfsinnig machenden Arbeitsprozess ist hier nicht nur die Masse der Leute von Bedeutung, sondern auch die Tatsache, dass die vielen Leute als „die anderen" und andrerseits als „die Guten" markiert sind. Als die anderen grenzen sie sich vor allem von der Familie Garga ab, was nicht nur auf die mögliche Entfremdung, sondern auch auf das primäre Anderssein der Gargas und eine Abweichung von der Norm hindeutet. Wenn die anderen Familien und Leute als „gut" bezeichnet werden, so ist nicht in einem etwaigen logischen Schluss zu erwarten, dass die Gargas schlecht wären. Der Wortgebrauch von „gut" ist in diesem Falle relativ, denn vor allem zu Ende der Passage spricht Garga vom „guten Fußtritt" und vom „guten anderen Jenseits", was dem Begriff teilweise ironischen Unterton verleiht. Im Unterschied zu der Familie Garga sind die anderen als „gut" in dem Sinne zu betrachten, dass sie sich der notwendigen sozialen Ordnung und dem Leben in einer Großstadt angepasst haben. Sie sind gut als Gehorchende, Angepasste und Nicht-Rebellierende. Die Anpassung bei den Gargas steht in diesem Zeitpunkt noch bevor.

Shlinks Einquartierung in die Familie wird als geplante Intrige vorgeführt, denn seinem Erscheinen geht der Auftritt von Wurm voran. Ebenso verweist die spätere deutliche Verneinung, den Wurm oder die Tochter Marie zu kennen, aufgrund ihrer Lügenhaftigkeit auf Shlinks taktisches Vorgehen. Er übernimmt vollständig den Platz von George und wird zum Ernährer der Familie, eigentlich nur in der Absicht, sie von sich abhängig zu machen. In der Metaphorik von Georges Worten geht es eher darum, dass Shlink die Familie „verschlingt", statt sie zu ernähren: „Was mir Mensch ist, verschlingen Sie als einen Haufen Fleisch. Sie öffnen mir die Augen über eine Hilfsquelle, indem Sie sie verstopfen. Machen Familienmitglieder zu Hilfsquellen." (GBFA 1, S. 467) In der Wirklichkeit ist es aber Garga, der die Familie ihrem Untergang ausliefert. Nachdem er Shlinks Absichten durchschaut, möchte er im Sinne des stattfindenden Machtkampfes seine Überlegenheit demonstrieren und entscheidet sich: „Ich will jetzt alle schlachten. Ich weiß es. – Ich bin bereit, Ihnen zuvorkommen. Ich begreife auch, warum Sie sie durch die Erträgnisse Ihres

Kohlentragens dick und fett gestopft haben. Ich lasse mir den Spaß nicht abhanden." (Ebd., S. 471) Die Rolle des Ernährers scheint den Status der Männlichkeit zu festigen und beweist auch die Konsolidierung der Machtposition. Das Motiv, seine Überlegenheit dem Kampfpartner und den anderen gegenüber zu zeigen, begleitet eigentlich den ganzen Kampf, der für Bahr „eine Männersache, die dargestellte Welt eine Männerwelt ist" (Bahr, 1984, S. 78). Aus dieser Sicht handelt es sich um einen prinzipiellen Kampf, der auf die patriarchale Struktur der Welt zurückzuführen ist. Das männliche Ringen um die Macht hat hier seine metaphysische Symbolik. Es ist deshalb Schumacher zu widersprechen, der behauptet, es gebe keinen Kampf an sich, sondern nur das Ringen konkreter Menschen in bestimmten historischen Situationen (vgl. Schumacher, 1955, S. 66). Auf der anderen Seite stimmt seine Feststellung, dass das Stück im Unterschied zu Brechts Vorgabe im Vorwort, das Interesse nicht auf die Motive, sondern nur auf „das Finish" zu lenken, „ohne die vorausgegangene Motivierung nicht zu verstehen ist" (ebd., S. 66). Das dominierende und motivierende Prinzip ist das der männlichen Konkurrenz, um vielleicht nicht das Wort Eitelkeit zu verwenden. Die Männlichkeit, die hier aufs Spiel gesetzt wird und um die es hier geht, ist an die Ideen der Ehre und Freiheit gekoppelt. Durch eine distanzierend berichtende Form erklärt Garga seiner Mutter:

> „Ein bestimmter Mann **beleidigt** einen andern. Das ist unangenehm für ihn. Aber ein bestimmter Mann zahlt unter Umständen einen ganzen Holzhandel dafür, wenn er einen andern **beleidigen** kann. Das ist natürlich noch unangenehmer. In solchen Fällen müsste **der Beleidigte** abreisen, aber da das zu angenehm für ihn wäre, ist vielleicht schon nicht einmal das mehr möglich. Jedenfalls muß er frei sein." (GBFA 1, S. 456, Hervorhebung J. D.)

Schon in der ersten Szene - in der Leihbibliothek - fühlt sich Garga durch Shlinks Angebot, seine Meinung über ein Buch zu verkaufen, und durch die Steigerung dieses Angebots beleidigt. Damit wird ein klassisches Motiv der Literatur, das der verletzten Ehre, aufgegriffen und ab absurdum geführt. Garga klagt darüber hinaus, nicht frei zu sein: „Wir sind nicht frei. Mit Kaffee am Morgen fängt es an und mit Schlägen, wenn man ein Affe ist, und die Tränen der Mutter salzen den Kindern die Mahlzeit und ihr Schweiß wäscht ihnen das Hemd, und man ist gesichert bis in die Eiszeit und die Wurzel sitzt im Herz." (Ebd., S. 456) Die Unfreiheit scheint nicht nur ein Bestandteil des alltäglichen bürgerlichen Lebens zu sein, sondern vielmehr - gerade über dieses eingeordnete Leben und die sozialen Bindungen eingepflanzt zu werden. Im Rückschluss darauf könnte auch die Ehre für ein tief verinnerlichtes und aufgezwungenes Phänomen gehalten werden, das auf die Unfreiheit des Mannes und seine Abhängigkeit von den Normen des patriarchalischen Systems zeigt. Der Mann ist zugleich gezwungen, sich immer wieder zu behaupten und seine Überlegenheit ständig neu zu beweisen. Eben das macht Garga auch in der siebten Szene im Wohnraum der Gargas: „MAË Ist es nicht merkwürdig, daß der Mann im Kohlendistrikt mit Kohletragen so viel verdient? GARGA Ich bin es, der verdient." (Ebd., S. 475) Auf die verwunderte Frage der Mutter, im Moment, wo die Familie ihren wirtschaftlichen Höhepunkt eindeutig dank Shlink erlebt, muss Garga kontern und den Wohlstand für seinen eigenen Verdienst erklären. Über die materielle Grundlage und das Geld als deren Symbolträger definiert sich die hierarchische Position des Mannes in der Gesellschaft. Dieser Zusammenhang ist vor allem bei der Figur des Shlink deutlich. Nachdem er die restlichen finanziellen Mittel seinem Gegner überlässt, hat er weder Macht noch seine frühere Position in der männlichen Hierarchie inne: „SHLINK […] Einen Stuhl. *Sie haben die Stühle besetzt und stehen nicht auf.* Meinen Reis und Wasser. DER WURM Für Sie gibt es hier keinen Reis mehr, Herr. Ihr Konto ist überzogen." (Ebd., S. 472) Eine Akzeptanz in der männlichen Welt kann Shlink nur finden, solange er das Kapital in seinen Händen hat. Indem Shlink vorübergehend seine frühere Machtstellung freiwillig aufgibt und sich auf Gargas Position zurückzieht, versucht er laut Bahr die allgemeine Vereinzelung des Menschen zu durchbrechen (vgl. Bahr, 1984, S. 75). Dies gelingt ihm nicht, weil er aus dem Kreis der Familie ausgeschlossen wird. Für ihn ist in der Familie, wie Garga betont, „kein Stuhl frei" (GBFA 1, S. 476). In beiden Fällen dient die Metapher des fehlenden Stuhls als Hinweis dafür, dass Shlink aus den sozialen Bindungen ausgewiesen wird, und zwar doppelt. Er verliert seinen Platz innerhalb des männlichen homosozialen Umfelds und gliedert sich auch nicht in die „natürlich" (über Blutverwandtschaft) organisierte Struktur der Familie. Er ist weder deren Mitglied im biologischen Sinne, noch kann er aufgrund des kulturellen Prinzips der Exogamie zu einem werden, da Marie in die Heirat mit ihm nicht einwilligt. Die vorläufige Aufnahme in die Familie, in die er sich „einpflanzen" will, realisiert sich über die Mutter, jedoch im Namen der symbolischen Ordnung des Vaters. Es ist die gleiche Zeremonie, unter der auch Jane in die Familie eintritt. Der Vater John befiehlt der Mutter: „reiche der Braut die Hand!" (GBFA 1, S. 475) So auch beim Eintritt Shlinks in die Familie:

> „JOHN […] Da dein Sohn fortgelaufen ist, ist ein Platz frei. Gib ihm die Hand.
> […]
> SHLINK Ich habe nichts. Ich werde auf der Stiege schlafen. Madame. Ich dringe nicht ein. Meine Hand wird sie nicht berühren. Ich weiß, daß ich gelbe Haut dran habe.
> MAË *kalt:* Ich gebe Ihnen die meine.

SHLINK Ich verdiene sie nicht. Ich meinte, was ich sagte. Sie meinen nicht die Haut, verzeihen Sie." (Ebd., S. 460)

Das im Großen und Ganzen eher verwirrende Gespräch eröffnet einen Freiraum für die Betrachtung mehrerer Zusammenhänge. Shlink nimmt symbolisch den Platz des Sohnes ein und tritt zugleich in die patriarchal bestimmte symbolische Ordnung ein. Mit diesem Eintritt akzeptiert er zugleich das Tabu des Inzestes. Schon die Begriffe des „Eindringens" und „Berührens" können in ihrer sexuellen Konnotation verstanden werden. Das angedeutete Penetrieren ist aber trotzdem nicht direkt im sexuellen Sinn zu verstehen, sondern eher in der Verbindung mit dem Merkmal der Hautfarbe als das Eindringen der einen kulturellen Ordnung in die andere. Das Gespräch zwischen Maë und Shlink zeigt zugleich, dass die Kommunikation zwischen diesen Kulturen nicht einfach ist und eher Missverständnisse produziert. Die Grundlage dafür liegt in der sprachlichen Differenz, die nicht nur zwischen den Sprachen existiert, sondern als allgemeines Prinzip auch innerhalb der Sprache den Unterschied zwischen „Hand" und „Haut" hervorbringt, aber auch die Mehrdeutigkeit bei den Worten „die meine" verursacht. In diesem Kontext fast babylonischer Verwirrung der Sprache ist es möglich auch Shlinks Satz „Ich verdiene sie nicht." mehrdeutig erscheinen zu lassen. Die Mehrdeutigkeit betrifft nicht nur die Wörter „Hand" und „Haut", sondern auch das Verb „verdienen". Unabhängig davon, ob er meint, Maës Haut oder Hand nicht zu verdienen, verweist er in beiden Fällen auf die eigene Minderwertigkeit der Frau gegenüber. Diese Position ergibt sich einerseits aus dem Merkmal der Rasse, lässt jedoch auch den Rückschluss auf seine Homosexualität zu. Vor allem verdient er dann für die Familie im wahrsten Sinne des Wortes den Unterhalt, kann sich jedoch dadurch die Position eines Sohnes nicht „verdienen", denn diese ist prinzipiell nur qua Biologie möglich.

Nachdem sein Versuch um die Integration in die Familie gescheitert ist, gelingt es ihm jedoch, seine frühere Machtstellung durch die Ansammlung des Kapitals in seinen Händen wieder zu erlangen. Brecht stellt damit die Machtverhältnisse als dynamisches Prinzip dar und macht nicht nur ihre Kausalität, sondern auch Reversibilität deutlich. Zum erneuten Fall Shlinks und letztendlich auch zu seinem „Austilgen" kommt es dadurch, dass Garga auf ihn die „weißen" Lyncher hetzt. Das biologische Moment beweist auch in diesem Zusammenhang die stärkste Potenz. Shlinks gelbe Haut, die als sein wesentliches Merkmal immer wieder in dem Stück erwähnt wird, findet in vielen Interpretationen zwar ihre Erwähnung, man verbindet sie aber fast ausschließlich mit einer symbolischen Funktion. Knopf identifiziert sich z. B. mit der Behauptung von Bahr, dass die

„asiatische Haltung" weder Selbstzweck noch Rassismus ausdrückt (vgl. Knopf, 1980, S. 34). Nach Tabbert-Jones ist die gelbe Hautfarbe „nicht Merkmal der besonderen asiatischen Rasse, sondern des Dschungelmenschen allgemein", und deswegen meint sie: „Nicht die rassische Fremdheit eines besonderen Individuums, sondern Zustände, die als Folge des Lebens im Großstadtdschungel auftreten, werden beschrieben." (Tabbert-Jones, 1991, S. 131) Sie übersieht jedoch die Tatsache, dass sich Shlink die Hautfarbe nicht im Prozess einer Sozialisierung in der Großstadt aneignen konnte, sondern dass man mit einer Hautfarbe bereits geboren wird. Die gemeinten Zustände, die als Effekte des Großstadtdschungels auftreten, lassen sich eher mit der Metapher der „dicken Haut" verbinden, die in dem Stück als Merkmal des abgehärteten Stadtmenschen zu finden ist. Tabbert-Jons leugnet einfach die Biologie an sich. Oesmann dagegen sieht den Zusammenhang anders: „The fight takes place in a racist context - Garga even exploits racism to „win the fight" (Oesmann, 2001, S. 265), ergänzt jedoch: „Brecht defines race not in biological but in historical terms - in terms of the life a person lived: history for him materializes in the body." (Ebd., S. 268) Das Moment der Rasse ist eindeutig ein Merkmal, das Shlink stigmatisiert und das andererseits Garga ermöglicht, dieses Stigma gegen seinen Gegner auszunutzen. Vielleicht wäre es aber besser, Oesmanns Sicht der Rasse als historischen Begriff übergreifend zu betrachten und ihn im Sinne der überindividuellen kulturellen und normativen Zuschreibungen, die sich in dem Körper materialisieren, zu definieren. Diese Normen, die in der Gender-Theorie im Sinne des Symbolischen aufgefasst werden, haben ähnlich wie bei der Konstruktion des Geschlechts auch bei der Rasse eine performative Wirkung: „Das Symbolische - dieses Register der regulierenden Idealität - ist immer auch eine Rassenfabrikation, ja, die unentwegt wiederholte Praxis *rassierender* Anrufungen [Interpellationen]." (Butler, 1997, S. 43) Ausgehend von den neuen Theorien der Rasse formuliert Butler ein Machtmodell, das nicht von der Parallele oder Analogie der Beziehungen zwischen Rassismus, Homosexuellenfeindlichkeit oder Frauenhass ausgeht, sondern das eher deren Ineinandergreifen wahrnimmt (vgl. ebd.). Aus dieser Sicht sollte vielleicht auch die Figur des Shlink betrachtet werden. Bei ihm treffen die Machtvektoren der Rasse und Homosexualität aufeinander und Garga ist in der Lage, beide Faktoren auszunutzen. Nachdem Shlink Garga seine Liebe gesteht, bekommt er als Antwort: „Aber wie widerlich von Ihnen! Sie sind erschreckend unappetitlich, ein alter Mensch wie Sie!" (GBFA 1, S. 491) Mit dieser Ablehnung scheitert Shlinks Versuch um die Überbrückung der Einsamkeit und des Andersseins. Außerdem enthält die Abweisung noch ein anderes

Merkmal, das bisher in den Analysen des Kampfes zwischen Shlink und Garga eher unberücksichtigt blieb. Es ist die Tatsache des Generationsunterschieds. Innerhalb des „sexuellen Wertsystems", das Gayle S. Rubin als Grundlage der sog. „sex wars" beschreibt, findet die „gute", „normale" oder „natürliche" Sexualität nicht zwischen den Generationen, sondern nur in derselben Generation statt (vgl. Rubin, 2003, 41ff.). Neben anderen Aspekten der sexuellen Rangordnung spielt also auch das Alter eine besondere Rolle. Garga betont es sogar noch einmal: „Sie zeigen Spuren von Gemüt. Sie sind alt!" (GBFA 1, S. 491) und in Shlinks Worten ist diese Anspielung ebenso zu finden: „Und die Generationen blicken sich kalt in die Augen." (Ebd., S. 491) Es sind also wiederholt die biologischen Gegebenheiten, die Garga im Kampf gegen Shlink ausnutzt und als Diskriminierungs- und Ausschließungspraktiken einsetzt, sei es die Hautfarbe, das Alter oder die biologische Tatsache einer Verwandtschaft. Unter allen drei Aspekten wird Shlink zu einem Fremden, Ausgestoßenen und Unterliegenden, da ihm immer die soziale Randposition aufgrund einer bestimmten normativen Stratifizierung zugeteilt wird. Dasselbe betrifft auch seine Homosexualität. Insgesamt scheinen die „natürlichen" Gegebenheiten eine Art Schicksal darzustellen, dem man einfach nicht entkommen kann. Dieses Fatum betrifft in dem Stück unbedingt auch die Frauenfiguren, die innerhalb einer Gesellschaft nur zu bloßen Objekten werden, die Frau wird aufgrund des biologischen Geschlechts zu einem bestimmten Schicksal „verurteilt". Vor dem Verlassen der Familie gelangt Maë zu der Erkenntnis: „Ich wollte dir noch etwas sagen, John, aber es geht nicht. Ich habe es nicht geglaubt: ein Mensch kann plötzlich verdammt sein. Es wird im Himmel beschlossen. Es ist ein gewöhnlicher Tag und nichts wie nicht immer. Von diesem Tag an ist man verdammt." (Ebd., S. 479) Sie versucht sich von der ihr vorgegebenen Mutterrolle loszureißen. Gisela E. Bahr, die eine gründliche und gelungene Analyse der Frauenfiguren des Stückes herausgearbeitet hat, sieht diesen Entschluss von Maë im Zusammenhang mit einer „unerwarteten Wende ihres Lebens" (Bahr, 1984, S. 79) und interpretiert das Weggehen der Mutter folgendermaßen:

> „Durch das Verlassen der Familie hat Maë ihre Mutterrolle verraten. Deshalb hat sie für den Sohn ihre Identität verloren und ist aus seiner Erinnerung getilgt worden, da sie für ihn offensichtlich nur Mutter war und sonst nichts. Dabei hat sie nur getan, was er selber mehrmals getan hatte: die Familienfesseln abgeworfen. Als Sohn und Mann hat man eine Bewegungsfreiheit, die einer Mutter und Frau (in dieser Auffassung) nicht zugestanden wird. Im Gegensatz zu George ist der Schritt der Mutter jedoch eine echte Befreiung. In ihrer neuen Identität hat sie sich nicht »bis zur

Unkenntlichkeit verändert«, sondern sie ist sie selbst geblieben. Sie ist »in guter Ordnung« und hat ein besseres Dasein gefunden." (Ebd., S. 80)

Zu dem Ruin der Familie kommt es eigentlich in dem Augenblick, wo sie ihren wirtschaftlichen Höhepunkt erlebt, das Eingreifen Shlinks beschleunigt allerdings nur den Zerfall einer Einheit, die in der Wirklichkeit gar nicht funktioniert hat. Das Weggehen der Mutter, das das tatsächliche Ende der Familie bedeutet, lässt sich jedoch nicht nur als ein Drang nach der Freiheit und das Abwerfen der Familienfesseln verstehen. Vielmehr reagiert Maë auf die Unfähigkeit ihres Mannes, konkret auf die Tatsache, dass er sich nicht als Mann verhält, sondern nur passiv bleibt und nicht in der Lage ist, sich um die Familie zu kümmern. Bahr erklärt die Entscheidung der Mutter als Versuch sich zu befreien mit dem Verweis auf die Worte Shlinks, denen Maë zustimmt (vgl. Bahr, 1984, S. 79). Es handelt sich um das Gespräch in der Situation, als George den Entschluss fasst, ins Gefängnis zu gehen und paradox dazu von der Freiheit für die Familie spricht:

„GARGA Ich schenke ihnen allen die Freiheit.
SHLINK Sie faulen dahin auf Ihre Rechnung. Es sind nicht mehr viele, sie könnten Lust bekommen wie Sie, reinen Tisch zu machen, das schmutzige Tischtuch zu zerschneiden, die Zigarettenstumpen aus den Kleidern zu schütteln. Sie können allesamt es Ihnen nachmachen wollen, frei zu sein und unanständig in besabberter Wäsche.
MAË Sei still, George, es ist **alles** wahr, was er sagt." (GBFA 1, S. 478, Hervorhebung J. D.)

Maë sieht also ein, dass die Familie eigentlich dahinfault und nicht so funktioniert, wie sie sollte. Wenn sie mit Shlink einverstanden ist, spricht es eher dafür, dass sie Georges Rede von der Freiheit auch für einen irrealen Unsinn hält. Das bedeutet also, dass sie mit dem Verlassen der Familie nicht ihre individuelle Freiheit sucht, sondern eher geregelte Verhältnisse braucht, die der gesellschaftlichen Norm entsprechen. Bei dem Weggehen zeigt sich, dass sie eben nicht gegen ihre Mutterrolle rebelliert - sie legt noch Kohlen auf, bereitet Abendessen vor und bestellt sogar für ihren Mann einen Schnaps. Im weiteren Verlauf der Handlung taucht sie nicht mehr als handelnde Figur auf, sondern man erfährt von ihr nur in der Vermittlung von Wurm: „Ich habe tatsächlich eines Morgens um sieben Uhr sie, eine Vierzigjährige, in einem Obstkeller reinmachen sehen. Sie hatte ein neues Geschäft angefangen. Ihr altes Gesicht war in guter Ordnung." (Ebd., S. 485) Das neue Dasein, das Maë erreicht hat, ist jedoch kein besseres und ihre Befreiung keine echte. Sie handelt nämlich nur unter dem Zwang der ökonomischen Verhältnisse, indem sie das alte „Geschäft" - sich als Ehefrau zu verkaufen - gegen ein neues - Arbeitskraft zu sein -

getauscht hat. Nach wie vor ist sie nicht frei, sondern es hat sich nur die Form ihrer Abhängigkeit geändert. Eigentlich wird hier der Wandel der Frauenrolle unter dem Einfluss des veränderten sozialen Umfelds beschrieben. Wurms Feststellung, das Gesicht der Frau wäre in „guter Ordnung“, ist auch eher nicht als positive Wendung zu verstehen. Dieselbe Beschreibung gebraucht nämlich an einer anderen Stelle auch Garga für das Gesicht von Shlink (vgl. GBFA 1, S. 471), und die „gute Ordnung“ erinnert teilweise auch an das Gespräch zwischen Maë und ihrem Sohn, in dem die Rede von den anderen „guten“ Leuten und Familien war. In diesem Sinn hat sich die Mutter Garga an die gute gesellschaftliche Ordnung und Norm angepasst, diese ist zugleich, wie es auch demselben Gespräch zu entnehmen ist, eben mit dem Status der Unfreiheit verbunden.

4.3 Exogamie und Asymmetrie in der mannmännlichen Beziehung (Shlink - Marie - Garga)

Ähnlich wie Maë ist auch Marie ein Objekt in der männlichen Welt. In ihrer sozialen Position macht sie als Frau im Vergleich mit der Mutter eine spiegelverkehrte Veränderung durch. Wenn sie sich am Anfang nur als Arbeitskraft veräußert, indem sie für Shlink „die Wäsche zu besorgen“ (GBFA 1, S. 455) hat, wird sie in der letzten Szene als Ehefrau an den Manky wortwörtlich verkauft. Ihr Vorhaben lautet: „Ich werde arbeiten. Ich werde aber nicht Stiegen wischen wie meine Mutter.“ (Ebd., S. 496) Marie entschließt sich also für die „Arbeit“ als Ehefrau. Ihre Entscheidung: „Macht den Kontrakt fertig!“ (Ebd., S. 497) ist jedoch nur scheinbar freiwillig. Die Einwilligung zu dem von den Männern unterschriebenen Kontrakt zeigt eher auf die bloße Akzeptanz und Verinnerlichung der notwendigen patriarchalen Ordnung. Ihr Motiv steht sogar im Namen dieser symbolischen Ordnung - übertragen als auch wortwörtlich - im Namen des Vaters. Sie stimmt diesem Geschäft nur deswegen zu, um damit die weitere Existenz ihres Vaters zu ermöglichen.[108] Ebenso wie Marie nicht im Mittelpunkt des Kontrakts steht, sondern nur am Rande zu einem Teil davon wird (es geht nämlich primär um Verkauf des Holzhandels), geht es in der Exogamie prinzipiell um die Bestätigung der Beziehung zwischen den Männern. Garga festigt mit diesem Geschäft zugleich seine errungene Männlichkeit und durch den Kapitalgewinn steigert er seine Position im

[108] Ihr einziger Einwand lautet nämlich: „Ich habe meinen Vater dabei.“ (GBFA 1, S. 497) Unter der Bedingung, den Vater mitzunehmen, ist sie dann bereit, dem Kontrakt zuzustimmen.

Gefüge der Macht. Zu behaupten, dass Marie kein Objekt der Männer ist, sondern ihrerseits (als Prostituierte) die Männer zu Objekten macht und dass der „Ehe- und Geschäftskontrakt" ihre „Karriere" sichert (vgl. Wittkowski, 2002, S. 80), ist daher unangebracht.

Gargas Schwester tritt nicht nur am Ende des Stückes als Objekt des männlichen Tausches auf, sondern erfüllt schon vorher die Aufgabe der Mittlerin zwischen Garga und Shlink. Laut Astrid Oesmann sind Frauenfiguren Medium, durch das die beiden Kontrahenten ihr gegenseitiges homosoziales Interesse zum Ausdruck bringen. Und sogar viel mehr, denn ihrer Meinung nach sind sie eine Tarnung für die eigentliche homoerotische Anziehung (vgl. Oesmann, 2001, S. 267). Auch Mankowe ist sich nicht sicher, ob Shlink „mit seiner Liebeserklärung [gegenüber Marie] nicht nur ein Zugeständnis ihrem Bruder gegenüber macht" (Mankowe, 1991, S. 28).[109] Das bedeutet, dass sich Shlink und Garga auf eine ähnliche Weise wie Baal und Ekart symbolisch annähern. Diese Annäherung in dem Stück *Im Dickicht der Städte* überschreitet zugleich die Grenzen des Tabus, wie das in dem Fall des Altersunterschiedes vorliegt. Die dargestellte gleichgeschlechtliche Beziehung ist im *Dickicht* vor allem asymmetrisch und immer hierarchisch, wobei die hierarchische Trennung meistens auf der Achse der Norm durchläuft. Trotz des zeitgeschichtlichen Hintergrunds des zwanzigsten Jahrhunderts stimmt dieses Bild des gleichgeschlechtlichen Begehrens nicht mit dem der Homosexualität überein, denn es widerspricht einem ihrer wesentlichen Merkmale. Aus der Klassifizierung der unterschiedlichen Formen des Diskurses über mannmännliche Beziehungen bei Halperin geht hervor: „Die Signatur der »Homosexualität« besteht faktisch darin, daß sowohl eine Differenzierung der gleichgeschlechtlichen Sexualpartner als auch ihre Hierarchisierung (indem man den einen als »mehr« oder »weniger homosexuell« als den anderen einstuft) zurückgewiesen wird." (Halperin, 2003, S. 214) Das Verhältnis zwischen Shlink und Garga wäre demnach eher als Sodomie einzustufen. Shlink spielt dabei die Rolle des aktiven homosexuellen Akteurs, Garga dagegen scheint eher nur widerwillig einbezogen zu sein. Gleich in der zweiten Szene - in Shlinks Kontor - konstatiert er: „Man hat mich harpuniert. Man zog mich an sich. Es scheint Stricke zu geben. Ich werde mich an Sie halten, Herr. Aber lassen Sie meine Schwester aus dem Spiel!" (GBFA 1,

[109] Mankowes Interpretation „Marie hat demnach Angst, Shlink wolle den Schutz und Liebe, die er ihr bietet, als eine Art Opfer seinem Gott darbringen, um von diesem eine Unterstützung für sich und seine Ziele, die auf irgendeine Weise gegen ihren Bruder gerichtet zu sein scheinen, zu bekommen." (Mankowe, 1991, S. 30) halte ich dagegen für Unsinn.

S. 447) Garga lässt sich von Shlink *harpunieren*, und um die Schwester „zu befreien", nimmt er die unterlegene Position an. Marie wird dadurch zu einem Symbol seiner Unterwerfung in der übernommenen passiven homosexuellen Rolle, gegen die er offensichtlich ankämpft. Aus diesem Blickwinkel kann man auch das Gespräch zwischen Garga und seiner Schwester am Ende der zweiten Szene sehen: „GARGA Du hast mich im Stich gelassen. Zahn um Zahn. MARIE Treibst du jetzt den Kampf mit mir weiter? Du bist immer ohne Maß gewesen. Gott wird dich bestrafen." (Ebd., S. 454) Der Kampf gegen Marie lässt sich in diesem Zusammenhang auch als Verleugnung des eigenen homosexuellen Begehrens verstehen. Sie ist es auch, die diese „Schwäche" ihres Bruders identifizieren kann. Sie beobachtet nämlich den Verlust seiner „Männlichkeit": „Auch ich erinnere dich an die Zeiten, wo du der Stolz der Frauen gewesen bist in Jimmy und Ragtime, mit einer Falte in der Hose am Samstagabend und einzig mit den Lastern des Tabaks, des Whiskys und der Frauenliebe, die den Männern erlaubt sind." (GBFA 1, S. 465) Im Vergleich zu der Vergangenheit ist George nicht mehr den männlichen Lastern und der Frauenliebe, sondern eher der gegen die bürgerliche Norm (die z. B. aus der Anspielung an die Falte in der Hose resultiert) verstoßenden Männerliebe verfallen, einem Laster also, das dem Mann nicht erlaubt ist. Außerdem ermahnt sie ihn kurz darauf: „Sieh mich nicht ins Gesicht. Ich weiß, daß du katholisch bist." (Ebd., S. 465) und das eben in dem Kontext, als sie dem Bruder von ihrer Liebe zu Shlink erzählen will. Ebenso kann sie ihn in der neunten Szene durchschauen: „MARIE Du denkst immer an ihn? GARGA Ja, dir sage ich es. MARIE Wie niedrig sie machen, die Liebe und der Haß!" (Ebd., S. 488) Bezogen auf Garga wird durch Maries Bemerkung klar, dass er die ursprüngliche Erniedrigung infolge seiner Neigung zu Shlink akzeptiert. Sein gleichzeitiger Hass gegen Shlink (und eigentlich auch gegen sich selbst) deutet auf die verinnerlichte Homophobie, die ihm im Prozess der Erziehung eingeprägt wurde, eben wie es das Gespräch mit der Mutter über die Unfreiheit darlegt. Die Hassliebe, von der Garga beherrscht ist, zwingt ihn auch zu einem widerspruchsvollen Verhalten. Nur Marie gegenüber offenbart er auch den Grund, warum er Shlinks Kontor aufgesucht hat: „Ich bin hierhergekommen, abgeschält bis auf mein Gebein. Ich zittre von den geistigen Ausschweifungen zweier Wochen. Ich spucke ihm ins Gesicht: viele Male. Er schluckt es. Ich verachte ihn. Es ist aus." (Ebd., S. 454) In der Zeit zwischen dem Besuch in der Bibliothek und dem Aufsuchen des Kontors erlebt Garga „geistige Ausschweifungen", die ihn völlig ergreifen. Er stellt sich vor, sie dadurch zu überwinden, dass er zu Shlink kommt, ihm in sein Gesicht spuckt, und die Angelegenheit erledigt ist. Wie die Szene aber zeigt, etnwickelt sich die ganze Situation anders, und die Überwindung der Gefühle dem anderen Mann gegenüber findet nicht statt. Stattdessen verwickelt sich Garga immer mehr, sodass er später in der neunten Szene zugeben muss: „Dieser Kampf war eine solche Ausschweifung, daß ich heute ganz Chicago dazu brauche, ihn nicht fortsetzen zu müssen." (Ebd., S. 488) Schon die Wortwahl „Ausschweifung" bringt das exzessive Treiben Gargas (oder das Sichtreibenlassen) in die Nähe eines verbotenen Lustprinzips, das Shlink in ihm weckt. Oesmann verweist in ihrer Analyse auf einige erotische Metaphern, mit denen das gleichgeschlechtliche Begehren zwischen Shlink und Garga beschrieben wird. Sie sieht schon das früher erwähnte und im Text nicht nur einmal vorkommende Bild des Harpunierens von Garga als „Metapher der Penetration" (vgl. Oesmann, 2001, S. 267) und beobachtet weiter:

> „Garga anticipates Shlink's homoerotic longing precisely because he recognizes his own homoerotic interests. This allows him to render Shlink's death as an erotic allegory when he says, ‚Ich werde einmal seine Witwe sein' (1, 464). By calling himself Shlink's widow, Garga anticipates winning the fight, but he does more. ‚Witwe' also invokes his status as Shlink's surviving lover after their three-week-long honey-moon. In their longing for one another then men become interchangeable. Garga calls Shlink a dog while behaving like one himself; he calls Shlink his hellish consort in order to affirm his own identity." (Ebd., S. 267)

Nur das Verhalten von Garga erinnert vielleicht an einen Hund, wie das eine erotisch konnotierte Assoziation beweist, ansonsten ist es aber immer wieder Shlink, der direkt als „Hund" bezeichnet wird. Bei Wurm taucht die Metapher zum Beispiel in folgender Beschreibung auf: „Wir haben ihn hier aufgenommen wie einen von Kräften gekommenen Rassehund. Aber wenn er jetzt von seinem glücklich gefundenen Knochen nicht loskommt, ist es auch mit unserer Geduld zu Ende." (GBFA 1, S. 464) Auch in dem Zustand des Herabkommens und der Schwäche bleibt Shlink seinem Partner, der hier metaphorisch zu einem Knochen wurde, ständig überlegen. Ebenso deuten die Metaphern des Harpunierens und Gemahls (bzw. umgekehrt Garga als Shlinks Witwe) auf Gargas submissive Position hinaus, die er einerseits selber artikuliert, auf der anderen Seite aber genau wie seine Homosexualität verdrängen will. Shlink erkennt Gargas verstecke Homophobie, schon als er zu ihm sagt: „Meine Gefühle werden nur Ihnen gewidmet, und Sie werden böse sein." (Ebd., S. 448) Garga ventiliert seinen Frust und versucht seine Männlichkeit durch die Machtergreifung über andere Männer zu beweisen. So fordert er Shlink zur Entlassung seiner Angestellten auf (was *queer* gelesen auch als Geste der Eifersucht gedeutet werden könnte), und vor allem lässt er theatralisch den Heilsarmeemann herabwürdigen. Er lässt dem Geistlichen ins Gesicht spucken, damit dieser auch die Situation der Degradierung zur „Memme"[110] erlebt. Der Erniedrigte schüttelt die Fäuste, weint und bittet um Entschuldigung, sodass ihm Garga anschließend einen Revolver gibt. Durch das Ganze inszeniert Garga seine eigene Situation, erfüllt damit indirekt auch Shlinks (erotischen) und seinen eigenen Wunsch. Marie entlarvt jedoch das Verhalten ihres Bruders als Posse, weil sie beobachtet: „Das ist feige George. Als der Geistliche ging, hast du geschielt, ich habe es wohl gesehen. Wie verzweifelt du bist!" (Ebd., S. 453) Wie Marie zum Symbol des inneren Konflikts ihres Bruders bezüglich seiner Sexualität und Submission wurde, ist sie auch ein Medium, an dem der Zwiespalt des menschlichen Liebesgefühls sichtbar wird.[111] Ihr Verhalten Shlink gegenüber kopiert das von Garga. Sie bekennt: „Ich zittre in meinen Kleidern, wenn ich ihn sehe, und sage ihm das Falsche." (GBFA 1, S. 465) Genau wie Georges „zittriges" Vorhaben, mit Shlink fertig zu werden, in dessen Gegenteil umschlägt, erreicht Marie nicht das, was sie möchte. Im Anschluss an Maries Geständnis spricht Garga: „Ich kann dir das Richtige nicht sagen. Eine Frau, die verschmäht wird! Ich hatte eine, die war nicht eine Flasche Rum wert, und sie verstand es, Männer anzuziehen! Sie machte sich bezahlt. Sie wusste auch, was sie konnte." (Ebd., S. 465f.) Er zieht damit aber nicht nur einen Vergleich zwischen seiner Schwester und Jane, sondern die Überlegungen betreffen auch ihn selbst. Ähnlich wie Jane, zieht Garga einen Mann an, ohne es zuerst vielleicht zu wollen, und lässt sich anschließend, als er sich dieser Anziehungskraft bewusst wird, dafür mit dem ganzen Holzhandel und Eigentum des Mannes bezahlen. Marie gelangt dadurch zur Einsicht: „Du sagst so scharfe Dinge, sie schwimmen wie Sprit in meinen Kopf ein. [...] Aber ich verstehe dich jetzt." (Ebd., S. 466) Ihr ist nicht nur der „Marktwert" einer Frau bewusst geworden, sondern auch die Tatsache, dass George diesen Wert für sich entdeckt hat und sich dementsprechend verhält. Diese Erkenntnis versucht er unmittelbar darauf auch auf Marie anzuwenden und von seiner Schwester als

[110] In der ersten Fassung gebraucht Garga tatsächlich noch diesen Ausdruck, während in der zweiten die Beschimpfung des erniedrigten Mannes als „Schwein" eher moralische Implikation (im Sinne von moralischer Schande) der erzwungenen Submission hervorruft.

[111] Wie die Ergebnisse der Analyse deutlich machen, übernimmt und symbolisiert Marie die innere Welt Gargas, die Forschung zeigt aber auch, dass sie eine Kontrastfunktion hat: „Die Charaktere von Garga und Marie sind durch einen tiefen Gegensatz gekennzeichnet: Garga träumt von der Unabhängigkeit, Marie sucht Bindung. Garga will seine Ansichten über ein Buch nicht verkaufen, Marie arbeitet freiwillig als Waschfrau für Shlink. Garga beginnt Shlink zu hassen, Marie beginnt ihn zu lieben." (Thomsen et al., 2006, S. 44)

Tauschobjekt Gebrauch zu machen. Die Situation begleitet eine stark metaphorische Sprache, die eine erotische Atmosphäre einleiten soll. Die von Garga zitierten Verse dienen laut Bahr, die auf die sprachlich hervorgebrachte Erotik dieser Szene aufmerksam macht, „nicht mehr als Sprachrohr für seine eigenen Gefühle, sondern als bewußt eingesetztes Mittel, die Opferung der Schwester voranzutreiben" (Bahr, 1984, S. 77). Die Tatsache, dass Marie, wie dargelegt werden konnte, zugleich Mittlerin des homoerotischen Begehrens ihres Bruders ist und seine inneren Zustände nach außen trägt, beweist eher das Gegenteil. Garga will Marie unter anderem auch im Namen des eigenen unterdrückten Begehrens als Mittel einsetzen. Sie, bereits aufgeklärt, begreift es: „Hilfe! Sie verkaufen mich!" (Ebd., S. 469), in ihrem Rettungsversuch wirft sie sich aber in die Arme eines anderen Mannes. Damit bestätigt sich nur die Unmöglichkeit, sich von dem System des Patriarchats zu befreien. Garga kommentiert das im Gespräch mit Shlink: „SHLINK [...] Es gibt viele Plätze, weg von einem Mann. GARGA Nicht für eine Frau." (Ebd., S. 471) Angesichts dieser Tatsache ergreift Marie Besitz über den eigenen Körper und verpfändet ihn als Kokotte fürs Geld. In einer Welt, in der die Frau (aber auch der Mann) zur Ware wird, gibt es keinen Platz für Liebe. Mit Shlink stirbt schließlich auch Maries Liebesobjekt. Sein Tod bestätigt außerdem auch die Wirkung der heterosexuellen Matrix, weil Garga durch das Töten (bzw. Tötenlassen) des homosexuellen Begehrens zu seiner Männlichkeit kommt, die zugleich die patriarchale Hegemonie bestätigt. Als Krönung findet am Schluss die Zeremonie der Exogamie statt, wo Marie als Tauschobjekt erfolgreich eingesetzt wird.

4.4 Die männliche Sozialisation (Shlink - Jane - Garga)

Die Jane-Figur erscheint im Stück *Im Dickicht der Städte* in keinem positiven Licht, und als solche wird sie auch innerhalb der Forschung reflektiert. Sie wird als Hebel, der zum Testen von Gargas Gefühlen zu Beginn des Kampfes eingesetzt wird, als Sexobjekt, als dumme und körperlich und verbal missbrauchte Frau verstanden, die unter anderem (wie der eher unglückliche feministische Rückschluss lautet) die Männerwelt des Autors reflektiert (vgl. Bahr, 1984, S. 79). Tatsächlich wirkt das Erscheinen von Jane in der ersten Szene als eine der zahlreichen Provokationen Gargas, ihr Auftritt hat aber auch etwas von Anklage gegen das Verhalten der Männer in einer Beziehung. Die Position eines Opfers teilt sie mit den anderen Frauengestalten des Stückes. Obwohl sie ständig als „Henne" bezeichnet wird, ist sie in Wirklichkeit überhaupt nicht dumm, und ihre Verfallenheit dem Trinken lässt sich im Rahmen von Verzweiflung und Enttäuschung im Leben nachvollziehen:

> „Es ist: ich sehe des Morgens in den Spiegel, George. Es ist zwei Jahre jetzt. Du gehst immer und arbeitest vier Wochen. Wenn du es zum Halse hattest und auch das Trinken brauchtest, kam ich an die Reihe. Ich halte es jetzt nicht mehr aus! Die Nächte, George! Ich bin nicht schlecht darum, ich nicht. Es ist unrecht, wenn du mich so anblickst!" (GBFA 1, S. 444)

Die Vorwürfe, die sie ihrem Geliebten macht und das, wie sie sich verhält, kann man aber nicht auf den Zustand des Trinkens zurückführen. In ihrem Denken und ihren Urteilen bleibt sie nämlich eher nüchtern. Als Wurm das Gespräch zwischen ihr und George (der angesichts der Situation ein Versprechen nach dem anderen gibt und „die Liebe" zu retten versucht) für „Affenkomödie" erklärt und die Wahrheit, dass Jane ihren Freund mit Pavian hintergeht, ans Licht bringt, kommentiert sie es folgend: „Das ist vielleicht nicht gut. Aber es ist gut, daß du weißt, daß es nicht der Whisky ist oder die Hitze." (Ebd., S. 445) An dieser Stelle betont Jane ihre Nüchternheit. Die scheinbare Unfähigkeit, zwischen dem Guten und Nicht-Guten zu unterscheiden, ist aber kein Beweis für ihre Dummheit oder Naivität, sondern Ausdruck für die Relativität einer bürgerlichen Moral, über die sie sich bewusst hinwegsetzt. Sie nimmt sich in der männlichen Welt ihre Freiheit und gibt sich der eigenen Sexualität hin bzw. dem Laster der Männer - dem Trinken. Sie entspricht nicht dem Bild einer guten bürgerlichen Frau, ist nicht die Gehorchende und Fürsorgliche. Sie wartet nicht wie ein „Schlachtvieh"[112] auf ihren Mann, bis er aus dem Gefängnis zurückkommt. Am Tag der Entlassung verspricht ihr zwar George: „Ich schelte dich nicht. Jane, wir fangen jetzt frisch an. Mein Kampf ist zu Ende. Du kannst das schon daraus ersehen, daß ich meinen Gegner aus der Stadt gejagt habe." (GBFA 1, S. 484), sie hat jedoch keine Lust, in einer heuchlerischen Ehe zu leben und lehnt diese angeblich „letzte Chance" ab:

[112] Maë Garga verweist mit diesem Vergleich auf das Schicksal der Frauen: „Wir warten wie Schlachtvieh. Ihr sagt: wartet etwas, ihr geht fort, ihr kommt zurück, und man kennt euch nicht wieder, und wir wissen nicht, was ihr mit euch gemacht habt." (GBFA 1, S. 476) Es wirkt deshalb ein bisschen verwunderlich, wenn Wittkowski in seiner Studie behauptet: „Sie [die Mutter] jammert und beschwert sich nicht (etwa über die Gesellschaft oder die Männer)" (Wittkowski, 2002, S. 96). Dagegen stimmt seine Feststellung: „Ihre Maxime des Nie-Ablassens gewinnt existentiellen Sinn" (ebd.). Im Unterschied zu Jane hält sie an der „Ordnung" fest, womit auch das Stiegenwaschen symbolische Deutung erhalten kann. Maës Sinn für das Leben in geregelten Verhältnissen hat für sie jedoch teilweise auch positive Wirkung, weil sie sich dadurch vom Leben, das sie nicht zufriedenstellt, losreißen kann.

„Das ist nett von dir, George. Es ist sicher meine letzte Chance. Aber ich will sie nicht. Es ist nicht richtig zwischen uns, das weißt du. Ich gehe jetzt, George." (Ebd., S. 485) Im Grunde genommen rebelliert Jane ähnlich wie die Mutter Garga gegen die Rolle der Ehefrau, wenngleich auf eine andere Art und Weise. Während Maë sich in das Gefüge der gesellschaftlichen Ordnung einreiht, durchbricht Jane alle Schranken des Gehorsams und hat scheinbar auch die Männer unter ihrer Kontrolle, denn, als sie zum letzten Mal die Szene verlässt, ist sie es, die befiehlt: „Zum Pavian: Komm!" (Ebd., S. 485), was einer der Männer sogar mit: „Der Mann hat nichts zu lachen." (Ebd.) kommentiert. Unter den „Frauenopfern" ist sie diejenige, die mit der Welt der Männer umzugehen weiß, obwohl sie dennoch ihr Glück nicht findet. In der trostlosen Welt bleibt kein Platz für den christlichen Glauben und Moral: „DER PAVIAN Kannst du noch den kleinen Katechismus, Jane? JANE *plärrend*: Es wird schlechter, es wird schlechter, es wird schlechter." (GBFA 1, S. 463)

Obwohl Janes Weltsicht von einem starken Pessimismus geprägt bleibt, ist sie im gewissen Sinn realistisch und bildet von Anfang an einen Gegenpol zu der idealistischen von Garga. Im Gegensatz zu George ist Jane bereits „erwachsen" und erkennt die triste Realität der zwischenmenschlichen Beziehungen. Garga ist im Vergleich zu ihr nur ein „kleiner George" (ebd., S. 444), der erst seine Erfahrungen sammeln muss und dem der Prozess des Mannwerdens bevorsteht. Bei der Heirat mit Jane stellt er fest: „Ich bin in ein neues Lebensalter getreten." (Ebd., S. 476) Aber trotz dieser Selbsteinschätzung bleibt er der sozialen Realität gegenüber blind: „JANE zu *Garga:* Jetzt philosophierst du, und das Dach fault uns über den Köpfen." (Ebd., S. 478) Stattdessen ist er ständig von der Idee des „Kampfes" besessen. Als ihn die Mutter ermahnt, er könne nicht ins Gefängnis gehen, ist er überzeugt, die Wahrheit durchschaut zu haben: „Ich weiß, Mutter, du verstehst es nicht. Wie schwierig ist es, einem Menschen zu schaden, ihn zu vernichten, glatt unmöglich. Die Welt ist zu arm. Wir müssen uns abarbeiten, Kampfobjekte auf sie zu werfen." (GBFA 1, S. 477) Sein Einsatz und seine Einstellung erinnern jedoch an eine Art Donquichotterie. Garga betreibt ein Schattenboxen gegen die reale Welt und gegen sich selbst. Auch seine Heirat mit Jane entlarvt Shlink als Akt der Rache[113]: „Ich beglückwünsche Sie, Garga. Sie sind rachsüchtig." (Ebd., S. 476) George versucht auch das eigene homosexuelle Begehren dadurch zu bekämpfen, dass er in die bürgerliche Welt flüchtet und sich wieder an die Norm anpasst. Er hat groß vor, wieder als Angestellter in der Leihbibliothek anzufangen. Die Idee eines möglichen Neuanfangs begleitet

[113] Woraus sich zugleich die Instrumentalisierung von Jane ergibt.

ihn eigentlich in dem ganzen Stück; dieselbe Haltung nimmt er auch nach der Rückkehr aus dem Gefängnis und nach Shlinks Tod ein. Während es sich aber in den ersten zwei Fällen um das Bemühen handelt, in die alten Verhältnisse zurückzukehren, erweist sich das letzte Mal als der tatsächliche Neubeginn, der den Bruch mit dem bisherigen Leben darstellt. Das beweist das Prinzip des evolutionären Fortschritts jedes individuellen Lebens, die Überholung des Alten statt des ständigen Rückkehrens zu dem Dagewesenen. In diesem Sinn ist den „zyklischen" Interpretationen zu widersprechen, die den Kampf zwischen Shlink und Garga als ewigen Positionswechsel verstehen (vgl. dazu Thomsen et al., 2006, S. 47). Gargas letzter Neuanfang zeigt einen Bruch mit der vorherigen idealistischen Einstellung:

> „SHLINK Tahiti?
> GARGA New York. *Ironisch lachend:* »Ich werde hingehen, und ich werde zurückkommen mit eisernen Gliedern, dunkler Haut, die Wut im Auge. Meinem Gesicht nach wird man glauben, daß ich von starker Rasse bin. Ich werde Geld haben, müßig sein und brutal. Die Frauen pflegen gern solche wilden Kranken, die aus den heißen Ländern zurückkommen. Ich werde schwimmen, Gras zerstampfen, jagen, rauchen vor allem. Getränke trinken wie kochendes Metall. Ich werde mich ins Leben mengen, gerettet sein.« – Was für Dummheiten! Worte, auf einem Planeten, der nicht in der Mitte ist! Wenn Sie längst Kalk über sich haben, durch die natürliche Ausscheidung des Veralteten, werde ich wählen, was mich unterhält." (GBFA 1, S. 493)

Besonders das Ende des Zitats verweist auf die neue Lebensphilosophie im Sinne der Evolution, aber auch der symbolische Ersatz des idealistischen „Tahiti" durch „New York" markiert diese Wende. Die Wandlung des Idealisten zum Realisten hat jedoch ihren Preis – „ausgehalten werden muß die durch die moderne Zivilisation total gewordene Vereinzelung der Menschen, die Kälte trotz des engen Zusammenlebens in der Großstadt, das Aushalten ihres Dschungels." (Knopf, 1980, S. 34)

Überraschenderweise leugnet Garga nicht nur seine frühere Utopie, sondern auch das Ideal der Männlichkeit an sich. Die Wahrheit ist aber die, dass er seine Gender-Identität bereits erreicht hat. Im Rahmen seiner Sozialisation von dem „Savannenbewohner" zum „Großstadtbewohner" (vgl. Müller, 2001, S. 124) wächst Garga vom „kleinen George" zu einem Mann und nimmt so an der „genderization" - an dem Prozess der „Manneswerdung" - teil. In der Tat sind bei ihm mehrere der „männlichen Attribute"[114] nachzuweisen: Das Niederbrennen des Holzgeschäftes erinnert an das Zerstampfen von Gras, für den Verkauf des niederge-

[114] Das männliche Ideal, wie dem Zitat zu entnehmen ist, entspricht einem eisernen, starken, reichen, brutalen Mann, der müßig ist, raucht, jagt etc.

brannten Holzhandels kommt er ans Geld, während des Gesprächs mit Shlink raucht er eine Pfeife, beklagt sich über seine Müßigkeit[115] und will sich schließlich in das Leben der Stadt New York „mengen". Die meisten der verschmähten „Dummheiten" hat er sich bereits angeeignet. An der Konstituierung seiner männlichen Identität ist vor allem die heterosexuelle Matrix beteiligt, und deshalb gehört zu diesem Prozess auch das Verdrängen und Töten des homosexuellen Begehrens. Das „Absterben" des bisherigen Begehrens bei George ist für Shlink jedoch Impotenz: „Was nehmen sie für eine Haltung ein? Ich bitte Sie, Ihre Pfeife aus dem Maul zu nehmen. Wenn Sie sagen wollen, daß Sie impotent geworden sind, dann tun Sie das mit einer anderen Stimme." (GBFA 1, S. 493) Gargas neue „Identität", und das nicht nur im Sinne des Geschlechts, ist vor allem eine Haltung, und als solche ist sie insbesondere keine absolute Konstante, sondern nur eine angeeignete, eo ipso relative, kulturell geprägte und nicht zuletzt auch eine wandelbare Größe.

[115] „GARGA Ich habe mich lediglich beklagt, daß ich mich langweile." (GBFA 1, S. 493)

5 Leben Eduards des Zweiten von England

5.1 Annäherung

Das Stück *Leben Eduards des Zweiten von England* wurde ähnlich wie die im folgenden Kapitel zu analysierende Erzählung *Bargan lässt es sein* zum ersten Mal im *Neuen Merkur* publiziert. Der aus dem Jahr 1924 stammende Abdruck stellte jedoch noch nicht die endgültige Fassung dar und wurde noch im selben Jahr für den Kiepenheuer Verlag, in dem die Buchausgabe geplant und realisiert war, geändert. Diese zweite Variante des Stückes, auf der auch laut Knopf die Interpretation zu basieren hat (vgl. Knopf, 1980, S. 41), wurde auch in die Große Berliner und Frankfurter Ausgabe der Brechtschen Werke übernommen (vgl. GBFA 2), somit bildet sie auch die Grundlage für meine Analyse und Auslegung.

Obwohl es sich bei dem Stück um die Bearbeitung einer historischen Vorlage von Marlowe handelt, konnte in der Forschung nachgewiesen werden, dass Brechts Text von dem Marloweschen stark abweicht und also originell ist (vgl. Canaris, 1973). Entgegengesetzte Ansichten gibt es aber bezüglich des Anteils Brechts an der Autorschaft. Das Stück wurde nämlich zusammen mit Lion Feuchtwanger geschrieben, der Brecht auf Marlowe auch aufmerksam machte. Ob die Aussage von Marta Feuchtwanger (die eine intensive gemeinsame Arbeit bezeugt) oder der Kommentar von Carl Zuckmayer (der den eigentlichen Verdienst an der Gestaltung des Stückes Brecht zuspricht) der Wahrheit entspricht, ist eher nicht so relevant, und die Brechtforschung sieht die Entstehung des Stückes zugleich als ersten Beweis für die kollektive Produktion, das spätere Arbeitsprinzip Brechts (vgl. Knopf, 1980, S. 41). Das Drama wird zugleich auch als Meilenstein in der Entwicklung des Verfremdungseffekts und der gestischen Sprache angesehen. Im Zusammenhang mit dem Homosexualitätsmotiv kommt dem Stück *Leben Eduards des Zweiten von England* ebenso eine besondere Stellung zu. Während in *Baal* und in *Im Dickicht der Städte* die Figuren nur homosexuelles Verhalten zeigten (und eigentlich in dem Spektrum der Kategorisierung der Sexualität eher die Position der Bisexualität vertreten können), gehört die Homosexualität zu den Wesensmerkmalen der Figuren Eduard und Gaveston und bestimmt auch ihr Handeln. Bereits die erste zu analysierende trianguläre Konfiguration zwischen Eduard, Anna und Gaveston macht deutlich, dass das Begehren zwischen Eduard und Gaveston anders konstruiert ist, als das in den bisherigen Konfigurationen der Fall war.

5.2 Linearität des homosexuellen Begehrens (Eduard - (Anna) - Gaveston)

Man könnte erwarten, dass für die Analyse des homosexuellen Begehrens in diesem Stück die Konstellation Eduard - Anna - Gaveston die ausschlaggebende ist. Die nähere Untersuchung machte jedoch deutlich, dass das Begehren nach dem gleichen Geschlecht in diesem Fall nicht triangulär, sondern eher linear angelegt ist. Es braucht weder eine vermittelnde Instanz noch eine Art Verschleierung, denn die Homosexualität Eduards ist für die eigentliche Handlung des Dramas unabdingbar. Kessler betrachtet die Homosexualität des Titelhelden in der Marloweschen Vorlage als maßgeblich schon für die Stoffwahl bei Brecht (vgl. Kessler, 1997, S. 43). Eduards Begehren nach Gaveston wird von diesem erwidert. Unter solchen Umständen stellt sich die Frage nach der Stellung der weiblichen Figur in dem Dreieck. Anna bleibt aus der Beziehung eindeutig ausgeschlossen, weder ihr Mann noch Gaveston zeigen Interesse an ihr. Für Gaveston stellt sie auch keine Konkurrenz dar. Der Ausschluss determiniert ihre Position, die als „scheußlich Los" (GBFA 2, S. 19) bezeichnet wird. Sie selbst sieht sich als Witwe und Nicht-Witwe, sogar „Schlimmer als Witwe" (ebd.), was unter anderem darauf verweist, dass sie ihren festen sozialen Status verliert und tiefer sinkt, als das bei ihrem Verwitwen der Fall wäre. Das homosexuelle Verhalten ihres Mannes bringt die übliche Auffassung der gesellschaftlichen Rangordnung und Ordnung aus den Fugen und macht deutlich, wie stark die heterosexuelle Matrix den Personen einverleibt ist und ihr Denken beeinflusst. Sie bestimmt nicht nur die soziale Klasse der Frau, die sich von der Stellung des Mannes in der männlichen Hierarchie ableitet, sondern bestimmt die Individualität der Frau an sich. Anna bezeichnet sich als: „Frau und doch nicht Frau:/Denn ihr Bett ist kahl." (Ebd., S. 19) Daraus wird deutlich, dass das Phänomen der Sexualität identitätsstiftend und von dem heterosexuellen Begehren abhängig ist. Annas Begehren findet keine Bestätigung bei Eduard, was sie zum Zweifeln an der eigenen geschlechtlichen Identität führt und sogar ihre Selbstübereinstimmung intakt macht. Ihre moralische Integrität, die sie für die Übereinstimmung mit sich selbst benötigt, scheint verletzt zu sein, denn Anna schämt sich für ihren Mann, oder besser gesagt, sie schämt sich statt seiner. Sie setzt sich mit den durch die heterosexuelle Matrix geprägten moralischen Normen auseinander und zieht daraus Konsequenzen, die ihr Selbst verneinen. Auch deshalb kann sie sich gegenüber Mortimers sexuell beleidigenden Worte nicht wehren: „Daß ich diesem nicht ins Gesicht schlagen darf/Sondern muß stillhalten, bloßstehn/Wenn er mich anspringt in Geilheit." (Ebd.) Ihre moralische Unversehrtheit und Individualität sind von dem Mann abhängig, sodass sie infolge dessen ihren Subjektstatus verliert und im Rahmen dieses Zwangssystems verdinglicht wird.[116] Sie verfügt nicht über ihre persönliche und nicht über ihre moralische Freiheit. Sogar Eduard behandelt sie wie sein Eigentum: „Ein Ding, überantwortet testamentlich/Seid Ihr mir eigen. Mir verschrieben, unerwünscht/Ohne mein Einverständnis nie frei." (GBFA 2, S. 37) Eduard ist sich seiner hierarchisch überlegenen und aus seinem biologischen Geschlecht hervorgehenden Stellung bewusst und nutzt das System des Patriarchats aus, um seine Herrschaft über die Frau, die ihm eigentlich gleichgültig ist, zu legitimieren. Sie ist ihm nämlich „testamentlich" verschrieben, d. h. aufgrund eines gesellschaftlich und rechtlich gültigen Vertrags. Daraus wird deutlich, dass Anna nicht das Opfer der homosexuellen Beziehung Eduards, sondern eher Opfer ihrer verinnerlichten heterosexuellen Matrix und des patriarchalischen Systems ist.[117] Auch trotz ihrer „Trauer und Bitternis" (ebd., S. 18) ist ihre Opferhaltung keineswegs unbewusst. Ähnlich wie Sophie in Baal stürzt sie sich bei vollem Bewusstsein in die Opferrolle: „Lieber als daß mein Herr/Bedroht soll sein, will ich tragen mein Leben/Und ihm lassen seinen Gaveston." (Ebd., S. 20) Darin äußern sich Ausmaß und Größe einer Liebe, zu der bei Brecht fast ausschließlich nur eine Frau fähig ist. Eine weitere Ähnlichkeit mit der Gestalt der Sophie zeigt sich in der masochistischen Veranlagung ihres Liebesverhaltens, das am Beispiel eines typischen Motivs bei Brecht - des Spuckens ins Gesicht - demonstriert wird: „Wollt Ihr mich anspeien, Mylord, benützt/Dieses Gesicht." (Ebd., S. 36) Ihre Liebe Eduard gegenüber zeigt jedoch in gewisser Hinsicht statt Leidenschaft eher Züge einer mütterlich beschützenden Liebe. Auch bei ihrem Liebesgeständnis gebraucht sie die Metapher des Umarmens: „Der Himmel ist mein Zeuge, daß ich dich nur liebe./Dich zu halten reichten, glaubt ich, meine Arme/Über die ganze Insel." (Ebd., S. 37) Die Geste der Umarmung über die ganze Insel ähnelt dem Verhalten einer

---

[116] Knopf sieht die Verdinglichung nicht im Zusammenhang mit dem patriarchalischen System, sondern in einem anderen Kontext: „Mit der Verdinglichung Annas stellte B[recht] zugleich einen aktuellen Bezug zu seiner Zeit her: zur Instrumentalisierung der Menschen im ersten Weltkrieg sowie durch die zunehmende Industrialisierung in der Wirtschaft." (Knopf 2001, S. 138)

[117] Teilweise könnte man auch Eduard als Opfer der Zwangsheterosexualität und des patriarchalischen Systems verstehen, denn er gibt zu verstehen, dass die Tatsache, dass Anna ihm „verschrieben" ist, von ihm „unerwünscht" war. Möglicherweise ist die Ehe beiderseitig unerwünscht, aber aus Annas Liebe zu Eduard lässt sich eher auf das Gegenteil schließen.

Mutter oder dem Welpenschutzinstinkt einer „Hündin".[118] Dementsprechend ist sie auch nicht in der Lage, als Frau eifersüchtig zu handeln bzw. Gaveston als Rivalen anzusehen. Obgleich sie Eduard liebt und Gaveston nicht leiden kann, greift sie in die homosexuelle Beziehung ihres Mannes nicht ein. Ihre Weichherzigkeit bekommt Vorrang vor der Eifersucht, wie die reale Konfrontation mit Gaveston zeigt. Als dieser zum Schindanger geführt wird, bittet sie sogar die Soldaten, dass er sich seine Füße waschen darf. Andererseits will sie auch Eduard mit der Nachricht über Gavestons Ende nicht verletzen und weigert sich aus diesem Grund, ihm die Hiobsbotschaft zu überbringen: „Doch nicht ich/Darf es ihm sagen, daß wohl der Mensch/Zur Stund schon aus der Welt ist." (GBFA 2, S. 36)
Die vorher angesprochene Situation des Füßewaschens schließt auf eine ganz subtile Weise an die Evangelien an. Eine weitere Parallele zu der Passionsgeschichte bietet sich in der Szene an, in der Gaveston festgehalten wird:

„GAVESTON
Eduard! Mein Freund Eduard! Hilf mir
Wenn du noch in der Welt bist!
Eduard!
Es tritt auf ein Soldat.
SOLDAT Halt! Botschaft vom König!
GAVESTON
Er ist noch in der Welt." (Ebd., S. 29f.)

Die Hilferufe Gavestons lauten wie eine Anflehung Gottes, und seine Rettung vor der Vollstreckung des Urteils, sowie die Behauptung, dass „Er" noch in der Welt ist, verleihen seinem Flehen eine doppelte Bedeutung. Gott hat diesmal sein Leben gerettet: einerseits der Gott im religiösen (bzw. metaphysischen) Sinne, andererseits auch sein „Gott" Eduard, der ihm das Leben retten will.[119] Eine metaphorische Ähnlichkeit zwischen Eduard und Gott stellt sich in Gavestons Worten schon vorher her, als er sich auf der Flucht entscheidet, sich selbst aufzugeben: „damit/Nicht ich bleib bis ans Ende der Zeiten./Und wenn morgen der König Eduard/Vorbereitet, mich zu quälen, rufend: »Danyell!/Wo bist du?« bin ich nicht mehr da." (Ebd., S. 28) Auf der einen Seite kontrastiert Gaveston in der Vorahnung (oder eigentlich der Bewusstheit) des

[118] Mit einer Hündin wird sie an einer späteren Stelle auch von Mortimer verglichen, und diese Bezeichnung greift sie dann auch selber auf (vgl. GBFA 2, S. 47).

[119] Im Zusammenhang mit dieser Szene wird deutlich, dass Gaveston seinen Geliebten vergöttert, auch obwohl er gegenüber Eduard seine Liebe nie direkt artikuliert. Auch Jan Knopf vermerkt, dass bei Brecht im Gegensatz zu Marlowe von Gavestons Liebe zu Eduard nie die Rede ist (vgl. Knopf, 2001b, S. 138).

kommenden Todes seine Endlichkeit mit der Unendlichkeit des Anderen. Ihm ist klar, dass nicht er („nicht ich") ewig leben wird, sondern dass die Ewigkeit für Eduard bestimmt ist.[120] In Anlehnung an die Bibel werden Eduards imaginierte Rufe mit der Stimme Gottes gleichgesetzt. Auf der anderen Seite stilisiert die Szene den Sündenfall von Gaveston, denn sie evoziert den Ruf Gottes nach Adam nach dem Begehen der ersten Sünde.[121] Das Bild von Gaveston wirkt ambivalent, auf der einen Seite wird er zum Märtyrer stilisiert, auf der anderen Seite lässt sich seine Homosexualität als Sünde wahrnehmen. Beide Anspielungen - an Sünder und Märtyrer - realisieren sich nicht auf der Ebene der Figuren im Stück, sondern auf der Metaebene des Autors bzw. des Rezipienten. Das macht deutlich, dass Brechts Darstellung der Homosexualität bewusst oder unbewusst auf die Ambivalenz hinaus will. Es erinnert teilweise an die von der Forschung als typisiert erkannte Stilisierung der weiblichen Figuren zu Huren oder Heiligen. Im Unterschied dazu kommen die beiden Attitüden bei den Figuren Eduard und Gaveston gleichzeitig zum Ausdruck. Der Blick durch zweierlei Brillen ist jedoch auch der Figurenperspektive eigen. Einerseits ist es die historische Einsicht Mortimers: „Die Klassiker erzählen: Alexander Magnus/Liebte den Hephästion, den Alkibiades liebte/Der Weise Sokrates, und um Patroklus ward Achilles krank." (GBFA 2, S. 16), die belegt, dass die Homosexualität ein Phänomen darstellt, das die Menschheit schon seit jeher begleitet. Die genannten Persönlichkeiten der Geschichte sind Herrscher, Philosophen und Krieger, was insgesamt kein negatives Bild darstellt. Zugleich ist aber die gleichgeschlechtliche Liebe mit dem Zustand der Krankheit konnotiert, und gleich darauf erklärt sie Mortimer zum „Spaß der Natur" (vgl. ebd.). Seine Einstellung ist immerhin noch gemäßigt, eher rational und teilweise verständnisvoll, obwohl nicht Eduards Verhalten billigend. In der Rede der anderen Figuren liefert das Drama jedoch eine Fülle von direkt diffamierenden Ausdrücken. Damit gewinnt die Darstellung der Homosexuellenfeindlichkeit eine unheimliche und mit den anderen analysierten Texten unvergleichbare Stärke. Einerseits

[120] Mit diesen Worten Gavestons wird u. a. auch die Problematik der Geschichtsschreibung thematisiert, was zu der selbstreflexiven Ebene eines historischen Stückes bei Brecht gehört. Aus dieser Perspektive bleiben nämlich eher die Namen der Herrscher als der gewöhnlichen kleinen Leute im historischen Gedächtnis. Damit hängt natürlich auch der Aspekt der sozialen Klasse zusammen. Auf Brechts Beschäftigung mit sozialen Fragen verweist auch Kessler in seiner Analyse des Stückes (vgl. Kessler, 1997, S. 55). Zu der Selbstreferentialität des Stückes vergleiche Knopf, 2001b, S. 142.

[121] Auf 1. Mose 3, 9 macht bereits die GBFA in ihrem Kommentar aufmerksam, ohne den Zusammenhang näher zu besprechen (vgl. GBFA 2, S. 404).

sind es Kommentare bezüglich der Homosexualität an sich. Sie wird als „verrucht", als „Schimpf" bzw. als „Unzucht" bezeichnet.[122] Auf der anderen Seite beziehen sich die Beleidigungen individuell auf eine der zwei Figuren, fast ausschließlich jedoch auf Gaveston. Immer wieder wird er als Eduards „Hure" bzw. sein „Kebsweib" beschimpft, der Erzbischof vergleicht ihn an einer Stelle mit einem „Schwein".[123] Bezüglich der Personalisierung von Homosexualität in dem Stück meint Kessler:

> „Die Rolle der homosexuellen Liebesbeziehung wird bei Brecht mehr zu einer individuellen Angelegenheit, es geht nicht mehr wie bei Marlow um die Männerliebe des Königs als grundsätzliches Phänomen, sondern um dessen Liebe zu einem Mann, Gaveston. Diese Personalisierung der gleichgeschlechtlichen Liebesbeziehung ist Voraussetzung für die Zuspitzung der sozialen Ächtung der homosexuellen Figuren in Brechts Stück, weil die soziale Situation so wesentlich eindringlicher gestaltet werden kann." (Kessler, 1997, S. 45f.)

Er irrt sich jedoch zum Teil. Zu seiner Schlussfolgerung kommt er, indem er von der „Begrenzung des Günstlingsmotivs auf Gaveston" und von der Tatsache, dass Spencer nicht mehr als königlicher Favorit auftrete, ausgeht (vgl. ebd.). Jedoch sowohl bei Spencer als auch bei dem zweiten Gefolgsmann Baldock lassen sich Anzeichen einer homosexuellen Zuneigung beobachten, sie sind mehr als nur „Opportunisten", wie sie Knopf bezeichnet (vgl. Knopf, 2001b, S. 134). Baldock, der zwar den König verrät, äußert dabei seine Zuneigung zu ihm: „liebt ich ihn sehr" (GBFA 2, S. 53) und erklärt sogar: „ich allein/Habe Zutritt zu seinem Herzen." (Ebd.) Spencer hingegen greift bei dem beleidigenden und sich über das schwule Paar lustig machenden Lied des Balladenverkäufers ein und will dadurch die Aufmerksamkeit Gavestons gewinnen:

> „SPENCER *den Balladenverkäufer packend:* Das ist Hochverrat, lieber Herr. Und wenn ihr meiner Tante Neffen in Stücke reißt, meiner Mutter Sohn kann es einmal nicht vertragen, wenn man seinem lieben Earl von Cornwall zu nahe tritt.
> GAVESTON Was willst du, guter Freund?
> SPENCER Ich bin sehr eingenommen für ein hübsches Couplet, Mylord; aber Hochverrat geht mir einfach gegen mein Gefühl." (GBFA 2, S. 15)

In seiner Rede ersetzt Spencer zweimal nacheinander das Pronomen „Ich" durch Verwandtschaftsbezeichnungen, die sich jeweils von einer Frau ableiten,[124] verwendet das Adjektiv „lieb" auch außerhalb der Ansprache im Nominativ („sein lieber Earl von Cornwall"), kann sich für ein

---

[122] Als „verruchten Hang" sieht sie Eduards Bruder (vgl. GBFA 2, S. 26), als „Schimpf" bezeichnet sie Anna (vgl. GBFA 2, S. 17), und für „Unzucht" hält sie der Erzbischof (vgl. GBFA 2, S. 28).

[123] „wenn in Westminster solch ein Schwein sich sielt" (GBFA 2, S. 16)

[124] Auch Gaveston spricht von sich genauso: „Meiner Mutter Sohn" (GBFA 2, S. 42).

„hübsches Couplet“ begeistern, und das übertrieben als „Hochverrat“ angesehene Lied geht gegen sein „Gefühl“. Mit der ganzen „Beschützerszene“ will er eigentlich nur Gaveston schmeicheln, er greift den Sänger auch nicht vorher an, als er seine Ballade vorträgt, sondern erst im Moment, als Eduard und Gaveston die Szene betreten. Gaveston fordert ihn gleich darauf auf, ihm zu folgen. Spencers Winken zu Baldock, der sich auch anschließen soll, erinnert an eine verweiblichte Geste: *„Ab mit dem König, Spencer winkt Baldock, sie schließen sich an. Die Zurückgebliebenen lachen.“* (Ebd.) Es handelt sich zugleich um eine kleine „Eifersuchtsszene“, denn Eduard erklärt am Anfang: „Mein Gaveston, du hast **nur mich** zum Freund.“ (Ebd., Hervorhebung J. D.) Wie es sich aber zeigt, bleibt Gaveston - ähnlich wie Eduard - nicht bei einem Freund. In der Mehlkammer der Abtei vor seiner Gefangennahme nennt Eduard Baldock „Unser[en] einzig[en] Freund“. (Ebd., S. 55) Die Szene in der Abtei führt eine Travestie der biblischen Passahnacht vor: Eduard, Wasser und Brot teilend, wird zu Jesus, Baldock und Spencer zu seinen Jüngern stilisiert. „Gepredigt“ wird dabei die gleichgeschlechtliche Liebe:

> „EDUARD
> Komm, Spencer! Baldock, komm! Setz dich zu mir!
> Mach die Probe jetzt auf deine Philosophie
> Die du aus Plato sogst und Aristoteles
> An den Ammenbrüsten hochberühmter Weisheit.
> Ach Spencer
> Da Worte roh sind, nur trennen Herz von Herz
> Und Verständigung uns nicht geschenkt ist
> In solcher Taubheit bleibt nur körperlich Berühren
> Zwischen den Männern. Doch auch dies ist
> Sehr wenig und alles ist eitel.“ (Ebd.)

Auf die Probe soll die platonische Philosophie gestellt werden, besser gesagt die platonische Liebe und der mannmännliche Eros. Zur Quintessenz dieser Rede komme ich noch später. Zu beweisen war bis jetzt, dass sich das Phänomen der Homosexualität nicht nur auf Eduard und Gaveston begrenzt, sondern dass auch andere männliche Figuren involviert sind. Die Liebesbeziehung Eduards wird zwar durch Gaveston personalisiert, ist jedoch keine Voraussetzung für die Zuspitzung der sozialen Verachtung. Die Worte Mortimers, die Kessler anschließend zitiert, bedienen sich zwar einer drastischen Sprache, ihr Zusammenhang ist jedoch anders. Die Ächtung Gavestons hängt nicht direkt mit seiner oder Eduards Homosexualität zusammen, sondern ist auf das Zusammenspiel der politischen Entscheidungen Eduards zurückzuführen (auf die sicher auch seine Triebhaftigkeit einen negativen Einfluss hat). Gaveston wurde nämlich trotz seiner niederen Abstammung zu einem hohen Amt und vor allem auf Kosten der Adeligen befördert, weshalb er ein „Dorn im Auge" (GBFA 2, S. 19) ist, wie das der Erzbischof richtig ausdrückt. Auch in Mortimers Hassrede steht diesmal nicht die häufige Bezeichnung Gavestons als „Hure", sondern der ebenso frequentierte Ausdruck „Schlächtersohn". Die Grundlage seiner sozialen Ächtung ist deswegen eher in seiner sozialen Abstammung und in seiner Privilegierung zu suchen, bei den anderen „homosexuellen" Figuren, wie auch bei Eduard selbst, ist solch eine starke Diffamierung nicht zu beobachten. Das Moment der Klasse ist hier meiner Ansicht nach mitentscheidend. Das sieht auch Kessler an einer anderen Stelle seiner Analyse ein, denn die Kontroverse um Gaveston entzündet sich „an dessen niederer Herkunft **und** seiner Beziehung zum König" (Kessler, 1997, S. 49, Hervorhebung J. D.). Die Forschung bemerkt zwar die Tatsache, dass Brecht den Standesunterschied mit Gavestons niederer Herkunft nachdrücklich verschärft (vgl. Knopf, 2001b, S. 134), zieht aber keine weiteren Schlüsse daraus, obwohl Knopf schon 1980 schreibt: „Der Eduard ist das Stück, das zum ersten Mal als Opfer das Proletariat (»kleiner Mann«) zur Darstellung bringt und dessen Perspektive wenigstens sucht, wenn auch im historischen Gewand, wenn auch ohne bewusste klassenkämpferische Ausrichtung." (Knopf, 1980, S. 43) Die Andeutung des Klassenkampfes findet Knopf schon in der ersten Szene, in der das Schicksal des Soldatenstandes in Gegenwart von (und im Kontrast zu) Gaveston geschildert wird. Dabei bleibt übersehen, dass Gaveston selbst zu einem Opfer des Machtkampfes zwischen dem König und dem Adel wird. In seiner Gestalt verbindet Brecht geschickt gleich zwei subjektbestimmende Elemente – Klasse und Sexualität, die in der Lage sind, das soziale Spektrum hierarchisch zu stratifizieren und die das Potenzial zum machtpolitischen Missbrauch in sich tragen. Die sich am Rande der Klassen- bzw. Sexualitätshierarchie befindenden Personen sind ähnlich Gaveston zum Scheitern verurteilt. Auch Worte in seinem Testament legen das Zeugnis von seiner Rolle als Doppelopfer ab: „Ich Danyell Gaveston, alt zwanzig Jahr und sieben/Sohn eines Schlächters, durch zu günstige Umständ/Erledigt, ausgemerzt durch zuviel Glück" (GBFA 2, S. 21). Er betont nicht nur seine ursprüngliche soziale Abstammung, sondern macht darauf aufmerksam, dass ihm sowohl die bessere soziale Situation („günstige Umstände") als auch die Möglichkeit einer (homo)sexuellen Freiheit („zu viel Glück") verwehrt bleiben. Vielleicht mangelt es hier wirklich an der „klassenkämpferischen Ausrichtung" und dem Wissen, dass beides zuerst erkämpft werden muss. Gavestons Einstellung ist nämlich äußerst passiv, und ähnlich wie bei

Eduard kann man von dem Motiv des „Sich-Fallen-Lassens“ (vgl. Knopf, 2001b, S. 139) sprechen. Durch die Vorführung dieser passiven Haltung hält uns das Stück jedoch auch deren Folgen vor Augen, insofern bewahrt es auch eine politische Dimension, die ihm oft abgesprochen wird (vgl. ebd., S. 144). Vor allem der zweite Teil des Dramas ab Gavestons Festnahme und Tod erhält eine kämpferische Aufladung und nicht zuletzt in der Figur des jungen Eduards zeigt es eine andere Tendenz.

In dieser Hinsicht erfüllt Gaveston die Aufgabe einer Kontrastfigur zu Eduard. In dem Stück wird der Gegensatz auch in der Gegenüberstellung der beiden als „Bannerlöwe“ (Eduard) und „Ungeziefer“ (Gaveston) deutlich. Die Passivität Gavestons ist dem aktiven Kampf Eduards für seine Ideale[125] entgegengesetzt. Gavestons Rolle kommt also eine nicht unbeachtliche Bedeutung zu, auch wenn Knopf glaubt, dass sie in dem Stück schnell ausgespielt ist (vgl. Knopf, 2001b, S. 138). Weiterhin meint er: „Auffällig ist, dass er [Gaveston] nichts von sich hält und immer wieder betont, von seinen Eltern als »höchst gemein« (GBA 2, S. 20) eingeschätzt worden zu sein. Auch Eduards überschwängliche Begrüßung empfindet er als »zuviel/Für eines schlichten Fleischhauers Sohn« (S. 12)“ (Knopf, 2001b, S. 138). Das Wort „gemein“ steht jedoch im Kontext des folgenden Gedankens: „an mir hat meine Mutter nichts entdeckt, das anders wär/Als höchst gemein, nicht Kropf, noch weiße Haut“ (GBFA 2, S. 20). Es ist also nicht im Sinne von „abstoßend“ oder „schlecht“ verwendet, sondern dem Gebrauch in einem historischen Stück entsprechend heißt es: auf die Allgemeinheit bezogen, also allgemein. Gaveston gibt damit zu verstehen, dass er weder ein Kranker noch Farbiger und also ein normaler, eo ipso ein „(all)gemeiner“ Mensch ist. Er bekundet damit zugleich, dass er nicht versteht, warum Eduard an ihm so festhält, wenn er in seinen eigenen Augen recht gewöhnlich ist.[126] Durch die Anspielungen an das biologisch Gegebene (Haut, Kropf) wird indirekt auch die Problematik der Homosexualität angesprochen. Sowohl Gaveston als auch Eduard nehmen sie als eine natürliche und gewöhnliche Tatsache wahr. In Anwesenheit des

[125] Es ist einerseits das Ideal einer individuellen Freiheit, sich auch trotz des gleichen Geschlechts und des unterschiedlichen Standes für seine Liebe entscheiden zu können, als auch andererseits die Vorstellung sich der Politik zu entziehen. (Die Freiheitsvorstellung von Eduard grenzt dabei an eine absolute Freiheit, die sich sogar der Verantwortung entzieht.) Der Verzicht auf das politische Handeln erinnert teilweise an die Figur des Kragler aus *Trommeln in der Nacht*, Knopf erkennt in dem Stück auch einen Rückgriff auf die Metaphorik dieses Stückes (vgl. Knopf, 1980, S. 43).

[126] Gavestons Überlegungen über die eigene Gewöhnlichkeit entsprechen sogar der Zeitmetapher in dieser Szene, das Testament schreibt er „an gewöhnlichem Donnerstag“ (GBFA 2, S. 20).

Erzabtes verneint der König ausdrücklich, Schuldgefühle wegen „Unzucht wider die Natur" (GBFA 2, S. 59) zu haben. Sogar die vorher erwähnte Ansicht Mortimers zeigt in die Richtung, dass Homosexualität ein Effekt der Natur, ihrem Wesen nach also „natürlich" ist.[127] Alle anderen Figuren verstehen sie jedoch immerhin als etwas Nicht-Natürliches als ein gegen die Norm und Sitte verstoßendes Verhalten, womit auch die vorher beschriebenen verbalen Diffamierungen der Homosexuellen zusammenhängen. Die gleichgeschlechtliche Liebe kann in dem Drama als Sodomie aufgefasst und bezeichnet werden, was durchaus auch der historischen Sicht entspricht. Auf der anderen Seite kreiert Brecht ein etwas abweichendes Bild mit der Szene „London" während der Misswirtschaft in den Jahren 1307-1312 mit Spencer, Baldock, den beiden Individuen, Soldaten und den später dazu gekommenen Figuren des Balladenverkäufers, Eduards und Gavestons. Die Männer in dieser Szene erinnern an tratschende Frauen, deren Gespräch insbesondere die Beziehung zwischen dem König und seinem Günstling aufs Korn nimmt:

„ERSTES INDIVIDUUM Den Proviant für die schottischen Truppen hat diesmal einer aus Yorkshire gepfändet.
BALDOCK Dafür trinkt man bei Edi schon früh um acht Bier.
SPENCER Edi ist gestern ohnmächtig geworden.
ERSTER SOLDAT Warum?
SPENCER Der Earl von Cornwall hat zu ihm gesagt, er läßt sich einen Bart stehen.
BALDOCK Edi hat neulich in der Gerbergasse gespien.
ZWEITER SOLDAT Warum?
BALDOCK Es ist ihm ein Weib über die Leber gekrochen.
ZWEITES INDIVIDUUM Wißt ihr das Neueste vom Earl von Cornwall? Er trägt jetzt einen Cul.
Gelächter." (Ebd., S. 14)

Auf den ersten Blick sieht der Dialog wie reines Bespotten und Verlachen der Homosexuellen aus. Erinnert sei aber daran, dass Baldock und Spencer auch im homosexuellen Kontext gezeigt werden. Ihr Gespräch ist demnach ein Lästern über die Leute aus dem eigenen Milieu. Außerdem kommen dabei zahlreiche Klischees zum Ausdruck: diminutive Namensgebung (Edi), Verweiblichung (in Ohnmacht fallen), exzessive Lebensweise (schon früh um acht Bier), Misogynie (sich wegen einer Frau übergeben bzw. speien müssen), übertriebener Körper- und Schönheitskult (Streit um den Bart), sogar Transvestismus (Cul - ein Teil der Damenkleidung im 18. und 19. Jh.). Mit dem Eintritt des verleumdeten Paares wird dann Stolz,[128]

[127] Er spricht vom „Spaß der Natur" (vgl. GBFA 2, S. 16).

[128] Als Stolz im Sinne von „gay pride" könnte Spencers Angriff gegen die verbalen Belästigungen verstanden werden.

Mannesumwerbung (Spencer wirbt um Gavestons Gunst), Eifersucht (bei Eduard) und auch die Entstehung einer Kommunität (Spencer und Baldock schließen sich den beiden an) vorgeführt. Brecht schafft ein neues raffiniert satirisches Bild des schwulen Milieus, das jedoch die geschichtlichen Konturen des 14. Jahrhunderts, in dem das Stück spielt, sprengt[129] und eher der Vorstellung von der sog. modernen Homosexualität entspricht. Achim Barth versteht generell das Motiv der Homosexualität bei Brecht als Milieusatire auf den „Schwabinger Eros" und stellt eine autobiografische Verbindung zu Brechts Münchner Zeit her. Er beschreibt einige Phänomene dieses Milieus, wie z. B. Kraft- und Schönheitskult, Gewalt, Erotik, Bisexualität, Sadismus und Masochismus, und kommt zu der Schlussfolgerung:

> „Der Baal, das Dickicht, der Eduard reichen in ihrer Entstehungszeit auch in dieses Schwabinger Milieu hinein; sie zeigen in der Thematisierung erotischer Konstellationen den Einfluß dieser Umgebung. Die homoerotische Motivik in der Dichtung des frühen Brecht läßt sich auch erklären als Satire auf dieses spezielle Milieuphänomen Schwabings." (Barth, 1992, S. 190)

Außerdem sieht er die Beschäftigung Brechts mit diesem Motiv als „Signatur der Zeit" und führt deshalb eine Reihe von (nicht nur!) zeitgenössischen Autoren an, die in ihren Werken die gleichgeschlechtliche Liebe thematisieren (vgl. ebd.). Barth fasst jedoch das Motiv der Homosexualität en bloc auf, und bringt dementsprechend keinerlei konkrete Beweise für die satirische Wirkung dieses Motivs in den erwähnten Texten. Wie die textnahen Analysen gezeigt haben, trifft Barths Aussage weder auf Baal noch auf das Dickicht zu. Das *Leben Eduards des Zweiten von England* zeichnet sich hingegen durch treffende Satire aus, sodass Barths These nur für dieses Werk bestätigt werden kann. Trotzdem bleibt auch in dem *Eduard*-Stück die Anwendung des Motivs nicht nur rein satirisch. In der analysierten Szene hat die Milieuschilderung auch eine kontrastive Funktion.[130] Das sorglos-exzessive Leben des Königs und Seinesgleichen

---

129 Laut den Forschungen zur Geschichte der Homosexualität lässt sich die Entstehung einer städtischen homosexuellen Subkultur in dem modernen Sinne erst seit dem späten 17. Jahrhundert beobachten. Dies hängt mit den sog. molly houses (Treffpunkte männlicher Homosexueller) zusammen. Demgegenüber fängt die moderne Homosexualität z. B. nach Foucault erst 1870 an (vgl. Jagose, 1996, S. 24).

130 Den Einfluss der Schwabinger Boheme auf Brecht erwähnt schon Bernhard Reich in seinen Erinnerungen *München 1923*. In seiner Schilderung ist der hier beschriebene Kontrast auch deutlich: „Es fehlten so die materiellen und psychologischen Voraussetzungen für die fröhlich-sorglosen Schwabinger »Feste«, welche oft beschrieben worden sind, und es kamen die »Mahle der Untergangsstimmung« auf. Sie hatten ihr festes Ritual: Man aß, um trinken zu dürfen, und man trank, um essen zu können. Als

steht im Gegensatz zu dem Ernst der sozialen Lage im Land. Das macht auch insbesondere das Lied des Balladenverkäufers deutlich, das in die Szene eingebettet ist:

„Edis Kebsweib hat einen Bart auf der Brust
Bitt für und, bitt für uns, bitt für uns
Drum hat der Krieg gegen Schottland aufhören gemußt
Bitt für uns, bitt für uns, bitt für uns
Der Peer von Cornwall hat zuviel Schilling im Strumpf
[...]" (GBFA 2, S. 14)

Das Lied kommentiert die Szene und macht den erwähnten Kontrast deutlich. Kessler macht dabei auf die „Betonung eines Kausalzusammenhangs zwischen Eduards Homosexualität und der Misswirtschaft seiner Regierung" (Kessler, 1997, S. 47) aufmerksam, wobei der Fehler eines solchen Denkens seiner Meinung nach erst durch die Reflexion der historischen Zusammenhänge seitens der Rezipienten erkannt werden kann (vgl. ebd.). Durch den Vortrag des Liedes durch den Balladenverkäufer wird verdeutlicht, dass der Kausalzusammenhang ein Ergebnis der diskursiven Praktik ist. Erstaunlich ist, dass Brecht damit indirekt den Prozess der Mobilisierung von Homosexuellenfeindlichkeit beschreibt und so den Mechanismus der späteren historischen Momente wie der Verfolgung von Homosexuellen im Dritten Reich oder die wachsende Homophobie infolge der AIDS-Krise durchschaut und vorausahnt.[131] Man kann in solchen Fällen mit Butlers Worten von einer „taktischen Konstruktion" sprechen: „Die AIDS-Krankheit wird nämlich

die Stimmung den Punkt erreichte, wo ein laszives Halbdunkel eingeschaltet wurde, nahmen die Gäste das der Beleuchtung entsprechende Verhalten an - man lagerte zu zweit, zu dritt. Man konnte beobachten, daß ein Herr seiner zufälligen Partnerin liebkosend übers Gesicht strich, bloß weil die Stunde der Laszivität geschlagen hatte - [...] Die Schwabinger Gesellschaft beobachtend, konnte Brecht bemerken, was die Menschen, sich an gewisse Vorschriften haltend, tun, fühlen, denken. Mit dem, was er »das Verhalten« nannte, ergriff er ein wichtiges Merkmal der Lebensordnung in der kapitalistischen Gesellschaft - den spontanen Konformismus der bürgerlichen Vorstellungen und den Automatismus der daraus resultierenden Reaktionen." (Reich, 1968, S. 246)

131 Gayle Rubin erklärt die Entstehung dieser kausalen Beziehung als Teil der sexuellen Ideologie: „Die Angst vor Aids hat sich bereits auf die sexuellen Ideologien ausgewirkt. Nachdem Homosexuelle gerade einen gewissen Erfolg damit hatten, das Stigma der Geisteskrankheit loszuwerden, finden sich Schwule nun metaphorisch ans Bild todbringenden körperlichen Verfalls geschmiedet. Das Syndrom, seine speziellen Eigenschaften, seine Übertragbarkeit werden dazu benutzt, die alten Ängste zu verstärken, daß sexuelle Aktivität, Homosexualität und Promiskuität zu Krankheit und Tod führen." (Rubin, 2003, S. 71)

nicht nur als ‚Schwulenseuche' dargestellt; vielmehr macht sich in der hysterischen, homophoben Erwiderung der Medien auf diese Krankheit eine taktische Konstruktion bemerkbar, die einen bruchlosen Zusammenhang zwischen dem verunreinigten Status des Homosexuellen - aufgrund der Grenzüberschreitung, die die Homosexualität ist - und der Seuche als einer besonderen Ausformung der homosexuellen Vereinigung herstellt." (Butler, 1991, S. 194) Eine solche diskursive Stigmatisierung nimmt auch Gaveston wahr: „GAVESTON zum König: Calumniare audacter, semper aliquid haeret."[132] (GBFA 2, S. 15) Der auf Plutarch zurückgehende Satz reflektiert in seiner Bedeutung die möglichen vernichtenden Folgen des diffamierenden Diskurses und dessen Ernst. Bei Gaveston paart sich dieses Bewusstsein sogar mit der Verinnerlichung der Angst vor dem öffentlichen Diskurs und führt zur Selbstkontrolle. Als ihn Eduard bei der Begrüßung leidenschaftlich umarmt, hat er seine Bedenken: „Mylord, erdrückt mich nicht. Was werden die Leute sagen?" (GBFA 2, S. 12)[133]

5.3 Der diskursive Kampf (Homosexualität - Sprache - Macht)

Das Stück macht die immense und manchmal sogar unvorsehbare Wirkung des Diskurses, des Wortes und der Sprache mehrmals deutlich. Schon bei den ersten Auseinandersetzungen zwischen Eduard dem Zweiten und dem Adel, warnt Kent seinen königlichen Bruder: „Wird's, Bruder, denk ich, Köpfe geben, auf Pfähle sie/Zu stecken, **weil die Zungen ihnen lang sind**." (GBFA 2, S. 11, Hervorhebung J. D.) Damit wird, um es mit Austins Sprechakttheorie auszudrücken, darauf verwiesen, dass Sprechakte immer eine Handlung vollziehen und um es weiterzuführen, die meisten Handlungen in Kausalbeziehungen zueinanderstehen und dementsprechend gewisse Auswirkungen haben. So wird mit Eduards Aussage „Ich will Gaveston haben." (Ebd.) und seiner Hartnäckigkeit die Handlung des ganzen Stückes ins Rollen gebracht, bis in die absoluten Konsequenzen für Eduard: „Ich falle oder leb mit Gaveston" (ebd.). Das Wort des Königs ist imstande, eine neue Realität zu schaffen und sie zu beeinflussen, und diese Kraft äußert sich einerseits in dem majestätischen Plural „Wir machen dich, Gaveston, gleich zum Lord Erzkämmerer" (ebd., S. 12) und andererseits im

[132] Verleumde nur dreist, es bleibt immer etwas hängen.

[133] Es muss ergänzt werden, dass in Gavestons Bedenken in dieser Situation auch das Element der Klasse hineinfließt (auf die Verbindung der Sexualität und Klasse in seinem Fall wurde schon vorher hingewiesen), denn seine weiteren Gedanken lauten: „Vielleicht: es sei zuviel/Für eines schlichten Fleischhauers Sohn." (GBFA 2, S. 12)

Namen des Königs: „In Unserm Namen kommandier, wie's dir gefällt". (Ebd.) Alle sprachlichen Äußerungen des Königs sind zugleich performativ und Ausdruck der Macht. Von einer solchen Verbindung meint Butler: „Wenn die Macht des Diskurses, das hervorzubringen, was er benennt, mit der Frage nach der Performativität verknüpft ist, dann ist die performative Äußerung *ein* Bereich, in dem die Macht *als* Diskurs agiert." (Butler, 1997, S. 309) Macht und Diskurs bilden also eine schwer voneinander zu unterscheidende Einheit, und die Mechanismen dieser diskursiven Macht reflektiert Brecht in seinem *Eduard* — ob bewusst oder unbewusst — mit. Die Macht des königlichen Wortes wird in dem Stück nicht nur einfach demonstriert, etwa in der Erklärung des Krieges oder der Befreiung Gavestons, sondern sie wird darüber hinaus metaphorisiert. Wie schon vorher in einem anderen Zusammenhang analysiert wurde, erscheint Eduard durch mehrere Anspielungen als Gott. Die Macht, über Leben und Tod zu entscheiden, hat er sogar in seiner Abwesenheit, weil er nur dank eines sprachlichen Zeichens - dank seines Namens - anwesend ist. Als Eduards Brief ankommt und sein Geliebter vor der sofortigen Hinrichtung verschont bleibt, ruft Gaveston: „Eduard. **Der Name** belebt mich." (GBFA 2, S. 30, Hervorhebung J. D.) Darin werden die Wirkung des sprachlichen Zeichens und die Ankoppelung der Macht an Diskurs erkannt. Nicht Eduard ist es, der Gaveston rettet, sondern nur die Macht, die weniger an Eduards Person als an seinen Namen gebunden ist, kann es schaffen. Dass Macht und Diskurs als eine Einheit auftreten, macht zugleich das folgende Wortspiel deutlich:

> „GAVESTON
> Unser guter König Eduard verspricht mit **Wort und Siegel**
> Er will mich sehen nur, dann mich wiederschicken.
> [...]
> LANCASTER
> Wann?
> Gelächter.
> Für seinen Danny wird er, wenn er ihn nur sieht
> Vor Gottes Gesicht jedwedes **Siegel** brechen." (Ebd., Hervorhebung J. D.)

Der von Lancaster verwendete Ausdruck „Siegel" könnte an der zweiten Stelle mit „Wort" ersetzt werden. Die Möglichkeit dieses Austauschs macht das eine Wort zur Metapher des anderen Wortes. Das königliche Siegel als Zeichen der Macht und das Wort als Zeichen innerhalb des Diskurses konstituieren dadurch ihren Zusammenhang. Die Relation Macht - Diskurs (Worte) zieht sich in dem Stück auch weiter. Um die Abdankung des Königs und damit seinen Verzicht auf die Macht zu erzielen, muss ihm zuerst der Erzbischof die nötigen Worte entlocken, was jedoch misslingt.

Die Entlockung bzw. Bemächtigung des Wortes und später sogar das „Durchbrechen" des Wortes symbolisieren auch das An-sich-Reißen und Brechen der Macht. Genau in diesem Sinne versucht Mortimer den König seiner Macht zu berauben. Auf die diskursive Ebene des Kampfes deuten Mortimers Worte hin: „Ihr kämpft gut. Als Kenner guter Rhetoren." (Ebd., S. 81) Der Kampf wird verbal ausgetragen und gipfelt an der Stelle, als Mortimer den Sprechakt des Königs brechen und manipulieren will, indem er zwei Männer beauftragt: „Ihr bringt euerm Manne [dem gefangenen König] bei, Ja zu sagen/Auf jede Frage. Ihr ätzt es ihm ein." (Ebd., S. 77) Jedoch auch dieser Versuch gelingt nicht. Sogar nach der physischen Auslöschung des Königs wird Mortimer von derselben Macht zerstört, gegen die er kämpft. Eine Fortsetzung findet die herrschende Macht in dem jungen Eduard. Somit wird auch der alte Diskurs weitergeführt und mit dem Vaternamen symbolisch legitimiert - der Thronfolger beruft sich auf: „Meines Vaters Stimm in mir" (ebd., S. 87). Der nicht mehr anwesende Name wird als Zeuge angerufen, in diesem Sinn präsentiert sich die Funktionsweise und der Verweischarakter eines sprachlichen Zeichens. Der Signifikant verweist auf den Signifikaten eigentlich in der Abwesenheit des bezeichneten Gegenstandes. In der Funktion der Legitimierung der Bedeutung, die darauf hinaus will, dass der junge Eduard Mortimer für schuldig erklärt und ihn zum Tode verurteilt, tritt nicht nur die „Stimme des Vaters" auf, sondern es werden auch weitere „Zeugen" aufgerufen, die ebenso als symbolische Zeichen in ihrer Abwesenheit von etwas zeugen: „DER JUNGE EDUARD/Die nicht da sind, sind meine Zeugen." (GBFA 2, S. 87) Die Zeugenschaft geschieht sozusagen im Namen des Vaters und beruht dabei auf rein männlichen Repräsentanten. Es erinnert hiermit an Lacans Modell, „mit dem er den Ausschluß von Frauen aus der symbolischen Ordnung begründet, den kulturkritische Feministinnen und die feministische Dekonstruktion ja gleichermaßen kritisieren. Lacan begreift den ‚Phallus' als Signifikanten, und zwar als Signifikanten für alle bedeutungstragenden Signifikationsprozesse überhaupt, durch die sich die symbolische Ordnung als sprachliches und soziokulturelles Zeichensystem konstituiert." (Osinski, 1998, 140f.) Tatsächlich wird der Ausschluss der Frau aus der symbolischen Ordnung und die Unmöglichkeit ihrer Teilnahme an dem männlich konnotierten Machtdiskurs in der Gestalt der Anna demonstriert. Als Frau kann sie nicht mal das Geschehen beeinflussen und kann auch nicht als Zeugin, als symbolisches Zeichen, auftreten. Diese Position veranschaulicht ihr Satz: „Frag mich nicht, Kind!

Ich darf kein Wörtlein sagen." (GBFA 2, S. 75) Anna, bei der schon ihr Name als „Gattungsbezeichnung" für Frau aufgefasst werden kann,[134] ist nicht nur aus der Beziehung zwischen Eduard und Gaveston ausgeschlossen. Ihr Ausschluss betrifft auch die Ausgrenzung aus dem von Männern dominierten Diskurs, in dem sie nur manipuliert wird bzw. um ihre Stellung kämpfen muss.

Die Thematik der Sprache erschöpft sich in dem Stück nicht nur in der Reflexion und Darstellung der performativen Kraft des Diskurses, sondern sie hängt auch mit den Phänomenen der Missdeutung und des Missverstehens in der zwischenmenschlichen Kommunikation zusammen. Das eigentliche Problem liegt in dem Bereich der Interpretation und der sprachlichen Bedeutung. Eines der ersten Beispiele ist der bereits analysierten Szene zu entnehmen, in der Gaveston die verbale Diffamierung der Homosexuellen wahrnimmt. Die lateinische Sentenz, mit der er das Geschehene kommentiert, meinte: Verleumde nur dreist, etwas bleibt immer hängen. Spencer reagiert darauf unmittelbar mit der Hinzufügung: „In eurer Sprache: man sollte ihn [den Balladenverkäufer] tiefer hängen." (Ebd., S. 15) Der perlokutionäre Effekt von Gavestons Aussage wäre im schlimmsten Falle der Tod des Sängers gewesen, da Spencer sie auf seine eigene Art und Weise interpretiert.[135] Die Szene läuft jedoch auf das Komische hinaus. Das Verlachen des Königs und seiner Gefolgschaft wird als Schande wahrgenommen, wobei diese Wahrnehmung nur von den Außenstehenden erfolgt. Der Erzbischof meint: „London lacht über uns." (GBFA 2, S. 15), was auf die Verinnerlichung des diffamierenden Diskurses verweist, ähnlich wie das bei Königin Anna der Fall ist. Die suggerierte persönliche Betroffenheit wirkt sich als Homophobie aus und zeigt auf das Nicht-Verstehen oder das Nicht-Verstehen-Wollen des homosexuellen Verhaltens. Die Betroffenen agieren dementsprechend aus eigener Angst und prinzipiell in einem anderen Interesse – es sei im Interesse der Bestätigung der eigenen Heterosexualität bzw. der eigenen moralischen Integrität. Homosexualität stellt sich also als negative Folie, von der sich im Rahmen der binären Logik das eigene „richtige", „normale", „moralisch unversehrte", „heterosexuelle" Ich abhebt.[136] In diesem Sinn ist und bleibt

[134] Der Gedanke kommt von F. J. Raddatz, der meint, dass Brechts Frauengestalten eigentlich keine Frauen sind: „Seine weiblichen Figuren erinnern auf eigenartige Weise an die der Anna Seghers – benannte, aber namenlose Geschöpfe, vorzugsweise mit dem ‚Gattungsnamen' Marie oder Anna gekennzeichnet." (Raddatz, 1973, S. 155)

[135] Dieser Moment nimmt zugleich das Schicksal des Königs vorweg.

[136] Sehr vereinfacht könnte man sagen, dass Homosexualität Heterosexualität produziert und beide zugleich Effekte der heterosexuellen Matrix sind. Laut Butler (in An-

sie ein Vorwand. In dem Drama wird sie zum Vorwand für den politischen Kampf der Kirche und des Adels gegen den König. Es geht überhaupt nicht um Gaveston als Eduards „Hure". Dass sich die Auseinandersetzungen um Macht meistens eines Vorwands bedienen, belegt auch Mortimers Vortrag über den Trojanischen Krieg: „bis in einer Ale-Kneipe/Im Hafenviertel einer einem/Die Nase blutig haut, ausredend sich/Dies sei um Helena" (ebd., S. 22). Interessant ist dabei, dass in Mortimers Fassung die unmittelbaren Auslöser des Kampfes weder Paris noch Menelaus, sondern zwei anonyme Männer sind, die sich in einem Wirtshaus gegenseitig angreifen. Der Krieg entsteht „von unten", indem sich die einzelnen Individuen von einer Idee (Ideologie) anstecken lassen und den gegenseitigen Kampf in ihrem Namen austragen. Die ideologische Ansteckung ähnelt einer sich schnell verbreitenden Seuche oder einem unkontrollierten sich rasch ausbreitenden Brand. Der Massenwahnsinn verschlingt den einen und den anderen, beteiligt und betroffen sind auf einmal „viele": „Vor **jemand** sich's versah in folgenden Tagen/Griffen **vieler** Hände nach **vieler** Hälsen./Von zerbrochenen Schiffen spießte man **viele** auf Ertrinkende, wie Thunfische. Bei zunehmendem Mond/Fehlten **viele** in den Zelten, in den Häusern/Wurden **viele** gefunden ohne Köpfe." (Ebd., Hervorhebung J. D.) Die Lawinenartigkeit, mit der sich ein Krieg ausbreitet und immer mehr Opfer fordert, ist auch für die Praxis jedes Diskurses die gleiche, obwohl es möglicherweise bei der Verbreitung der meisten Diskurse nicht so offensichtlich ist. Markant ist es auf jeden Fall bei solchem Phänomen wie Ondit. Bei dessen Ausstreuung offenbart sich die performative Kraft des Diskurses, sprachliche Realität zur ontischen Wirklichkeit zu verwandeln. Die Diskrepanz zwischen dem sprachlich konstruierten und dem „realen" Sein wird in dem Gespräch zwischen Gaveston und dem Soldaten James dargestellt:

> „GAVESTON Es zieht sich jetzt auch gegen Bristow hinüber. Wenn Wind geht, hört man die Pferde der Waliser. Habt Ihr den Trojanischen Krieg gelesen? Meiner Mutter Sohn, für den wird auch viel Blut vergossen. Edi mag oft genug fragen, wo sein Freund bleibt.
>
> JAMES Schwerlich, Sir. Jedermann in Killingworth wird ihm sagen, daß er nicht mehr auf Euch warten soll. Schaufelt, lieber Herr. Es geht nämlich das Gerücht, Sir,

---

lehnung an Foucault) „produziert das Gesetz die Fiktion des unterdrückten Begehrens, um seine eigenen Selbsterweiterungsstrategien rational zu begründen. Hier wie anderswo muß das juridische Gesetz nicht so sehr in seiner repressiven Funktion, sondern neu als diskursive Praxis gedacht werden, die einen produktiven oder generativen Charakter hat. [...] Das repressive Gesetz bringt also in Wirklichkeit die Heterosexualität hervor, d. h., es wirkt nicht nur als negativer ausschließender Code" (Butler, 1991, S. 103f.).

> man habe Eure ehrenwerte irische Leiche auf Killingworths Schindanger gesehen. Wenn man je einem Gerücht trauen darf, habt Ihr keinen Kopf mehr, Sir." (GBFA 2, S. 42)

Auffällig ist, dass die Passage auf die Versform verzichtet und in Prosa übergeht. Nicht die lyrische, sondern die lebensnahe prosaische Narration ist es, die ein Gerücht, das hier von James reproduziert und enthüllt wird, in die Welt setzt und es am Leben erhält. Das Absurde daran ist jedoch, dass es in der Tat zur Realität wird, denn Gaveston schaufelt gerade sein eigenes Grab. Die von James kommende Anweisung zum Schaufeln ist in einen erklärenden Vorgang eingebettet. Mit dem Adverb „nämlich" als Korrelat in dem Satz „Es geht nämlich das Gerücht, [...]" wird die Erklärung, warum Eduard nicht mehr auf Gaveston zu warten hat, fortgesetzt und die Ursache für die Wirkung (Eduard fragt nicht mehr nach Gaveston) genannt. Es bezieht sich zugleich aber auch auf das unmittelbar vorangehende „Schaufelt, lieber Herr." Durch diese eingefügte Anordnung gilt die Ursache (das Gerücht) auch für Gavestons Tod, zu dem das Schaufeln des Grabes einen Hinweis darstellt. Der Nexus ist noch weit komplexer, weil Eduard selbst zu dem Tod seines Freundes eben aufgrund des Gerüchtes und der Überzeugung, er lebe nicht mehr, beiträgt.
Interessant ist auch, dass Gaveston in das Gespräch mit James das Epos vom Trojanischen Krieg integriert, sich indirekt mit Helena vergleicht und damit sich selbst als Ursache des Krieges erkennt. Die Erwähnung des Troja-Mythos an dieser Stelle ermöglicht aber auch seine Verflechtung im Sinne eines anderen Kontextes. Bevor Gaveston die Frage stellt, ob James den Trojanischen Krieg gelesen habe, glaubt er „Pferde der Waliser" gehört zu haben, was als Indiz für die weitere Interpretation der Szene genutzt werden kann. Das Gerücht über Gavestons Tod funktioniert nämlich wie das Trojanische Pferd, mit dem der Krieg beendet werden konnte. Genau das vermerkt Mortimer über Gaveston, als er seine Intrige plant: „Dieser Schlächtersohn ist das A des Krieges/Doch auch sein Z." (Ebd., S. 31) Mit seinem Befehl an James „Führ diesen Mann [Gaveston] herum, und fragt dich einer/Wohin, dann sag: zum Schindanger" (ebd.) bewirkt er die Verbreitung des Gerüchts über Gavestons Ermordung, mit dem Ziel, Eduard zu besiegen. Ähnlich den Kriegern, die sich in dem Pferd versteckt haben, wickelt er sich „in eines andren/Haut, nämlich die Haut dieses Schlächtersohns." (Ebd., S. 32) ein. Mit diesem Intrigenspiel setzt jedoch der Gelehrte Mortimer eine Lüge in die Welt, der dann noch weitere folgen müssen. Da Eduard nun, nachdem ihn das Gerücht erreicht hat, wie Achilles nach dem Tod von Patroklos von Rache getrieben wird, muss der Kampf gegen ihn fortgesetzt werden. Deswegen greift Mortimer nach

weiteren Intrigen, die wiederum mit der Macht des Diskurses verbunden sind. Zuerst versucht er alle davon zu überzeugen, dass Eduard II. abgedankt hat. Weil Eduards Bruder Kent und auch der Thronfolger Eduard III. nicht die Wahrheit erfahren dürfen, muss der König schließlich totgeschwiegen werden. In der Szene auf der Landstraße, als sich Kent und Eduard in der Begleitung der Soldaten begegnen, wird ihm zuerst nur der Mund gestopft, und letztendlich wird er getötet. Mortimer verfängt sich in der eigenen Taktik und muss zugeben: „Weil er [Eduard] verstockt bleibt und nicht reden will/Muß man die Lüg mit Lügen überlügen." (GBFA 2, S. 67) Den Höhepunkt erreicht Mortimers derartiges Vorgehen sozusagen in einem philologischen Schlich:

> „Ein Streif Papier, sorgfältig präpariert
> Geruchlos, nichts beweisend, wird diesen
> Zwischenfall ordnen.
> Weiß er für meine Frag nicht Ja noch Nein
> Weiß ich Erwidrung ihm aus gleichem Stoff.
> »Eduradum occidere nolite timere bonum est«
> Ich laß den Beistrich weg. Mögen sie lesen:
> »Eduard zu töten scheut Euch, nicht gut ist es«
> Oder je nach dem Stande ihrer Unschuld
> Ob sie gegessen haben oder gefastet:
> »Eduard zu töten scheut Euch nicht, gut ist es«
> Ohne Beistrich, wie es ist, so mag es ausgehn." (Ebd., S. 83)

Mit vollem Bewusstsein wird hier die Beschaffenheit der Sprache ausgenutzt, polyvalente Bedeutungen zu generieren. Insgesamt verweist das Stück auf mehreren Stellen auf das Problem der Interpretation, wobei diese doppeldeutige Nachricht nur einen der Beweise für die Unzulänglichkeit der Verständigung durch Sprache darstellt. Die Soldaten, die das Schreiben erhalten, äußern das völlig deutlich: „Was ist das? Ich versteh's nicht." (Ebd., S. 84) Aufgrund ihrer falschen Interpretation (falls man im Falle der Mehrdeutigkeit von einer falschen Interpretation sprechen kann) kommt Eduard ums Leben. Volker Canaris bewies in seiner Studie, dass auch Gavestons Tod Folge eines Missverständnisses und somit einer falschen Interpretation ist. Eduard habe seiner Ansicht nach die Botschaft der Peers „Vergeßt den Gaveston, der jetzt aus dem Streit ist –„ (ebd., S. 38) als seinen Tod „hartnäckig mißverstanden", und die Tatsache, „daß er die verzweifelten Verständigungsversuche der gefangenen Lords übertrommeln ließ, [...] hatte ihn daran gehindert, Gavestons Leben zu retten" (Canaris, 1973, S. 40). Als Beweis dienen ihm zusätzlich die Worte Mortimers am Tag der Hinrichtung der Peers: „Hättet Ihr, als meine Freunde anfingen zu reden/Nicht übertrommeln lassen ihre

Stimm/[.../...] so lebte noch/Euer Günstling Gaveston" (GBFA 2, S. 45). Zu ergänzen wäre jedoch, dass Eduards Interpretation im Wesentlichen das von Anna gebrachte Gerücht vom Hinführen Gavestons zum Schindanger beeinträchtigt.[137] Die Deutung und Missdeutung von Botschaften kann auf die häufige Selbstreferentialität der Brechtschen Texte, auf die Thematisierung der Literatur in der Literatur, zurückgeführt werden.[138] Der Zweifel an dem Sinn des geschriebenen Wortes kommt in dem Stück wiederholt zum Ausdruck: Eduard behauptet, keine Bücher zu lesen (vgl. GBFA 2, S. 44), Mortimers Soldaten verneinen die Frage, jemals eine Chronik gelesen zu haben (vgl. ebd., S. 66), und er selbst sagt: „Seit ich von Büchern und Wissen/Abließ, schlaf ich gesünder und verdaue gut." (Ebd., S. 71)[139] Und in gewisser Hinsicht gilt Mortimers Bezeichnung in dem Stück als „Aal" nicht nur dem Intriganten, sondern auch dem Literaten. Abgesehen von dieser eher „textuellen" bzw. der sprachlichen Verständigung und der mit ihr zusammenhängenden (Miss-)Deutung verfolgt das Stück thematisch auch die zwischenmenschliche Verständigung an sich. Sogar der Krieg gegen Eduard II. lässt sich als Folge eines Unverständnisses wahrnehmen. In seinem Troja-Vortrag, dem in dem Stück eigentlich die Rolle einer Parabel zukommt, erklärt Mortimer:

> „Wäre also nicht meist Verständigung
> Unmenschlich, menschlich Ohr verstopft –
> Gleichgültig, jene Helena war 'ne Hur
> Oder Großmutter höchst gesunder Stämme –
> Stünde Troja noch." (Ebd., S. 23)

Sowohl Helena im Troja-Mythos als auch Gaveston in dem Stück sind also nur vermeintliche Ursachen des Krieges. Die Anspielung auf „Hure" und „Großmutter höchst gesunder Stämme" kann auch auf Gavestons/Eduards homosexuelles Verhalten bezogen werden. Es bleibt „gleichgültig", ob

---

137 Das heißt, dass an der Missdeutung nicht nur Eduards Hartnäckigkeit und das „Gesetz der ‚Taubheit'" (Canaris, 1973, S. 40), auf das ich noch später eingehen werde, Anteil haben.

138 Vgl. auch Knopf, 2001b, S. 142f.

139 Zur Absurdität der Literatur und insbesondere der „Historie" im Sinne der historischen Literatur gehört sogar die Tatsache, dass sich ihre Schilderung von der Tragödie und von dem menschlichen Versagen nährt. Den Verweis bringt Mortimer am Ende seines warnenden Erzählens über die Schrecken des Trojanischen Krieges, wenn er meint: „Freilich/Hätten wir danach auch nicht die Ilias." (GBFA 2, S. 23) Nach Canaris sind die Worte ein Ausdruck von Mortimers „Zynismus" (Canaris, 1973, S. 80), und Knopf ergänzt „ohne Schlächtereien keine Weltliteratur, ohne Barbarei keine Kultur (die ihrerseits wiederum durch die Barbarei zerstört wird)." (Knopf, 2001b, S. 143)

diese Veranlagung ein anrüchiges Verhalten oder etwas Natürliches bzw. „Gesundes" ist,[140] wichtiger ist die Tatsache, dass sie meist der Nichtakzeptanz begegnet. Jedoch auch abgesehen von diesem Aspekt scheint die zwischenmenschliche Kommunikation eher „unmenschlich" zu sein, es soll nicht nur heißen, dass die Menschen einander nicht zuhören können („menschlich Ohr verstopft"), sondern dass sie weniger rational und viel mehr affektiv aufeinander eingehen. Sie handeln und kommunizieren nicht mehr als Menschen, sie verwandeln sich eher in Tiere. Bei Brecht ist diese Verwandlung an die Problematik der Sprache angekoppelt:

> „vergessend Sprache ihres Landstrichs, findet
> Troer nicht Troja, Grieche Griechenland nimmer.
> Vielmehr spüren sie menschlicher Lippen Verwandlung
> In Tigerlefzen." (GBFA 2, S. 23)

Die gegenseitige Entfremdung der Menschen ist zugleich eine Entfremdung ihrer Sprachen und umgekehrt. Statt Verständigung ist nur ein Kampf der Tiere angesagt. Annas Worte „Erhebt doch nicht das Schwert gegen euern König./Sehr fremd ist uns Eduard." (Ebd., S. 19) verbinden die Tatsachen des gegenseitigen Kampfes und Fremdseins, ohne einen kausalen Zusammenhang artikulieren zu können. Dadurch verweisen sie auf die eigentliche Unlogik des menschlichen Handelns. Eduards „Fremdheit" basiert insbesondere auf seinem Wunsch, sich der krank funktionierenden Gesellschaft und der Politik zu entziehen, indem er sich an die Sphäre des Privaten festklammert und in dieser den gesellschaftlich zwanghaften Normen (wie z. B. der Ehe oder der Pflichtheterosexualität) zu entgehen versucht. Auch so lässt sich sein Beharren auf der homosexuellen Bindung erklären, die für ihn eine Alternative zu sein scheint:

> „Da Worte roh sind, nur trennen Herz von Herz
> Und Verständigung uns nicht geschenkt ist
> In solcher Taubheit bleibt nur körperlich Berühren
> Zwischen den Männern. Doch auch dieses ist
> Sehr wenig und alles ist eitel." (Ebd., S. 55)

Canaris interpretiert diese „Wahrheit" als „Ausdruck einer elementaren Struktur menschlicher Beziehungen, als Ausdruck der Vereinsamung des Einzelnen inmitten der vielfältigen Verflechtungen." und führt fort: „Nur die elementare, auf das Physische reduzierte Beziehung führt also für Brechts Eduard aus der Vereinsamung, aus der Isolation des Einzelnen in der Menge." (Canaris, 1973, S. 39f.) Diese Sicht entspricht jedoch eher der

[140] Wie schon vorher dargelegt wurde, zeigt sich diese gegensätzliche Einstellung zur Homosexualität auch bei den Figuren des Stückes, die meisten nehmen sie als Sodomie wahr, Mortimer hält sie eher für ein Effekt (Spaß) der Natur.

Funktionalisierung der Homosexualität in dem Stück *Im Dickicht der Städte*[141], im *Leben Eduards des Zweiten von England* kann man aber prinzipiell nicht von der Vereinsamung des Einzelnen ausgehen. Die genaue Lektüre des Textes zeigt, dass Eduard kein einziges Mal seine Einsamkeit beklagt, und von der Isolation in der Menge kann man nur insofern sprechen, als dass erst die Menge den Einzelnen in die Isolation führt, vor allem wegen der mangelnden gegenseitigen Verständigung. Schon in der Szene London 1307-1312, als Anna in ihrem Unglück in die Wälder flüchten will und die Leute vom Hof sich gegen Eduard verschwören, wird sie von Mortimer als Witwe bezeichnet: „Mylady, Ihr seid verwitwet durch/eines Schlächters Sohn" (GBFA 2, S. 18). Damit wird Eduard indirekt für tot erklärt, was er zu diesem Zeitpunkt noch gar nicht ist. Eher ist aus Mortimers Worten auf einen sozialen Tod zu schließen, zu dem Eduard wegen seiner Neigung zu Gaveston verurteilt bleibt. Erst die Beziehung zu Gaveston konstituiert also seine Isolation. Eduards Kampf ist ein Kampf um den Anspruch auf ein individuelles Glück, das ihm das soziale Umfeld bzw. die Umstände verweigern. Seine Liebe zu Gaveston ist keine Zuflucht aus der Isolation und ist eigentlich schon vor dem Beginn der Handlung als Konstante angelegt. Eher umgekehrt, als man versucht sie ihm wegzunehmen, lässt er sich auf das Kämpfen ein, das ihn früher in Gavestons Gegenwart überhaupt nicht interessierte. Der Tod seines Geliebten trägt sogar zur Veränderung in Eduards Verhalten bei. Erst in diesem Punkt wird auch er selbst zu einem Tier: „Englands König habe in einen Tiger sich verwandelt" (ebd., S. 41). Erst mit diesem „Tierzustand" tritt auch die „Taubheit" auf, wie das schon das vorher zitierte Beispiel aus Mortimers Rede über den Trojanischen Krieg demonstrierte. Deswegen kann Canaris Behauptung, dass die Freundschaft zwischen Eduard und Gaveston als dem „Gesetz der Taubheit" verfallen gezeigt werde, nicht richtig sein (vgl. Canaris, 1973, S. 40). Mehreren Stellen von Canaris Arbeit ist ebenso zu entnehmen, dass er die Homosexualität in *Leben Eduards des Zweiten* als asoziale Erscheinung wahrnimmt, was sich natürlich auf seine

141 Eine ähnliche Ansicht wie Canaris vertritt auch Barth, der eine direkte Parallele zu dem Stück *Im Dickicht der Städte* sieht: „Der Versuch zur Aufnahme einer homoerotischen Beziehung wird - analog zu Konstellation im Dickicht - als eine Möglichkeit vorgeführt, die Isolation durchzubrechen. [...] auch Eduards Leidenschaft für Gaveston ist strenggenommen nichts anderes als eine Variation der Problematik Einsamkeit des Individuums, Kommunikationslosigkeit, Isolierung im Leben." (Barth, 1992, S. 185) Sowohl Canaris als auch Barth übersehen jedoch, dass die homoerotische Beziehung nicht erst als Lösung „aufgenommen" wird, sondern bereits im Vorfeld der Handlung existiert und dass erst die Aufnahme dieser Beziehung zu der Isolation führt.

Interpretation auswirkt. Den Rückzug Eduards auf das „körperlich[e] Berühren" deutet er dementsprechend folgendermaßen:

> „Menschen können danach nur miteinander menschlich existieren (einander ‚verstehen'), insofern sie sich auf ihre physische Natürlichkeit zurückziehen; gerade der soziale Trieb nach „Verständigung" führt also zum Rückzug ins Gegen-Gesellschaftliche, ins A-Soziale (als das das Physische durch den Verlauf der homosexuellen Beziehung eindeutig dargestellt ist)." (Ebd.)

Dieser Schlussfolgerung nach muss für Canaris nicht die Homosexualität, sondern die Liebe ein gegengesellschaftliches und asoziales Phänomen sein. Denn die körperliche Berührung, von der Eduard spricht, soll die Trennung von „Herz und Herz" bewältigen. Sogar die vorangehenden Worte an Baldock – „Mach die Probe jetzt auf deine Philosophie/Die du aus Plato sogst und Aristoteles" (GBFA 2, S. 55) – postulieren die Idee der platonischen Liebe. Der letzte Satz „Doch auch dies ist/Sehr wenig und alles ist eitel." (Ebd.) demonstriert nur Eduards Einsicht, dass in der chaotischen Welt die Liebe nur einen trügerischen Halt darstellt. Die Anspielung auf den Vanitas-Gedanken entspricht nur einer historischen Verfremdung des Gesagten und deutet auf die Vergänglichkeit der vorübergehenden und nicht allmächtigen Liebe. Diese Auffassung stimmt mit der allgemeinen Entromantisierung der Liebe bei Brecht überein. Die Liebe zwischen den Männern unterliegt nämlich denselben Mechanismen, wie die Liebe zwischen Mann und Frau. Kurz bevor Gaveston von Eduard flieht und es nie mehr zu ihrem Zusammentreffen kommen wird, gesteht der König seinem Geliebten: „Wie dieses Storchenschwarms Dreieck am Himmel/Wiewohl fliegend, zu stehen scheint, so steht/In Uns dein Bild, unberührt der Zeit." (GBFA 2, S. 27) Die Störche am Himmel gleichen dem Bildnis, das Brecht in den berühmten Terzinen als Kranich und Wolke zeichnet und das auf die Täuschung der Liebe und ihre Vergänglichkeit hinweist, denn egal, ob Kraniche oder Störche, sie verharren in dem bestimmten Moment und in dem scheinbar starren Gebilde nicht ewig. Auch die homosexuelle Liebe unterliegt dem viel stärkeren Phänomen der Zeit, sie vergeht und ist nur vorübergehend. Sie ist nur eine romantische Täuschung, der die Leute unterliegen, die ihr verfallen sind. Auf der anderen Seite, im Unterschied zu den nicht haltbaren Erinnerungen an eine Geliebte, bleibt ein Geliebter in dem Gedächtnis seines Liebhabers fester eingeschrieben. Noch kurz vor seinem Tod entsinnt sich Eduard: „Ja. Dieses Gaveston erinnere ich mich durchaus." (Ebd., S. 78)

Die in dem Stück dargestellte homosexuelle Liebe hat sowohl einen geistigen als auch einen körperlichen Aspekt. Die Betonung des „körperlichen Berührens", wie schon oben besprochen wurde, interpretiert

Canaris etwa als verzweifelten Versuch um Rettung aus der menschlichen Isolation. Barths Erklärung dagegen basiert auf einer reinen Absurdität und – so wage ich zu behaupten – auf einer homophob geprägten falschen Vorstellung. Er behauptet nämlich: „Der Homosexuelle scheint weniger in Kommunikationszusammenhängen, sondern eher monadenfaht zu leben. Die heterosexuelle Beziehung, als Verhältnis von dem Ich zum fremderen, andersartigen Du, setzt Kommunikation dagegen voraus." (Barth, 1992, S. 185) Die Kommunikationslosigkeit leitet Barth in seiner Sicht primär von der homosexuellen Veranlagung ab und behandelt sie als a priori Phänomen, deren Ursachen er damit nicht näher zu untersuchen braucht, bei Canaris stellt sich dagegen die „Taubheit" erst infolge des Rückzugs ins A-Soziale ein. Beide verstehen dieses sprachlose „Berühren" jedoch als Absage an Verständigung. Meiner Ansicht nach handelt es sich aber umgekehrt um eine Art nonverbaler Kommunikation, die mit dem Verzicht auf Verständigung mittels der negativ beladenen Kultursprache einhergeht. Sehr hilfreich finde ich in diesem Zusammenhang die Überlegungen von Carrie Asman hinsichtlich des Begriffes des Gestischen bei Brecht. In Anlehnung an Benjamins Analyse der Geste schlägt Asman vor, die Geste als Rückkoppelung des Semiotischen an das Mimetische, als Rückbindung des Zeichens an den Körper aufzufassen (vgl. Asman, 1993, S. 106ff.). Diese Möglichkeit erklärt sie u. a. aus der Tatsache, dass Brechts Geste nicht nur das Theatralische umfasst, sondern gattungsübergreifend ist, wie es seine Ausführungen zur reimlosen Lyrik veranschaulichen. Das *Eduard*-Stück ist bekanntlich das erste, in dem Brecht die Gestik zum ersten Mal bewusst entwickelt und ausprobiert hat.[142] Eduards doppelte Zuflucht in die andere Modalität der Sexualität und andere Modalität der Sprache ist nur ein Versuch dem Nexus von Macht, Wort und Gewalt, wo Menschennähe unmöglich ist, zu entkommen. Dieser Weg ist jedoch nicht möglich, weil sich herausstellt, dass sogar der Körper von den Mechanismen der Macht durchdrungen ist und eben nicht der Ort der Freiheit und Verständigung sein kann. Die Biologie präsentiert sich ähnlich wie die an sie gekoppelte Kultur und Geschichte als unausweichliches Schicksal. Ein Rückweg aus der symbolischen Verständigung bleibt unmöglich.

---

[142] Das Gestische kommt in dem Stück besonders zum Ende des Stückes zum Vorschein. Blick und Schweigen werden hier zu selbstständigen Bedeutungsträgern, deren nähere Untersuchung bestimmt interessant wäre.

5.4 Eduards Kampf im homosozialen Umfeld (Eduard - Anna - Mortimer)

Die Handlung des Stückes kann weder von dem homosexuellen noch von dem heterosexuellen Begehren innerhalb des Dreiecks Eduard - Anna - Gaveston vorangetrieben werden. Zu der dramatischen Kollision kommt es stattdessen zwischen dem Adel und Eduard wegen der Begünstigung von Gaveston und wegen der Vernachlässigung seines Landes zugunsten des privaten Glücks. Es steht also ein anderes Dreieck im Mittelpunkt, dessen Eckpunkte Eduard, Gaveston und Adel bestimmen. Der letzte Eckpunkt personalisiert sich schließlich in der Gestalt von Mortimer. Nachdem Gaveston aus dem Spiel ist, konstituiert sich ein neues Dreieckverhältnis zwischen Eduard, Anna und Mortimer. In beiden Konstellationen treten vor allem Mortimer und Eduard in gegenseitige Konfrontation, wogegen Anna und Gaveston ihrerseits die Rolle der Mittler übernehmen. Canaris stellte in seiner Untersuchung fest, dass „die Beziehung des Königs zu Mortimer nicht Ausdruck von Machtverhältnissen ist“ (Canaris, 1973, S. 41). Obwohl er diese Beziehungen aus der politischen Sicht fokussiert, versteht er die Politik nur in dem engeren Sinne der Machtbeziehungen innerhalb eines Staatsgebildes.

Aus der *queeren* Perspektive sollte an dieser Stelle die Frage nach den gegenseitigen Beziehungen innerhalb der durch Geschlecht und Sexualität bestimmten Positionen gestellt werden. Ein hilfsreicher Ausgangspunkt hinsichtlich des Standpunktes Sexualität könnte das Foucaultsche Theorem von der Verbindung von Macht und Sexualität sein. In *Sexualität und Wahrheit* schreibt er:

> „Durch die politische Ökonomie der Bevölkerung hindurch bildet sich ein ganzer Raster von Beobachtungen über den Sex. An der Grenze des Biologischen und des Ökonomischen entsteht die Analyse der sexuellen Verhaltensweisen, ihrer Determinationen und Wirkungen. Es kommt nun auch zu jenen systematischen Feldzügen, die jenseits der traditionellen Mittel - moralische und religiöse Ermahnungen, fiskalische Maßnahmen - aus dem Sexualleben der Ehepartner ein ökonomisch und politisch abgestimmtes Verhalten zu machen versuchen. [...] Der Staat muß wissen, wie es um den Sex der Bürger steht und welchen Gebrauch sie davon machen. Aber auch jeder Einzelne muß fähig sein, den Gebrauch, der er vom Sex macht, zu kontrollieren. Der Sex ist zum Einsatz, zum öffentlichen Einsatz zwischen Staat und Individuum geworden, ein einziger Strang von Diskursen, von Wissen, Analysen und Geboten hat ihn besetzt.“ (Foucault, 1983, S. 32)

Eduard II. befindet sich in seiner Situation nur scheinbar in dieser Zwickmühle zwischen der politischen Pflicht und dem freien Ausleben seiner homosexuellen Neigung. In dem Stück kommt ein solches Dilemma der Entscheidung zwischen der Freiheit, seine Sexualität ausleben zu dürfen und den Restriktionsmaßnahmen, die diese freie Wahl einschränken würden, gar nicht zum Ausdruck. Eduard reflektiert diese Zwiespalt nicht. Von Anfang an leistet er Widerstand gegen die Macht, die gegen seine Entscheidung „Ich will Gaveston haben" (GBFA 2, S. 11) ankämpft. Wie jedoch schon oben analysiert wurde, liegt die Ursache des Kampfes nicht in der homosexuellen Orientierung, sondern in der politischen Entscheidung des Königs. Insofern wäre es völlig vorstellbar, dass sich der dramatische Konflikt in diesem Fall ruhig auch ohne die homosexuelle Komponente entfalten könnte, wenn sie schon der Stoff selbst nicht enthalten hätte. Auf der anderen Seite hilft das Motiv der Homosexualität, einige Züge des stattfindenden Kampfes zu verschärfen. Ausgenutzt wird in diesem Fall der negative Status, den die Homosexualität vor allem im homosozialen Milieu genießt. Der Kampf erweist sich vor allem als Machtkampf der Männer, auch wenn sie aus unterschiedlichen, darunter auch privaten Interessen kämpfen. Sogar die Königin Anna übernimmt, nachdem sie sich auf den Kampf gegen Eduard einlässt, androgene Züge. Der Standpunkt des Geschlechtes oder besser gesagt des männlichen Geschlechts scheint einen unmittelbaren Zusammenhang mit den Machtkonstellationen in dem Stück zu haben. Obwohl Eduard seinen freien Willen hinsichtlich seiner Homosexualität durchsetzt, schafft er es nicht, sich von einem kulturellen Zwang der heterosexuellen Matrix zu befreien, die seine Männlichkeit konstituiert. In Anlehnung an Foucault konstatiert Butler:

> „Die Vorstellung, daß es eine »Wahrheit« des Sexus geben könne, wie Foucault ironisch behauptet, wird gerade durch die Regulierungsverfahren erzeugt, die durch die Matrix kohärenter Normen der Geschlechtsidentität hindurch kohärente Identitäten hervorbringen. Die heterosexuelle Fixierung des Begehrens erfordert und instituiert die Produktion von diskreten, asymmetrischen Gegensätzen zwischen »weiblich« und »männlich«, die als expressive Attribute des biologischen »Männchen« (male) und »Weibchen« (female) verstanden werden. Die kulturelle Matrix, durch die die geschlechtlich bestimmte Identität (gender identity) intelligibel wird, schließt die »Existenz« bestimmter »Identitäten« aus, nämlich genau jene, in denen sich die Geschlechtsidentität (gender) nicht vom anatomischen Geschlecht (sex) herleitet und in denen die Praktiken des Begehrens weder aus dem Geschlecht noch aus der Geschlechtsidentität »folgen«." (Butler, 1991, S. 38f.)

Die männliche Geschlechtsidentität ist in dem Stück *Leben Eduards II. von England* als stark durch kulturelle Muster geprägt gezeigt. Schon die Bespottung von Eduard und Gaveston basiert auf der Darstellung der Attribute, die ihrer Männlichkeit widersprechen bzw. die auf das Mischen der weiblichen und männlichen Elemente verweisen. Dabei spielt die Männlichkeit für Eduards Identität eine bedeutende Rolle, deshalb versucht er der kulturellen Vorstellung vom Mann zu entsprechen. In der Situation, als er gezwungen wird, die Ausweisung von Gaveston zu unterschreiben, überwältigen ihn seine Gefühle, und er fängt an zu weinen. Er schämt sich für seine Reaktion, die nicht dem männlichen Verhalten entspricht, und hat auch gleich eine Ausrede parat: „Was seht ihr her? Seht nicht her. [...] Bemüht euch nicht um mich. Wenn es aussieht/als wäre ich verstimmt, seht ab. Es wär nur/Verfärbte Schläf, gestocktes Blut im Hirn./Nichts sonst." (GBFA 2, S. 24) Er unterdrückt sogar seine Gefühle zu Gaveston beziehungsweise artikuliert er sie nicht in der Anwesenheit von anderen Männern. Er spricht immer von „Gaveston haben", nicht davon, dass er ihn liebt. Das einzige Geständnis liefert er nur im Streit mit der Königin Anna, bei diesem sind jedoch seine männlichen Gegner nicht anwesend. Vor seinen Rivalen demonstriert er ständig nur seine Stärke, schon bei der ersten Auseinandersetzung zeigt er seine Hartnäckigkeit und nach der Sitzung im Parlament verlässt er die Szene mit den Worten: „Noch bin ich da/Und hab den Fuß für einige Natterköpfe." (GBFA 2, S. 25) Als Demonstration seiner Macht dienen u. a. auch die Katapulte, mit denen er „spielt". Dem Erzbischof ist das klar:

„LANCASTER
Der König von England führt dem Earl von Cornwall
Seine Katapulte vor.
ERZBISCHOF
Er führt sie uns vor." (Ebd., S. 18)

Den männlichen Kampf kennzeichnen vor allem Aggressivität und Brutalität, und er ist nicht unter Einsatz von „weiblichen" Eigenschaften zu gewinnen. Eduards Gefolgsmann Spencer macht das deutlich (vgl. GBFA 2, S. 34), und der König sieht das ein: „Ja, guter Spencer, Wir waren viel **zu milde/Zu gut** zu ihnen." (Ebd., Hervorhebung J. D.)[143] Eine ähnliche Schwäche reflektiert Mortimer im anderen Lager:

„MORTIMER
Ach, das beweist unsre Gemeinheit, Lancaster.
Wohnten dem Schauspiel bei antikische Männer
So wär er [Gaveston] von des Königs Busen längst
Und am Hundegalgen baumelte der Schlächtersohn

[143] In den Worten von Eduard ist zugleich ein Paradox festzustellen, das auf den „weiblichen" Kern in Spencer aufmerksam macht. Er wird nämlich als „der Gute" bezeichnet. Möglicherweise gehört diese Bezeichnung zu der homosexuellen Komponente der Gestalt. Auf dieselbe Weise wird auch Eduard von Gaveston benannt: „Dem guten König Eduard, meinem Freund" (GBFA 2, S. 21) Außerdem wird klar, dass unter dem Einfluss des homosozialen Milieus die Güte keinen Platz hat und durch Brutalität ersetzt werden muss.

Etwas geschwolln von Gift und ohne Zähne." (Ebd., S. 18)

Eduards Gegner sind im Vergleich zu den heroischen „antikische[n] Männer[n]" anfangs nicht in der Lage, den „Schlächtersohn" von der Welt zu schaffen. Man könnte behaupten, dass sich dadurch ein Unterschied zu der früheren Barbarei herstellt. Bei Mortimer trägt jedoch die Unfähigkeit der Männer die Bezeichnung „Gemeinheit". In einer logischen Schlussfolgerung entlarvt sich das barbarische Verhalten als Klugheit, als Rationalität, die in dem Stück eben Mortimer selbst repräsentiert. Es zeigt sich auch später tatsächlich, dass der Kampf gegen Eduard mit den Mitteln der Rationalität, mit ausgeklügelten Intrigen und auf der diskursiven Ebene fortgesetzt wird. Die Stärke des menschlichen Intellekts und der Sprache, innerhalb derer die epistemische Trennung zwischen Wahrheit und Lüge stattfindet, stellen sich als die eigentliche Voraussetzung für die Brutalität eines Krieges heraus. Die Kultur wird zur Ursache der Barbarei, der sie entsprungen ist. Wenn sich Mortimer dieser Tatsache schon von vorneherein bewusst ist und auf die Macht des Wortes und der intriganten Logik setzt, gelangt Eduard zu dieser Einsicht erst nach Gavestons Tod und greift zu der Taktik der Lüge:

„Gut. Sag deinen Peers:
Weil ihr Boroughbridge habt und ich deshalb
Keine Schlacht mehr schlagen kann und weil
Mein Freund Gaveston aus der Welt ist
Nehm ich euer Angebot an und es soll Friede sein" (GBFA 2, S. 39)

Unmittelbar darauf erteilt er seinen Soldaten die Weisung: „Eduard Sanfthand/Erwartet Gäste. Wenn sie kommen/Werft euch um ihren Hals." (Ebd.) Damit wird er Mortimer gleich und lässt sich auf seine Kampfweise ein. Diese Ähnlichkeit bestätigt sich sogar in Annas Worten an Mortimer: „Werden Eure Hände sich/Nicht abschälen in der Lauge London? Eure Hände sind Schreiberhände." (Ebd., S. 65), die an der Stelle des Stückes, wo sie erscheinen, eher kontextlos und fremd wirken.[144] Mortimers „Schreiberhände" ähneln Eduards „Sanfthand", und auf subtile Weise deuten sie auf gemeinsame Züge der zwei sonst unterschiedlichen Charaktere hin. Ein weiterer Aspekt, der Mortimer und Eduard verbindet, ist die Ausnutzung von Gaveston und Anna beim gegenseitigen Kampf. Sowohl der Freund als auch die Frau werden für den Zweck des eigenen Konflikts instrumentalisiert. Gaveston selbst erkennt, zum Opfer in Eduards Händen geworden zu sein. Nur so lässt es sich erklären, dass er

[144] Das beweist unter anderem, dass bei Brechts Texten eine akribische Lektüre notwendig ist, denn seine Texte verfügen über subtile Anspielungen, äußerst dichte Kohäsion und präzise innere Logik.

schon bei dem fast prophetisch vorzeitig geschriebenen Testament dem König „Gottes Verzeihung“ (ebd., S. 21) vermacht. Demgegenüber ist bei Mortimer die Instrumentalisierung Gavestons noch mehr sichtbar, so dass er sich schließlich in die Haut des „Schlachthauersohns“ einhüllt (vgl. ebd., S. 32). Eduards Befehl an Anna, mit dem auch klar wird, dass sie zum bloßen Instrument zwischen den beiden Männern wird, benennt auch den unmittelbaren Grund der Auseinandersetzung:

> „Schaff du ihn [Gaveston] mir wieder. Man sagt
> Der Mortimer hat alle Macht. Geh du
> Zu ihm, denn dieser Mensch ist eitel.
> Ein Schlag wie seiner verfällt einer Königin leicht.
> Dring in ihn, wende deine Künste an, deine
> Besonderen. [...]“ (GBFA 2, S. 36)

Aber nur scheinbar handelt es sich um Gaveston, denn vor allem geht es darum, dass Mortimer „alle Macht“ hat. Der Beweis stellt sich vor allem ein, als Eduard trotz der Nachricht von Gavestons Tod den Kampf fortsetzt. Von Anna erwartet er den Einsatz ihrer „Weiblichkeit“, die somit als die Schwachstelle eines Mannes erkannt wird und nur von der Kraft der heterosexuellen Matrix zeugt. Die „Weiblichkeit“ (Anna) und Homosexualität (Gaveston) werden zu Austragungsorten des mannmännlichen Kampfes. Die Einstellung der „Opfer“ zu ihrer Rolle in dem Kampf zwischen Eduard und Mortimer hängt u. a. mit ihrer hierarchischen Ordnung innerhalb der sexuellen Stratifizierung des sozialen Umfelds zusammen. Während Gaveston volle Passivität zeigt und sich freiwillig „aufgibt“ und indirekt die unterste Rangposition innerhalb der auf Sexualität und Geschlecht zurückgehenden Hierarchie annimmt, versucht Anna gegen ihre Instrumentalisierung Widerstand zu leisten. Die Frau kann sich in dem homosozialen Umfeld aber nur dadurch beweisen, dass sie ihre Weiblichkeit aufgibt und sich „männlich“ verhält. Sie verwandelt sich in eine „Wölfin“:

> „Will ich werden zu einer Wölfin
> Reißend durchs Gestrüpp mit nackten Zähnen
> [...]
> Wie eine Wölfin schweifend und von Wölfen besprungen
> Durchnäßt von Regen der Verbannung
> Hart durch ausländischen Wind.“ (Ebd., S. 47)

Das aggressive Verhalten und das Symbol der Zähne signalisieren, dass sie sich von nun an wie ein Mann verhält, sie wird zur Wölfin unter Wölfen, das heißt, dass sie sich an das männliche homosoziale Umfeld anpasst. Dieses ist zugleich für sie ein sozusagen fremdes Terrain, was auch mit der

Position der „Verbannung“ und dem „ausländischen Wind“ korrespondiert. Außerdem verweisen auf die „Vermännlichung“ Annas auch weitere Textstellen. Mortimer belehrt sie zum Beispiel mit Worten: „Mylady, wenn Ihr Soldat sein wollt, dürft Ihr/In Reden Leidenschaft nicht zeigen.“ (Ebd., S. 51f.) Ihre Aussage „Dieweil mein Körper, schier jungfräulich, auflebt“ (Ebd., S. 52) bedeutet zugleich eine neue Körpererfahrung. In ihrem neuen Körper ist sie immer mehr der Mann, sie verfällt dem Trinken, genießt ihre Sexualität, geht auf Fischfang und macht sich auch das bei Brecht sonst eher männliches Privileg zum Lachen eigen. Im Großen und Ganzen ist sie aber mit ihrer Veränderung innerlich nicht einverstanden. Am Ende des Stückes fasst sie ihre Lage zusammen: „Viel umgetrieben, mehr wie andere/Und nicht durch Geschmack an Wechsel“ (ebd., S. 90). Canaris hat bei seiner Analyse außerdem bewiesen, dass Anna eigentlich nie von Eduard loslassen konnte und auch trotz der vermeintlichen Feindschaft an ihm festhält (vgl. Canaris, 1973, S. 18 und S. 35.). Sie trägt also ständig den Widerspruch zwischen ihrer weiblichen Seite und den Umständen, die sie dazu bringen, sich anders zu verhalten. In der männlichen Welt kann sie ihr Glück also nicht realisieren und endet im Tower, wohin sie von dem eigenen Sohn geschickt wird. Die männliche Macht über sie besteht also auch, nachdem Gaveston und Mortimer aus dem Spiel sind. Auf das Gefängnis reagiert sie mit dem Resümee, das ihr Schicksal als Frau in voller Absurdität zusammenfasst: „'s wird gut sein dort wie anderswo“ (GBFA 2, S. 90). Dieses „gut“ entspricht in seiner ironischen Weise nur der Beschaffenheit der männlichen Welt. Das homosoziale Milieu lässt weder weibliche noch homosexuelle Entitäten zu, nutzt sie nur als Mittel zum Erhalten seines „natürlichen“ Zustandes aus. Dieser scheint dem natürlichen Zustand im Sinne von Hobbes zu entsprechen, in dem der Krieg aller gegen alle herrscht. In diesem Sinn lässt sich auch Eduards Anspielung an „Leviathan“ verstehen. Auf die Frage seines Soldaten, was er beabsichtigt, antwortet er: „Krieg zu führen gegen die Kraniche der Luft/Den Fisch der Tiefsee, rascher nachwachsend als getötet/Montag gegen den großen Leviathan, Donnerstag gegen die Geier/Von Wales, jetzt: zu essen.“ (Ebd., S. 50) Schon Volker Canaris sieht diese Darstellung des Kampfes bei Brecht, indem er den Gedanken von Esslin hinsichtlich des Stückes *Im Dickicht der Städte* auf das *Eduard*-Stück appliziert, als „Grundform aller menschlicher Beziehungen, als Ausdruck eines Naturgesetzes“ (Canaris, 1973, S. 118). Im Grunde genommen ist dieser Zustand eigentlich kein „natürlicher“, wie er zu sein scheint, sondern eher durch die Kultur hervorgebracht. Eben in dem schon vorher beschriebenen Sinne, dass die Kultur nachträglich die Barbarei produziert. Brecht ermöglicht in seinem Stück eine Einsicht in den

Prozess der Entstehung dieser Barbarei. Nicht zu übersehen ist nämlich die Prozessualität des Ganzen. Sie setzt schon bei der Veränderung von allen Figuren an, die sich an dem Kampf aktiv beteiligen (also mit Ausnahme von Gaveston, der keinen Widerstand leistet und zum ersten Opfer der Auseinandersetzungen wird). Die Ausgangssituation ist aber nicht die wie bei Hobbes, also „homo homini lupus", sondern am Anfang des Stückes basiert sie schon auf dem sog. Gesellschaftsvertrag, der den Naturzustand ordnen sollte. Des Erzbischofs Worte bei der ersten Auseinandersetzung um Gaveston erklären: „Mylord, was reizt Ihr Eure Peers so auf/**Die aus Natur Euch achten** und lieben wollten?" (GBFA 2, S. 11, Hervorhebung J. D.) Eduards Verhalten verursacht jedoch in dieser scheinbar stabilen sozialen Ordnung, die auf einer Machthierarchie der Klassen (aber auch Sexualitäten) beruht, eine gewisse Störung. Abgesehen von seiner Nichtbeachtung der sexuellen und sozialen Stratifizierung der Gesellschaft übernimmt er nicht die ihm übertragenen Pflichten eines Herrschers und gefährdet damit die „Stabilität" des ganzen Systems, das in „Chaos" mündet. Wenn der Kampf der Forschung recht unerklärlich erscheint, so dass das Werk nur „vormarxistisch" gesehen werden kann (vgl. Canaris 1973), hängt das mit dem Bemühen zusammen, Brecht von der Position des späteren Brecht verstehen zu wollen. Statt des klassenkämpferischen Ansatzes des Marxismus könnte dagegen zum besseren Verständnis des Stückes vor allem die Foucaultsche Auffassung der Macht beitragen. Sein Machtbegriff

> „richtet sich gegen die marxistische Vorstellung, dass Macht sich vom Besitz an Produktionsmitteln ableitet, insofern von >oben< kommt, und dass auch staatliche Macht grundsätzlich im Dienst dieser Klasseninteressen steht. Foucaults Analytik der Macht ist daher jeder totalisierenden Machttheorie, insbesondere der dogmatischen marxistischen, [...], vollständig entgegengesetzt und eher derjenigen des jungen Marx verwandt: [...] darauf [...] erscheint Macht bei Foucault ganz nominalistisch als der »Name, den man einer komplexen strategischen Situation in einer Gesellschaft gibt«. Es ist der Name für »die Vielfältigkeit der Kräfteverhältnisse, die ein Gebiet bevölkern und organisieren; das Spiel, das in unaufhörlichen Kämpfen und Auseinandersetzungen diese Kraftverhältnisse verwandelt, verstärkt, verkehrt; [...]«" (Sarasin, 2005, 150f.)

Eduards Störung der gegebenen Kraftverhältnisse bringt die Handlung in Gang, und es stellt sich heraus, dass die Macht nur ihrer eigenen Logik gehorcht und nicht ganz rational erklärbar ist. Auf der anderen Seite entpuppt sie sich aber als patriarchale Macht. Als solche strukturiert sie das homosoziale männliche Umfeld. Das Prinzip dieser Strukturierung ist vor allem in Eduards Worten im Gefängnis ablesbar:

„Howell hatte Mitleid, Berkeley war ärmer
Doch er befleckte nicht seine Hand. Das Herz
Des älteren Gurney ist ein Block
Vom Kaukasus. Härter ist der jüngere. Eis
Mortimer, von dem du kommst, Mensch." (GBFA 2, S. 85)

Eduard lässt eine Reihe von Männlichkeiten parieren, die jeweils aufsteigend auf eine größere Härte und Rohheit schließen lassen, dessen vorläufiger Höhepunkt das „Eis" Mortimer ist, das in seiner Eigenschaft sogar einen harten Stein, in dem es vorher als Wasser eine Ritze findet, sprengen kann. Ganz am Ende der Aufzählung steht jedoch das Wort „Mensch", das im Sinne der patriarchalen Synekdoche auch den Mann repräsentiert. Mit dem Verlauf der Handlung verändert sich auch „Eduard Sanfthand" zu einem harten Mann und Menschen, so dass er von sich selbst behaupten kann: „Eduard, der nicht mehr/Der arme Eduard ist" (ebd., S. 81). Seine gesteigerte Männlichkeit kommt vor allem durch die Metapher des Körpers zum Ausdruck. Der jüngere Gurney behauptet von dem Gefangenen König: „Er hat einen Körper, der mehr aushält als wir." (Ebd., S. 84), und bei Eduard selbst wird das Gefühl der gesteigerten Männlichkeit ebenso körpergebunden wahrgenommen: „Abwasser härtet/Meine Gliedmaßen. Sie sind schon wie Holz/Der Zeder. Geruch des Abfalls macht mich noch Maßlos vor Größe." (Ebd., S. 85) Eine enge Verbundenheit mit der Materialität des eigenen Körpers zeigt sich auch bei dem Phänomen der Macht. Bei dem Versuch, Eduard zur Abdankung zu zwingen und ihm das Symbol der Macht - die Krone - zu entnehmen, äußert er sich: „Ich kann sie nicht abtun, mein Haar geht mit/Das ganz verwachsen mit ihr." (GBFA 2, S. 60), eine ähnliche Sicht bieten auch Worte des Erzabtes, der mit der Absicht, Eduard zu überreden, ihm widerspricht: „Reiß sie aus! Sie ist nicht dein Fleisch!" (Ebd., S. 61) Auf eine ähnliche Weise wird auch Mortimer von der Macht durchdrungen. In der Forschung gehen die Ansichten über die Einschätzung der Figur teilweise auseinander. Knopf behauptet, Brecht mache aus Mortimer den eigentlichen Helden und versteht ihn als „Opfer Eduards starrer, uneinsichtiger und politisch irrsinniger Selbstbehauptung um jeden Preis" (Knopf, 1980, S. 42). Er sieht Eduard im Anschluss an Kussmaul sogar als Brechts Vorahnung einer solchen Gestalt wie Hitler (Knopf, 2001b, S. 141). Bei Kessler ist es dagegen die Gestalt von Mortimer, die ihn unter Berücksichtigung des zeitgeschichtlichen Hintergrunds (Münchner Räterepublik, Hitlerputsch in München) an Ernst Toller erinnere, „der als Intellektueller und Künstler während der Münchner Räterepublik als Vorsitzender des Zentralrats der Arbeiter-, Bauern- und Soldatenräte und als Kommandant der ‚Roten

Armee' höchste politische Funktionen innehatte" (Kessler, 1997, S. 47f.).[145] In diesem Fall ist eher Kessler zuzustimmen, da Mortimer keineswegs als Opfer erscheint und von der Macht genauso wie Eduard besessen ist. Infolge seiner Intrigen sterben sowohl Eduard als auch Gaveston, wobei der zweite sogar noch sein eigenes Grab schaufeln muss. Insbesondere der Anfang der letzten Szene in Westminster macht Mortimers Machtrausch deutlich: „Steig, elfter Feber, mir herauf/Die anderen sind Sträucher neben mir./Sie erschauern bei meinem Namen, wagen's nicht/Mich in diesen Tod [von Eduard] zu verwickeln." (GBFA 2, S. 86) Sogar die Königin vergleicht Mortimers Politik mit dem Fischen mit „wüste[m] Netz" (ebd., S. 67). Er selbst - diese Metaphorik aufgreifend - gibt zu verstehen, dass die Menschen für ihn eigentlich nur „Menschliche Algen" (ebd., S. 67) darstellen. Seinen eigenen Worten nach handelt Mortimer im Sinne des Staates und ist sogar bereit, auf seine Macht zu verzichten und in den Dienst des Landes einzutreten:

> „Nehmt mir das Siegel! Geschwader auf Geschwader
> Speit nach der Insel Frankreich. In der Normandie
> Die Heere sind verfault. Verbannt mich
> In die Normandie als euren Statthalter.
> Oder als Kapitän. Als Werber, Eintreiber.
> Wen habt Ihr, der euch so mit nacktem Arm
> Die Heere gegen den Feind peitscht? Schickt mich als
> Soldat, der vorgepeitscht wird." (Ebd., S. 89)

Diese Rede zeigt jedoch eher seinen verzweifelten Kampf um sein nacktes Leben, als er des Mordes an Eduard beschuldigt wird. Sie zeugt nicht wirklich von seiner Bereitschaft, auf die Macht zu verzichten. Die Positionen, die er im Namen des Staates annehmen möchte, sind fast alle mit Kompetenz verbunden, andere zu beherrschen und zu manipulieren, sie sind in ihrer Hierarchie (Statthalter - Kapitän - Werber - Eintreiber - Soldat) als Antiklimax angeordnet, was eher mit der Tendenz verbunden bleibt, dadurch zu überzeugen und sich zu retten. Vor allem die letzte Instanz eines gepeitschten Soldaten ist angesichts seiner lügenhaften Rhetorik, deren er sich die ganze Zeit bedient, nicht glaubwürdig.[146] Die Metapher des „Aals", die sich mit seinem Namen in dem Stück verbindet, zeigt ebenfalls in diese Richtung. Außerdem wirken Mortimers Vorstel-

[145] Kessler zufolge soll das natürlich nicht heißen, dass Brecht die Figur Mortimers in Anlehnung an Toller gestaltet hat (vgl. Kessler, 1997, S. 48).

[146] Auch Herbert Knust ist eher der Meinung, dass Mortimers prosoziale und prostaatliche Rhetorik eher falsch ist: „Mortimers Sorge, um das Mehl, das London braucht, verrinnt vor dem Genuß an seiner eigenen Größe" (Knust, 1973, S. 225).

lungen über Feinde, gegen die er seine Heere peitschen würde, als Visionen eines im Namen des Nationalismus geführten Krieges. Abschreckend, aber möglicherweise sehr realitätsnah, ist auch seine politische Philosophie, in der der Zweck die Mittel heiligt. Für Mortimer steht die Politik außerhalb der Moral, oder besser gesagt hat sie immer mit der Unmoral zu tun. Sich auf einen Machtkampf einzulassen, heißt immer, die moralische „Jungfräulichkeit" zu verlieren: „Wenn eure Hände nicht/Befleckt sind, sind sie **noch nicht befleckt**." (GBFA 2, S. 89, Hervorhebung J. D.)[147] Bezogen auf das Gebilde eines ganzen Staates bedient sich Mortimer bei der Analyse der Macht/Moral der Metapher vom „Büffel": „es ist/Nie zu errechnen, auf welche Seite sich wälzt/Der Büffel Staat. Gut und moralisch/Der Platz, wo er sich nicht hinwälzt. Der Büffel wälzte sich und fiel auf mich." (Ebd., S. 88) Mortimer stellt sich zwar als Opfer dieses Büffels dar, das Fallen des Büffels auf ihn lässt sich jedoch eher als eine Art Identifikation verstehen. Die Macht und die moralischen Entscheidungen lagen schließlich in seinen Händen, eher zeigt sich bei Mortimer das, was auch Foucault festgestellt hat: Die Macht funktioniert als „Doppelmechanismus: Lust und Macht. Lust, eine Macht auszuüben, die ausfragt, überwacht, belauert, erspäht, durchwühlt, betastet, an den Tag bringt; und auf der anderen Seite eine Lust, die sich dran entzündet, dieser Macht entrinnen zu müssen, sie zu fliehen, zu täuschen oder lächerlich zu machen." (Foucault, 1983, S. 49) In beiden Fällen kann man sich aber nicht außerhalb der Macht befinden, was unter anderem Mortimers Gleichnis zum Rad der Fortuna ausdrückt:

„'s ist, Knabe, die schlumpichte Fortuna treibt's
Ein Rad. 's treibt dich mit nach aufwärts.
Aufwärts und aufwärts. Du hältst fest. Aufwärts.
Da kommt ein Punkt, der höchste ist. Von dem siehst du
's ist keine Leiter, 's treibt dich nach unten.
Weil's eben rund ist. Wer dies gesehn hat, fällt er
Knabe, oder läßt er sich fallen? Die Frage
Ist spaßhaft. Schmeck sie!" (GBFA 2, S. 90)

Entweder ist man in einer Machtkonstellation auf der Seite der Macht oder auf der „gefallenen" Seite. Auffällig in Mortimers Worten ist vor allem die Überbetonung des „aufwärts" im Vergleich zu dem nur einmal erwähnten „unten", was wiederum auf seine Besessenheit vom Machtaufstieg hindeutet. Die Frage nach der Aktivität oder Passivität angesichts des Schicksals, dass jede Machtposition früher oder später zu ihrem Sturz verurteilt ist, bleibt offen und dem jungen Eduard III. vorgeworfen. Wie

[147] Ähnlich wie vorher analysiert wurde, steht auch an dieser Stelle die „Hand" als tragende Metapher.

jedoch das Schicksal der einzelnen Figuren im Stück zeigt, kommt es darauf nicht an, weil alle schließlich diesem Mechanismus unterliegen. Das Gleiche zeigt sich auch bei dem Sohn von Eduard II., der in der letzten Szene in die vorgegebene kulturelle Ordnung der patriarchalen Welt eintritt. Als Kind stand er noch abseits der Muster eines männlichen Verhaltens. Noch inmitten des Krieges fragt ihn sein Vater: „Ich hätte dich zu ihnen [zu den Feinden] geschickt, Eduard/Daß sie mir den Willen tun mit Gaveston/Hättest du dich gefürchtet, Junge vor den wilden Peers?" (Ebd., S. 35) Er beantwortet die Frage mit einem „Ja", was Eduard II. als „eine gute Antwort" (ebd.) sieht. Nicht der homosozial provozierte männliche Kampfgeist, sondern die natürliche Angst bestimmt das Verhalten des Kindes. Noch zu Anfang der letzten Szene ist er in Mortimers Augen ein Kind, „so zart, daß ihn ein Regentropfen/Erschlüg" (ebd., S. 86), was sich aber schnell verändert. Er verliert seine kindliche Unschuld, indem er zum ersten Mal seine Macht gegen jemanden anwendet. Er lässt Mortimer hinrichten und seine Mutter in den Tower einsperren. Es ist völlig egal, ob er im Einklang mit der Gerechtigkeit handelt, denn wichtiger ist die Tatsche, dass er im Sinne einer kulturellen Ordnung (zu der auch die Gerechtigkeit gehört) Zwangsmaßnahmen trifft und Gewalt gegen andere anwendet und das sowohl gegen andere Männer (Mortimer) als auch Frauen (Anna). Damit verliert er zugleich auch seine „moralische Unschuld", und mit dem ersten vollzogenen Machtakt befleckt er seine Hände. Die Königin Anna, seine Mutter, kommentiert die Entscheidungen folgend: „Nicht mit der Muttermilch sogst du/So kalkigen Witz ein, dritter Eduard." (Ebd., S. 90) Damit macht sie deutlich, dass der Zustand, den der junge Eduard infolge seiner Veränderung gerade erreicht hat, kein natürlicher (nicht „mit der Muttermilch eingenommener"), sondern eher ein kulturell hervorgebrachter ist. Eduards Gebet am Ende des Stückes „Uns aber gebe Gott/Daß nicht verderbt sei unser Geschlecht/Von Mutterleib her" (ebd., S. 91) veranschaulicht zudem die Tatsache, dass diese aufgezwungene männliche „Kultur" teilweise als unser „natürliches" Schicksal und als vorgegebenes Schicksal des biologischen Körpers gesehen werden kann.

6 Bargan lässt es sein

6.1 Annäherung

Die Novelle, wie Brecht selbst die Erzählung *Bargan lässt es sein* bezeichnete, entstand im Jahre 1919 und wurde 1921 in der Zeitschrift *Der neue Merkur* publiziert. Eine Rolle bei der Veröffentlichung spielte hier die Hilfe von Lion Feuchtwanger, der die Verbindung zum Herausgeber Efraim Frisch schuf. Dank der außergewöhnlichen Resonanz des Textes bahnte sich hiermit der junge Brecht den Weg zur Veröffentlichung seiner Dramen und Lyrik an.[148] Das Thema des Prosatextes geht aus dem Untertitel hervor, es handelt sich um „Eine Flibustiergeschichte": Erzählt wird also eine Geschichte über Seeräuber, und obwohl es sich bei Flibustieren um westindische Piraten handelt, wird das Geschehen in die exotische Gegend einer chilenischen Küste situiert. Die Abenteuerthematik und das exotische Milieu erinnern nicht zu Unrecht an James Cooper, Karl May oder an *Die Schatzinsel* von Robert Stevenson, die Brecht vermutlich hätten beeinflussen können. Ein ähnliches Thema und ähnliche Motive sind auch anderen Arbeiten des frühen Brecht zu entnehmen. So sind hier erstens die Erzählungen *Bargans Jugend, Geschichte von St. Patricks Weihnachtskrippe* und drittens die verschollene Erzählung *Jarrys Mama* zu nennen, außerdem auch einige Gedichte, wie z. B. *Ballade von den Seeräubern, Ballade von den Abenteurern, Von des Cortez Leuten, Ballade auf vielen Schiffen* oder *Ballade von der Freundschaft.* Sie zeichnen sich durch ähnliche Motive aus. Die Neigung Brechts zu Abenteurergestalten und asozialen Figuren in seinem frühen Schaffen wird oft als anarchistisch-nihilistische Phase betrachtet, die der spätere engagierte Marxist zu überwinden hat.[149] Damit wird meines Erachtens diesem Teil des Brechtschen Werkes unrecht getan. Vielleicht macht das auch Brecht selbst, wenn er z. B. bei Durchsicht seiner ersten Stücke an ihnen die fehlende Weisheit bemängelt.[150] Bei der näheren Betrachtung insbesondere des hier zu analysierenden Textes kann man sich nämlich von der sprachlichen und poetischen Virtuosität des Autors überzeugen. Auch Boie-Grotz ist der Ansicht, dass der *Bargan*-Text unter den frühen Prosastücken am stärksten ästhetisch ausgeformt ist (vgl. Boie-

---

[148] An seine Geliebte Paula Bahnholzer schreibt Brecht: „Auch kriege ich viele Verbindungen, die Leute kennen die Novelle im Merkur" (GBFA 28, S. 143).

[149] Diese These wurde auch zu einem unberechtigten Klischee. Eine interessante Parallele zieht z. B. Hellmuth Karasek, der Brecht mit der Wandlung von Schiller und Goethe von Sturm und Drang zu Klassikern vergleicht (vgl. Karasek 1995).

[150] Um korrekt zu sein, betrifft diese Äußerung Brechts sein Stück *Baal.*

Grotz, 1978, S. 60). Außerdem verweist sie auf eine weitere wichtige Tatsache, und zwar, dass die dargestellte Welt der Seeräuber nicht unbedingt auf die Prinzipien des Nihilismus und der Anarchie verweist. Eher umgekehrt: „Dennoch bedeutet die Mißachtung bürgerlicher Normen keineswegs die Existenz in einem normlosen Zustand. Innerhalb der Bande gibt es einen festen Satz von ethischen Verhaltensregeln, die nach außen hin außer Kraft sind." (Boie-Grotz, 1978, S. 62) Im Weiteren konzentriert sich meine Untersuchung vor allem auf diese Eigenart des dargestellten gleichgeschlechtlich geprägten Milieus und die Funktionsweise der mannmännlichen Beziehungen in dem homosozialen Umfeld. Als Nächstes sind auch das ästhetische Potenzial des Textes, seine sprachliche Aufmachung und die Konstruktion der metaphorischen Bilder der dekonstruktivistischen Lektüre zu unterziehen.

6.2 Dynamik der männlichen Hegemonie (Bargan - Croze)

Im Unterschied zu den vorher analysierten Dramen konzentriert sich die Erzählung *Bargan lässt es sein* auf die Darstellung einer „reinen" Männerwelt, wobei die Frauen an dieser Welt keinen Anteil haben, das heißt, dass sie nicht zu den handelnden Figuren der Geschichte gehören und einzig in der anonymen Masse untertauchen. Sie gehören einfach zu den Anderen, zu der „guten" bürgerlichen Gesellschaft, von der sich die Flibustiere bewusst abgrenzen. Die Opposition des gemeinschaftlichen Wir zu der restlichen Welt präsentiert sich insbesondere im Akt der Gewalt und wird bereits in der Exposition der Handlung illustriert. Die Szenen bei dem Raubüberfall der Stadt, der Ermordung der Männer und der Vergewaltigung der Frauen sind auf der einen Seite drastisch, jedoch von dem Erzähler in einer zynischen Distanz geschildert, was bei den Rezipienten noch einen zusätzlichen Schockeffekt hervorrufen kann. Interessant ist, dass die Brecht-Forschung diese Art der Darstellung selber fast mit zynischer Haltung aufnimmt. Boie-Grotz spricht von der „Welt der pragmatischen Moral", in der es ums Überleben geht (vgl. Boie-Grotz, 1978, S. 60) und Jürgen C. Thöming kommt bei dem Vergleich zu der Zahl der Opfer infolge der blutigen Kolonialpolitik zu dem Schluss: „Man sieht leicht, daß die wenigen hundert Morde bei Brechts Piraten einen Zivilisationsfortschritt darstellen." (Thöming, 1973, S. 83), womit seine Worte eher auf die Haltung des Brechtschen Erzählers referieren. Insgesamt sieht die Forschung den Hintergrund der Drastik in dem Bezug zu den Gewalttaten in der Gegenwart Brechts, wobei Lucchesi diese Problematik im Sinne der Theodizee deutet (vgl. Lucchesi, 2001, S. 31), was auch mir plausibel erscheint, denn der Gewalt an sich haftet etwas Irrationales an. Die Flibustiere kommen als „Würgeengel" (GBFA 19, S. 24), und ihre Opfer werden dem grausamen Schicksal überlassen, weil „Gott sein Gesicht von ihnen abwandte, um die Ernte in Brasilien zu besehen" (ebd., S. 25). Viel mehr als die Ursache der Gewalt ist ihre Existenz und Präsenz relevant, im Sinne von Foucault ist sie unmittelbar an die Macht gekoppelt und laut der Männerforschung wird sie als „integraler Bestandteil hegemonialer bzw. »normaler« Männlichkeit gesehen" (Walter, 2000, S. 105). Ebenso wie sie auf der theoretischen Ebene als Triade der Gewalt gegen Frauen, andere Männer und gegen sich selbst verstanden werden kann (vgl. ebd.), ist sie in allen drei Formen auch in der Erzählung zu beobachten. Der einleitende Teil der Geschichte schildert sowohl die Aggression gegen die bürgerlichen Männer[151] als auch gegen ihre Frauen. Die Frauen fungieren dabei als Mittel zum Besiegen der Feinde:

> „Deshalb ließ Bargan eine Anzahl von Frauen auf einen Haufen zusammenkoppeln und nun fingen einige von uns an, in guter Sichtweite von dem Holzhaus die Frauen zu vergewaltigen, was sehr gut aussah und auf die Holzwürmer solchen Eindruck machte, daß sie gegen alle Regeln des Gefechtverkehrs wie junge Stiere aus dem sicheren Holz brachen und abgeschlachtet wurden wie junge Lämmer, zitternd und hilflos, einer nach dem anderen oder zu zehn und zehn. Damit war die Stadt durch Bargans Weisheit und Menschenkenntnis erobert" (GBFA 19, S. 25).

Der Kampf der Männer wird eigentlich mittels Geschlechtsverkehr (den zusätzlich zu der Schilderung auch das Wortspiel „Gefechtverkehr" unterstreicht) ausgetragen. Die Vergewaltigung der Frauen dient dazu, die Feinde aus ihrem Versteck herauszulocken, d. h. zur fast zeremoniellen Präsentation der eigenen Macht über die Frauen und über die fremden Männer. Schließlich gehören die Frauen am Ende zu der Beute der Sieger, womit sie entmenschlicht und verdinglicht werden, also einen materiellen Status annehmen. Eine anonyme Frau wird auch zum Auslöser der Auseinandersetzungen innerhalb der Piratenbande, was mit der dritten Facette der Gewalt – mit der Gewalt gegen sich selbst zusammenhängt. Die Weiblichkeit kennzeichnet die Schwachstelle und die unsichtbare Konflikt-

---

[151] Ihre Zugehörigkeit zu der bürgerlichen Welt wird wiederholt durch das Symbol des Hemdes sowie durch ihre „Waffen" (Tisch und Türe, mit denen sie zuschlugen) ausgedrückt. Außerdem sind die Häuser, in denen sie im Unterschied zu den heimatlosen Piraten wohnen, das Zeichen einer anderen geregelten Welt. Indem die Rede von „guten Häuser[n]" (GBFA 19, S. 25) ist, wird auf den Unterschied der entgegengesetzten Moralsysteme hingewiesen. In Verbindung mit dem Zynismus des Erzählers wirkt jedoch das Attribut „gut" auch ironisch oder wenigstens relativ, denn als „gut" ist auch der „Streich" der Seeräuber charakterisiert.

linie innerhalb der Männlichkeit, was auch der Erzähler bestätigt: „um Branntwein oder Geld, auch um Ehre nicht, schlugen wir uns unter Freunden nie, sondern um Weiber“ (ebd., S. 26). Der Konflikt zwischen Bargan und Croze, den Hauptfiguren der Erzählung, entfacht wegen eines jungen Weibes, das beide haben wollen: „[Croze] stritt nun mit Bargan selbst vor unserer aller Augen um ein Weib, das Bargan so sicher gehörte wie sein eigener Fuß. Wir fingen bald alle zu schreien an, daß Bargan, der keineswegs sicher war, ob ihm sein eigener Fuß gehörte, das Weib schließlich nehmen mußte, worauf er wie gewöhnlich Appell abhielt“ (ebd.). Das Geschehen zeigt eine gewisse Ähnlichkeit zu der vorher beschriebenen Vergewaltigungsszene, vor allem taucht hier das Motiv des Zusehens auf, mittels dessen die anderen Männer der Gruppe in den Konflikt involviert werden. Die Männer ergreifen Bargans Partei und gehen später (wenigstens einige von ihnen) ähnlich den geschlagenen Männern, die ihre Frauen verteidigen wollten, infolge von Crozes Intrigen zu Grunde. Außerdem verdeutlicht diese Szene das hierarchische System innerhalb der Männerwelt und ihre eigenen Normen, die sogar zum Teil naturalisiert sind, d. h., sie machen den Eindruck, von Natur aus zu gelten und unantastbar zu sein - etwa wenn behauptet wird, die Frau gehöre dem Kapitän wie sein eigener Fuß. Der Anspruch auf den Besitz der Frau ist natürlich gegeben und markiert die Position des Mannes innerhalb des homosozialen Umfelds. Der Frau obliegt, wie schon oben erwähnt wurde, lediglich die Rolle eines Objektes und sie wird sogar zum Opfer der männlichen Machtkämpfe, worauf nicht nur ihre Ermordung, sondern vor allem der Vergleich mit einem Schlachthuhn hinweist. Die männliche Hierarchie definiert sich jedoch nicht nur im Bezug auf die Frauen, sondern basiert auch auf dem erwarteten Gehorsam gegenüber der führenden Autorität und auf der Tatsache, dass der Führer der Männerbande seine Position durchsetzt. Obwohl er von der Stellung eigentlich profitieren sollte, zeigt es sich, dass er genauso unter dem Druck der naturalisierten Ordnung steht und sich den Normen der Männlichkeit entsprechend verhalten muss.[152] Die Männer sind vor allem von den autonomen und verbindenden Normen und Regeln, aber andererseits auch gegenseitig von sich selbst abhängig.[153]

---

152 Das ist auch der Grund, warum Bargan die Frau möglicherweise auch trotz seines Willens nehmen muss, obwohl er sie dann Croze überlässt.

153 Die innere Einheit der Piratenbande führt außerdem, wie Boie-Grotz feststellen konnte, zum Vergleich mit einem Organismus: Der wandernden Kolone der Seeräuber werden metaphorisch z. B. Bauch oder Fäuste zugeschrieben (vgl. Boie-Grotz, 1978, S. 65).

Als zentrales Bild dieser Abhängigkeit tritt in der Erzählung die Mutter-Kind-Bindung auf. Dabei werden zuerst Bargan mit dem Mutterbild und die anderen Flibustiere bzw. Croze mit dem Kind assoziiert.
Anhand der Entwicklung der Geschichte kann zugleich das dynamische Prinzip der hegemonialen Männlichkeit beobachtet werden. Bargan, der am Anfang fast mythisch verherrlicht und dem fast blind gefolgt wird, verliert im Laufe der Zeit seine außerordentliche Stellung, wird symbolisch von der Mutter zu einem Kind, vom Kapitän zum Verdeckwischer auf Crozes Schiff. Somit ist Bargans Geschichte die Geschichte eines „sozialen" Verfalls, die Geschichte einer „Umpositionierung" innerhalb des homosozialen Umfelds, wobei eine erhebliche Rolle auch das System der sexuellen Stratifizierung spielt. Die Veränderungen beginnen mit Bargans Zuneigung zu dem in die Gruppe aufgenommenen Kumpan Croze. Boie-Grotz behauptet, die eigentliche Katastrophe liege nicht an der Homosexualität Bargans, sondern an seiner absoluten Fixierung auf Croze (vgl. Boie-Grotz, 1978, S. 65), womit man nur teilweise einverstanden sein kann. Auf der einen Seite ist ihrer Aussage zuzustimmen, denn Bargans Untergang könnte unabhängig von der sexuellen Präferenz auch eine in ihrer Intensität vergleichbare (absolute) Liebe zur Frau verursachen, dennoch ist hier eine solche „sexuelle Neutralisierung" der dargestellten Liebe gar nicht notwendig, denn wenn es so wäre, hätte Brecht Bargans Fixierung auch als eine heterosexuelle darstellen können, was aber nicht der Fall ist.[154] Es ist eben die homosexuelle Neigung des Kapitäns zu Croze, die wie eine destabilisierende Lücke innerhalb der männlichen Ordnung wirkt und zur Umwälzung der inneren Hierarchie führt. Schon die oben erwähnte Mutter-Metapher zeigt in die Richtung der antretenden „Verweiblichung" Bargans, der allmählich nicht nur seine Position des Führers und damit verbunden auch seine Männlichkeit verliert (insbesondere in den Augen der anderen Männer). Dieser Verlust hängt unmittelbar mit dem Begriff der Ehre zusammen. Als Bargan bei der Rückkehr des Verräters Croze offen seine Gefühle zeigt, spricht der Erzähler von „Freude […], die ihm [Bargan] keine Ehre machte" (GBFA 19, S. 27). Bargans Verfall demonstriert sich vor allem an dem Abhandenkommen seiner Fähigkeiten: Zuerst verliert er als Führer seine Orientierungsfähigkeit:[155]

> „Früher hatte Bargan nachts einen Blick auf den Himmel geworfen und wir konnten auf einen Pflock im Urwald zumarschieren danach. Jetzt stand er stundenlang vor

[154] Am Beispiel von Boie-Grotz zeigt sich das Problem der Literaturwissenschaft, mit dem Phänomen der Homosexualität als mit einer wertfreien Größe zu arbeiten.

[155] Diese Tatsache konnte schon Boie-Grotz feststellen (vgl. Boie-Grotz, 1978, S. 63).

> seinem Zelt und rechnete […] Später klappte auch sonst ab und zu etwas nicht mehr mit seinen Anordnungen, das fing mit der Sternensache an.“ (Ebd., S. 29)

Ebenso hat er keinen Sinn mehr für Gerechtigkeit innerhalb der Gruppe. Er lässt einen Piraten nur deshalb auspeitschen, weil ihn Croze beschuldigt, sein Messer gestohlen zu haben. Die Ursache liegt in seinem blinden Vertrauen zu Croze, wobei die Blindheit (bzw. das Nicht-Sehen) eine der am meisten frequentierten Metaphern des Textes ist. Ähnlich wie Gott von der Barbarei der Piraten absieht, hört Bargan auf, seine Truppe zu überwachen, auf sie aufzupassen und sich um ihre Sicherheit zu kümmern, so geraten die Piraten z. B. in eine Falle, in der sie dem „Steinregen“ ausgesetzt sind. Obwohl allen klar ist, dass hinter dem Vorfall Croze steckt, sieht Bargan über diese Tatsache hinweg: „Es war ein deutliches Zeichen des Himmels, und wäre Bargan nur blind gewesen, hätte er es gesehen. Aber er liebte den fetten Croze und sagte zu uns: Es gäbe keinen Beweis und wir sollten uns schämen. […] er schloß seine Augen […] Also mußten wir die Augen aufmachen“ (ebd., S. 28). So übernehmen eigentlich die Männer die Aufgabe, welche ursprünglich ihrem Kapitän oblag. Bargan verliert mit dem Sehen einen zentralen Instinkt (damit hängt auch seine Orientierungslosigkeit zusammen) sowie die Fähigkeit, rechtzeitig eine drohende Gefahr zu erkennen. Während die Männer noch auf ihren natürlichen, tierischen Instinkt hören und in der Lage sind, die Drohung zu erkennen, ist das bei Bargan anders: „Wir witterten Unrat, jedoch dirigierte uns Bargan wirklich in das Flußbett hinüber, und wenn wir auch heraus hatten, daß der Teufel sich der Sache annehmen würde, wußten wir doch nicht, was er vorhabe, und darum und Bargans wegen gehorchten wir.“ (GBFA 19, S. 30) Trotz Bargans Versagens in seiner Rolle zollen ihm seine Männer immer noch Respekt und vertrauen ihm weiterhin blind, was einige das Leben kostet. Sie werden in die trockene Meeresbucht geführt, wo sie dann mit der Flut kämpfen müssen: „Um diese Zeit mußten wir uns aufs Schwimmen verlegen und taten es brüderlich mit hölzernen Planken zusammen. Wir konnten uns noch zusammenhalten, freilich nicht alle, einige schwammen auf lange Zeit fort, ich habe sie bis jetzt nicht wiedergesehen. Aber Bargan blieb in unserer Mitte.“ (Ebd., S. 31) Nur der Zusammenhalt und die brüderliche Kooperation ermöglichen das Überleben der Männergruppe, die sich nach wie vor um Bargan schart. Gleich nach der Katastrophe verfällt Bargan fast einem völligen Verstummen, und als die Piraten nicht mehr ihr eigenes Schiff in der Bucht finden können und Bargan kein Interesse an dieser Situation, sondern nur an Croze zeigt, kommt es zur Auseinandersetzung der Bande mit ihrem Kapitän:

> „Dennoch wollten wir nicht die Flinte wegwerfen, für die wir kein Pulver mehr hatten, wenn nur Bargan wieder gesund gewesen wäre. Wir schickten einige Leute zu ihm, sie fanden ihn auf einer Wurzel sitzend, den Arm um Crozes Schulter. Da sagten sie ihm in dürren Worten, er sei schuld an der Hinschlachtung der siebenzig, an den sieben Toten im Steinbruch, daran, daß viele von uns in unbekannter Richtung fortgeschwommen seien und daß das Schiff in den Himmel gefahren sei; daran sei er, Bargan schuld [...] Jedoch wollten sie ihn, Bargan, bitten, sie jetzt weiter zu führen, denn er sei alles wert. [...] Sie wollten lieber vor Ekel eine Warze abbeißen, als daß sie den ganzen Mann wegwarfen." (Ebd., S. 32)

Aus den Worten der Männer, aber auch aus den vorher beschriebenen Situationen ist sichtbar, dass sie trotz ihrer rationalen Einsicht auf dem Bestehen der alten Ordnung, die mit Bargans Führerposition verbunden ist, insistieren. Ihr Verhalten ist also dem von Bargan ähnlich, wenn er auf den Verräter Croze nicht verzichten kann und an ihm bis zur eigenen Erniedrigung festhält. Die Stärke der Überzeugung, den Kapitän nicht verlieren zu wollen, wird mit dem Bild des Abbeißens einer Warze verglichen. Dieser Vergleich zeugt von den organischen Verknüpfungen in der Männergruppe und funktioniert zugleich als Metapher für die Abartung des homosozialen Körpers, darüber hinaus wird Bargans Liebe zu Croze auch direkt als Krankheit bezeichnet: „Bargan ließen wir herumlaufen, denn was nützt es mit einem Mann zu reden, der eine Krankheit hat und über die Sterne nachdenkt?" (Ebd., S. 35f.) Bargan kennzeichnet also doppelte metaphorische Stigmatisierung – er wird als Blinder und Kranker markiert, dazu kommt zusätzlich noch die dritte Metapher, die Lucchesi hinter dem Namen Croze sieht. Er assoziiert diesen Namen mit dem italienischen „croca" (Kreuz) und versteht darunter „die Marter, welche dem himmlischen Bargan zur tödlichen Bestimmung wird und zugleich das Symbol der Christenheit, aber auch das Böse, vor dem man sich bekreuzigen muss, oder eine Person, mit der man – milde ausgedrückt – >sein Kreuz hat<." (Lucchesi, 2001, S. 33) Jan Knopf vergleicht Bargans Geschichte sogar mit der Passion Christi, indem er sich vor allem auf die Worte des Erzählers bezieht, der Bargan mit Gott vergleicht oder ihn sogar direkt metaphorisch als Gott bezeichnet. Dabei konstituiert sich in der Erzählung laut Knopf ein bedeutender Widerspruch:

> „Der herausfordernde Widerspruch der Erzählung liegt demnach darin, dass Gott Bargan – wie seinen Sohn Christus – auserwählt hat, auf freilich andere, dem christlichen Ritus spottende Weise, die göttliche Allmacht (den Himmel) zu bestätigen, dieser aber, statt »den Himmel zu erobern«, ihn einfach mit homosexueller Liebe profan auf Erden zwingt und im Selbstgenuss, der Untergang sowie endgültige Auslöschung – und damit eben keine Auferstehung – bedeutet, aufgibt: es gibt keine Wiederkehr." (Knopf, 2000, S. 237)

In Wirklichkeit geht aber Knopf in seiner Interpretation von einer falschen Prämisse aus, denn er berücksichtigt nicht die Position des in die Handlung involvierten und eo ipso nicht objektiven Erzählers. Wenn Bargan mit Gott verglichen und schließlich erwählt wird, ist diese Wahl kein metaphysisches Ereignis, sondern nur Ergebnis einer profanen Entscheidung und zeugt von der Verfallenheit der Flibustiere an ihren Kapitän oder - besser gesagt - von der Verfallenheit des Erzählers an seinen „Gott", was auf der anderen Seite von starken emotionalen Bindungen innerhalb der Homosozialität zeugt. Genauso ist bei der Beziehung zwischen Bargan und Croze von keinem metaphysisch auferlegten „Kreuz" und einer Plage zu sprechen, weil Bargan den „Klumpfuß" ganz bewusst „an seinen Busen nahm" (GBFA 19, S. 26). Den Willensakt bestätigt Bargan noch mit der wiederholten und mit gewisser Steigerung verbundenen Artikulation seiner Absicht. Diese wird schließlich auch den Flibustieren bewusst, als Bargan auf das Bitten und Flehen, sich von dem Verräter abzuwenden und wieder die Führung der Gruppe zu übernehmen, mit einer klaren Ablehnung reagiert:

> „Aber Bargan fragte, was sie [die flehenden Flibustiere] also zu tun gedächten, wenn er nun einmal nicht wolle. Da ging den Unseren ein Licht auf, was es für ein Bewandtnis mit Bargan habe, daß er alles selber wußte, besser wie sie, und doch den fetten Hund nicht aufgeben wollte, Gott weiß warum." (Ebd., S. 33)

Diese Äußerung Bargans lässt sich als offenes und nicht mehr nur stillschweigendes Bekenntnis seiner Liebe zu Croze lesen und ist mit dem Akt des Coming-out gleich zu setzen. Die intime Beziehung der beiden Männer wird zu einem die Privatsphäre überschreitenden Ereignis, das allgemeine Unzufriedenheit stiftet. Dasselbe gilt auch für die mannmännliche Liebe in dem Drama *Leben Eduards des Zweiten von England*, und in beiden Fällen führt das Festhalten an dem geliebten Partner zum Verlust der früheren gesellschaftlichen Position.[156] Bargans Entscheidung bewirkt seine Ausgrenzung aus der Gruppe: „Wir schwatzten nicht lang, weil der beste Mann von uns einen Krebs gekriegt hatte, sondern machten das Kreuzzeichen in der Luft und einen scharfen Schnitt zwischen ihm und uns." (Ebd.) Wiederholt bedient sich der Erzähler der Metapher der Krankheit, verdeutlicht die Distanzierung der Männer und bezeichnet die Trennung als „scharfen Schnitt", wobei als Schnittstelle, an der sich die Norm von der Anomalie trennt, Bargans homosexuelles und eher

---

[156] Auf die Parallele zwischen dem genannten Drama und der hier analysierten Erzählung verweist auch Jürgen C. Thöming. In beiden Fällen opfern und verlassen die Protagonisten wirklich alles, um den geliebten Freund nicht zu verlieren (vgl. Thöming, 1973, S. 86).

irrational-romantisches Verhalten fungiert.[157] Der mit der Gruppe nicht mehr kompatible Mann wird in den Augen der Männer zu einem „Leichnam" (GBFA 19, S. 33), was übertragen auch den sozialen Tod Bargans kennzeichnen kann. Auf die ihm zugewiesene gesellschaftliche Randposition weist deutlich nicht nur sein „schlechtes Kleid" (ebd., S. 34), sondern vor allem die „Frauenarbeit", die er ausführen muss, anstatt das Schiff zu navigieren. Dadurch hat Bargan seinen Status als Mann endgültig verloren. Die bereits vorher angesprochene, mit der Mutter-Metapher eingeleitete und mit Bargans immer stärkeren Gefühlen verbundene Verweiblichung erreicht damit ihren Höhepunkt. Ähnlich wie in den Dramen *Dickicht* und *Eduard* jeweils einem der sich homosexuell verhaltenden Akteure die feminine Rolle zugeschrieben wird, wird die Titelfigur auch in der Erzählung *Bargan lässt es sein* mit der weiblichen Rolle assoziiert.[158] Das wird am Ende der Geschichte nicht nur dadurch demonstriert, dass Bargan „weibliche" Arbeit erledigt, sondern er wird sozusagen zu Crozes „Frau", wobei Croze selbst auf indirekte Weise als Bargans Ehemann dargestellt wird. Zu den diesbezüglichen Anspielungen gehört schon das geschenkte Kleid als auch die Stilisierung der kommenden Piraten zu den „Hochzeitsgästen" (ebd., S. 35) oder die ironische Frage nach „der Zukunft seiner [Crozes] ungeborenen Kinder" (ebd.). Letztendlich wirkt Bargan wie ein entmündigtes Kind, mit dem er von dem Erzähler verglichen wird. Thöming hat bei seiner Untersuchung außerdem festgestellt, dass Bargans Veränderung mit dem allmählichen Verstummen verbunden ist. Der Verzicht auf die zwischenmenschliche Kommunikation mittels Sprache wird zugleich zum Element, das die Erzählung mit den Dramen *Im Dickicht der Städte* und *Leben Eduards des Zweiten* verbindet. Thöming meint: „Der unüberbrückbare Mangel sprach-

157 Das symbolische Kreuz in der Luft verweist nicht nur auf die ethische Dimension und das wertende Urteil der Männer, sondern es kann in Anlehnung an Lucchesi, der den Namen Croze als sprechenden Namen liest, auch als metaphorischer Hinweis auf die Ursache der Trennung (Croze) verstanden werden. Die Trennung ist zugleich für die Subjektivität der restlichen Männer von Bedeutung, sie wandern nämlich weiter „mit dem Gefühl im Leib, daß ein Krebs keinen Windhund einholen kann" (GBFA 19, S. 33). In diesem Zusammenhang zeigt sich, dass das Gefühl der richtigen und „gesunden" Geschlechtlichkeit und Orientierung unmittelbar an die Wahrnehmung des biologischen Körpers gebunden ist, aber auch dass der Erzähler von der Vorstellung der „wahren" Männlichkeit einen (möglicherweise auch nicht ganz bewussten) kritisch-ironischen Abstand hält.

158 In diesem Zusammenhang ist das Wirken der heterosexuellen Matrix bemerkbar, da auf diese Weise die gleichgeschlechtliche Beziehung im Sinne des heterosexuellen Begehrens polarisiert wird und nach wie vor das männliche und das weibliche Prinzip als Grundlage der gemeinsamen Interaktion gelten.

licher Verständigung zwischen sich nahestehenden Menschen ist bei Brecht unlösbar mit dem Motiv der Männerfreundschaft verbunden." (Thöming, 1973, S. 86) Bargans Verzicht auf die Sprache leitet Thöming ausdrücklich von der Einseitigkeit der Liebesbeziehung ab. Meines Erachtens ist dieses Thema jedoch Ausdruck einer breiteren Skepsis in Bezug auf die zwischenmenschliche Kommunikation allgemein, und in Bargans Fall hängt das Verstummen sowohl mit der Beziehung zu den anderen Flibustieren als auch mit seiner zentrifugalen Bewegung in Richtung der sozialen Peripherie zusammen. Im Vergleich zu Bargan scheint laut Lucchesi die Gegenfigur Croze als Inbegriff des Bösen „nahezu unwandelbar" zu sein (Lucchesi, 2001, S. 33). Croze macht eine eben spiegelverkehrte Entwicklung durch, obwohl sie eher nur im Hintergrund der Geschichte Bargans geschildert wird. Croze wächst einem Kind gleich, das an Bargans Busen genommen wurde, bis zum Kapitän einer eigenen Piratenbande, die sich aus mehreren Verrätern der ursprünglichen Flibustiertruppe bildete. Zu seinem Aufstieg nutzt er bewusst die Position eines Günstlings aus. Seine privilegierte Stellung schützt ihn vor den Eingriffen der anderen Männer und rettet ihm schließlich auch das Leben, als einziger der Verräter bleibt er verschont. Am Beispiel von Croze ist die Dynamik der männlichen Hegemonie am deutlichsten. So schnell, wie er die Spitzenposition innerhalb der Hierarchie erreichte und zum symbolischen Gott der Verrätergruppe wurde,[159] hat er sie nach dem Eingriff der früheren Bargan-Truppe wieder verloren und endet im Affenkäfig. Crozes Fall hängt wiederum mit Bargans Befreiung aus der demütigenden Position eines Verdeckwischers zusammen, so dass die Funktionsweise der Macht als fließendes Kontinuum und Mechanismus gegenseitigen Ausschlusses dargelegt wird.

6.3 Epistemologie des Verstecks (Erzählerposition)

Aus der bisherigen Beschreibung muss klar sein, dass die Figur Bargans nicht nur im Bezug auf Croze zu analysieren ist, sondern dass man sie vor allem im Kontext seines homosozialen Umfelds und der Beziehungen innerhalb der Männergruppe sehen muss. Ebenso ist zu betonen, dass die

[159] Der Erzähler beschreibt die Begegnung mit der Verrätergruppe - mit Croze an deren Spitze - mit den Worten: „Mitten drin saß auf seiner Seilrolle ihr lieber Gott, der Klumpfuß von St. Marie, fett und schamlos und schaute uns entgegen" (GBFA 19, S. 35). Parallel zu Bargan wird für Croze außer der Gott-Metapher auch die Metapher der Mitte gebraucht.

Darstellung der dynamischen Machtbeziehungen zum Durchschauen ihres künstlichen und konstruierten Charakters verhilft. Die Machtpositionen, die die Männer an der Spitze des homosozialen Spektrums genießen können, sind nämlich keine Folge der metaphysischen Wahl, sondern das Ergebnis der Bevorzugung und Privilegierung eines Teils vom Ganzen. Diese sozialen Stellungen sind zugleich wandelbar und hängen sehr eng mit dem normativen System der jeweiligen Gesellschaft zusammen. Zu den Prinzipien der homosozialen Umfelder gehört auch die Norm der biologisch kausalen Geschlechtlichkeit und der heterosexuellen Orientierung des Begehrens. Der Privilegierte ist jeweils als Verkörperung dieser Prinzipien zu verstehen. So wird eben Bargan zum Kapitän der Piratenbande auserkoren, weil er dem Ideal der Männlichkeit in den Augen seiner Bande entspricht. Es kennzeichnen ihn seine Führungsqualitäten, Mut, Kampfgeist und „Menschenkenntnis",[160] Eigenschaften, die er jedoch im Laufe seiner immer stärkeren Leidenschaft zu Croze verliert oder aufgibt. Als er den Erwartungen der Männer und dem Ideal nicht entspricht und immer mehr weibliche Züge aufweist, verliert er die Gunst der Flibustiere, wird zum gesellschaftlichen Außenseiter und endet in der Isolierung. Da zu den normativen Vorgaben dieser sozialen Gruppe auch gewisse ethische Regeln gehören (z. B. wird Verrat an der eigenen Gruppe als die schlimmste Normverletzung empfunden), kann auch Croze, der sich um die Position des Führers bemüht, von den Männern nicht akzeptiert werden. Das Handeln und Entscheiden der Piraten hängt jedoch nicht nur von diesen innerhalb der Gruppe akzeptierten Normen ab, sondern wird auch auf eine andere Art und Weise geprägt. An mehreren Stellen der Erzählung zeigt sich, dass die Flibustiere nicht rational, sondern affektiv agieren, wobei ihre Gefühle homosexuell orientiert sind. Es ergibt sich aus der Analyse der Erzählerebene. Die bisherige Forschung ist der Meinung, dass der Erzähler vor allem distanzierend, unbeteiligt und eigentlich objektiv erzählt (vgl. Knopf, 2000, S. 255). Lucchesi spricht vom „vermittelnden Erzählen", und die Erzähltechnik charakterisiert er folgend: „Ihr Kennzeichen ist eine distanzierte und von außen beobachtende Erzählweise, die sich nicht in den Bereich psychologisierender

---

160 Mit diesen Eigenschaften wird Bargan vor allem in der Exposition der Erzählung ausgestattet. Mut und Kampfgeist beweist er vor allem bei dem Überfall der Stadt, als er allen anderen Flibustieren vorangeht: „Er war allen voraus in dem kleinen reißenden Fluß unter dem Fachwerk in die Zitadelle eingeschwommen, wobei ein Fisch sich den Bauch an den spitzigen Steinen zerfleischt hätte" (GBFA 19, S. 24). „Weisheit und Menschenkenntnis" (ebd., S. 25) werden ihm bei der Überlistung der Feinde zugeschrieben.

Figurenausdeutungen vertieft, sondern an der >fotografierten< Oberfläche des Handlungsverlaufs entlang schreibt." (Lucchesi, 2001, S. 32). Auf der anderen Seite entgeht ihm nicht die Tatsache, dass diese Erzählweise nur „vorgeblich objektiv" ist, „denn die gewählten Ausschnitte wie z. B. sein Kommentar [des Erzählers] über die Beziehung Bargans zu Croze, oder ihre körperliche Beschreibung, lassen durchaus wertende Rückschlüsse auf die Position des Erzählers zu." (Ebd., S. 33) Was jedoch in der Forschung bisher nicht berücksichtigt wurde, ist, dass die Position des Erzählers durch starke Zuneigung zu Bargan geprägt ist und sogar der Verfallenheit des Kapitäns an Croze ähnelt. Wie bereits oben erwähnt wurde, sind die Flibustiere ihrem Kapitän von Anfang an verfallen. Schumacher glaubt, dass Bargan „sich und seine Flibustiere durch eine allzu intime, allzu bedingungslose, allzu blinde Freundschaft zu dem Flibustier Croze zugrunde" richtet (Schumacher, 1955, S. 64). Die Sache ist aber umgekehrt, weil die Flibustiere nur wegen ihres blinden Vertrauens auf den Kapitän und wegen der völligen Hingabe an ihn ihr Leben riskieren. Sie verschonen mehrmals den Verräter Croze und verhalten sich zu Bargan in jeder Situation mit Respekt:

> „Und obgleich wir ihm [Croze] gern die dicke Haut über die knorpeligen Ohren gezogen hätten, taten wir, [...] nur weil Bargan gar nichts tat, um seine Freude über seine Rückkehr zu verdecken" (GBFA 19, S. 27)

> „Bargan war so, daß wir lieber mit ihm alle zum Teufel gehen wollten als ihm ein Leids tun" (ebd., S. 29)

> „Und dann irrte er sich auch noch und wir mußten uns zusammenreißen, daß wir's ihm nicht merken ließen." (Ebd.)

Bargan weckt in den Männern insgesamt ein starkes Mitgefühl: „Wir wurden nun sehr traurig, denn wir merkten es alle, daß dem Bargan jetzt eben etwas zustieß [...] Einige wollten ein Säcklein Datteln dalassen für ihn, [...] der uns sehr lieb war" (ebd., S. 33). Bei der Trennung der Gruppe von Bargan ist also offensichtlich, dass das Gefühl der Männer mit Liebe zu tun hat. Bargan selbst ist sich dieser Zuneigung bewusst, denn er nutzt sie aus, als die Flibustiere ihr Schiff, das Croze mit seiner Bande entwendete, einholen und beschießen wollen: „Und jetzt verließ er [Bargan] sich auf unser weiches Herz, daß er alle seine neuen Schiffsmannschaften deckte gegen unsere Schüsse!" (Ebd., S. 34) Die Flibustiere lieben auch den Verräter Bargan,[161] und nur seinetwegen bringen sie bei der Zurückerobe-

[161] Bargan scheint Ähnlichkeiten mit Croze zu haben, denn er verrät seine Flibustiere. Diese, in ihrer Verfallenheit an ihn, verhalten sich wiederum wie Bargan und sehen

rung ihres Schiffes Croze nicht um: „Nur Croze ließen wir seinen Hals dick, denn der ging hinter seinem Freund hinauf und wir wollten ihn aufsparen.“ (Ebd., S. 35) In allen diesen Situationen artikuliert der Erzähler die Zuneigung der Männer zu Bargan nur hinter einem gemeinschaftlichen Wir. Weil er jedoch als Teil der Gruppe agiert, ist die Zuneigung zu Bargan eigentlich auch seine eigene. Der Plural wird nicht nur im Sinne einer objektiven Berichterstattung eingesetzt (die sowieso nicht objektiv ist, denn wie schon oben erwähnt wurde, sind die Kommentare des Erzählers oft wertend), sondern er erfüllt auch die Aufgabe eines Verstecks (closet) für die homosexuelle Affektivität des Erzählers. Vor allem das Ende der Erzählung verrät seine wirkliche Einstellung zu dem Kapitän, an dieser Stelle wird er auch zu der handelnden Figur. Bargan bittet ihn zuerst um die Möglichkeit, mit Croze, der im Käfig gehalten wird, zusammen zu sein und sie beide anschließend sogar frei zu lassen:

> „Willst du mich nicht in den Kasten hineinlassen oder hast du etwas dagegen? Er stand im Sternenlicht, ich sehe ihn noch heute und höre ihn auch noch und jetzt ist er doch schon lange abgehalst oder auch nicht, was weiß ich. [...] Darum sagte ich und ließ in nichts von der Ehrfurcht nach, die ich immer vor ihm hatte, denn er war der beste Flibustierkapitän weit und breit bis nach Ecuador hinauf gewesen: Willst du nicht lieber in deine Kajüte gehen? Er besann sich und sagte: Hältst du etwas von dem Schiff? Ich sagte: Ich gäbe einiges darum. Da besann er sich und sagte: Ich liebe den da drinnen. Da verstand ich ihn [...] Aber ich bitte dich, laß uns fort! Ich muß sagen, daß ich etwas Branntwein in mir hatte, aber das griff mir doch ans Herz, daß er von dem Schiff fortwollte und davon gar nicht sprechen konnte und nur >aber< sagte, worin alles lag, was er vorbringen konnte, und das alles las er sicherlich in meinem Gesicht“ (GBFA 19, S. 36)

Dass der Erzähler in der Lage ist, Bargans Gefühle zu verstehen, zeugt eben von der Tatsache, dass ihm selbst das Gefühl der Liebe vertraut sein muss. Es ist weniger die stilisierte Ehrfurcht vor dem Kapitän als viel mehr die Nachsicht und Liebe, die ihn dazu bewegen, auf Bargans Wunsch einzugehen und ihm und Croze zur Flucht zu verhelfen. Bargan selbst nutzt dabei seine „Menschenkenntnis“ aus und appelliert an das „Herz“ seines Flibustiers. Dieser, um als Mann seine Schwäche nicht zu zeigen,

---

darüber hinweg. Bargan missbraucht seine Position des Beliebten/Geliebten, indem er sich auf das weiche Herz seiner Männer verlässt. Auf metaphorische Art mag auf diese Ähnlichkeit zwischen Croze und Bargan auch die Szene mit dem Messerdiebstahl hinweisen. Der Erzähler kommentiert die falsche Beschuldigung eines der Männer, Crozes Messer gestohlen zu haben, und Bargans ungerechte Verurteilung des Piraten zum Auspeitschen mit den Worten: „Das war der Gipfelpunkt. Er sah Croze ähnlich.“ (GBFA 19, S. 29) Das Pronomen „Er“, das sich in dem zweiten Satz scheinbar auf das Wort Gipfelpunkt bezieht, kann auch als Reflexion von Bargans erstem Verrat an der Gruppe gelesen werden: Bargan sieht Croze ähnlich.

verdrängt die Gefühle nicht nur vor dem fiktiven Zuhörer, sondern auch vor sich selbst und schiebt die Schuld an seinem irrationalen Handeln vor allem auf den Alkoholrausch, obwohl er den fetten Croze sogar auf den eigenen Händen in das Boot trägt. Die ganze Situation schildert der Erzähler wie ein romantisches Ereignis, das tief in seinen Erinnerungen geblieben ist. Der Erinnerungsakt des Erzählers ist mit dem Topos mehrerer Liebesgedichte Brechts vergleichbar: Das Subjekt erinnert sich an seine vergangene Liebe. Während die Frauen immer in Vergessenheit geraten und ihr Bild in den Erinnerungen verblasst, bleibt die Beziehung zu einem Mann immer im Gedächtnis gespeichert. Genau das ist auch der Fall der Erzählung *Bargan lässt es sein*. Der Erzähler verfällt sogar einer romantischen Stimmung, die sich auch in seine ganze Erzählweise einschleicht. Der Ton des Erzählers, und seine vielen euphemistischen Umschreibungen zeugen von einem Hang zur Romantik, zu der er sich jedoch auch an anderen Stellen bekennt: „In dem milden Licht der ersten Sterne, die aus dem dunkler werdenden Himmel quollen und an die ich mich aus bestimmten Gründen deutlicher erinnere als an die irgendeiner anderen Nacht." (Ebd., S. 30) Diese Atmosphäre wiederholt sich auch in der letzten Szene. Der Erzähler versetzt sich nicht nur in die Gefühle von Bargan, sondern wird ihm auf gewisse Weise ähnlich. Genau wie dieser, wird auch der Erzähler für eine kurze Zeit Gott gleich, da er die Möglichkeit hat, Bargan durch die Freilassung Gnade zu erteilen. Die Situation hinterlässt bei ihm ein starkes emotionales Erlebnis: „Ich überlegte mir's und er sagte noch: Freilich wär's auch eine Gnade, welches Wort ein Stich mit einem guten Messer in meine Krokodilshaut war." (GBFA 19, S. 36) Der Erzähler macht insgesamt eine Wandlung vom harten Flibustier zu einem überschwänglich zärtlichen Mann durch, und von dieser Position aus wird auch die *Bargan*-Geschichte erzählt. Die Zärtlichkeit des Erzählers wird jedoch von einem starken Zynismus verdeckt, um die eigene „Verweiblichung" nicht preiszugeben.

6.4 Dekonstruktion der Erzählweise

Die ambivalente Erzählweise, die Verdrängung der eigenen Subjektivität und bewusste Verstellung des Erzählers gehören zu den Eigenarten des Textes. Zu dem Wechsel der Erzählpositionen meint Knopf: „Das Erzähler-Ich gibt sich damit als jemand kund, der das, was er erzählt, - zunächst - selbst nicht versteht. Darin liegt vermutlich eine der - offenbar wirkungsvollen - Irritationen, die die Geschichte auslöste und erfolgreich werden

ließ." (Knopf, 2000, S. 255) Die nähere Analyse des Textes zeigte, dass die eigentliche Irritation des Textes insbesondere in der stark metaphorischen Sprache des scheinbar sachlichen Erzählers liegt. Bei dem Erzählen tauchen mehrere Wortreihen auf, innerhalb derer die einzelnen Wörter zwischen der literalen und figuralen Bedeutung wechseln, in einer engen Beziehung zueinanderstehen und dem Text seine Einzigartigkeit und Poetizität verleihen.[162] Die meisten innerhalb des Erzählens figurativ gebrauchten Wörter lassen sich also jeweils in eine Assoziationskette ordnen.
Eines der am meisten frequentierten Begriffe des Textes ist „Gott". Jan Knopf äußert sich sogar: „Es gibt wohl keinen Text Brechts, in dem geballt ‚Gott' vorkommt, und zwar in allen Varianten, metaphysisch und ‚übertragen' profanisiert" (Knopf, 1984, S. 238). Einerseits ist Bargan „wie der liebe Gott" (GBFA 19, S. 24), der es mit den Sternen versteht, auf der anderen Seite ist es der von den ermordeten Leuten sein Gesicht abwendende Gott (vgl. ebd., S. 25),[163] weiter ein Gott, der auf den bekehrten Sünder gierig ist (vgl. ebd.), der hinterhältige Croze wird selbst zu einem lieben Gott (vgl. ebd., S. 26), bis Bargan schließlich als „Anstrengung Gottes" dasteht (vgl. ebd., S. 37). Der Erzähler sieht sich am Ende selbst „Gott näher als in vielen Gefahren" (ebd., S. 37) kommen. Dabei resümiert er:

---

162 Bei der Frage nach der Wirksamkeit der Sprache in Brechts Erzählung *Bargan lässt es sein* zeigten sich die Herangehensweise von Paul de Man und sein Ansatz einer dekonstruktiver Lektüre als plausibel. Im Sinne der von de Man beschriebenen Rhetorisierung der Grammatik können innerhalb des Textes zuerst zwei unterschiedliche Bedeutungen beobachtet werden: die buchstäbliche/literale und die übertragene/figurale, die zugleich einander ausschließen. Die übertragene, metaphorische Bedeutung entspricht einer literarischen Konvention und wird dementsprechend vom Autor und Leser vorausgesetzt. Auch aus diesem Grund ist es möglich, die literarischen Werke einer Lektüre zu unterziehen, die sich als Grammatikalisierung der Rhetorik bezeichnen lässt und die in der Stimmung einer negativen Gewissheit enden soll, die laut de Man „für den kritischen Diskurs höchst produktiv ist" (de Man, 1988, S. 47). Auf der praktischen Ebene geht es um den Vergleich der paradigmatischen und syntagmatischen Strukturen des Textes. Ich gehe insbesondere von folgender These aus seinem Aufsatz *Semiologie und Rhetorik* aus: „Im Übergang von einer paradigmatischen Struktur, die - wie die Metapher - auf Substitution beruht, zu einer syntagmatischen Struktur, die - wie die Metonymie - auf einer kontingenten Assoziation basiert, zeigt sich, daß der mechanische, repetitive Aspekt grammatischer Formen in einer Passage wirksam ist " (de Man 1988, S. 46).

163 Mit dem Bild des Gottes, der sein Gesicht von dem Massaker abwendet, wird zugleich der oft verwendete Ausdruck „der liebe Gott" in Frage gestellt und ähnlich wie der Begriff „Kind" relativiert.

> „Denn, ich verstand mit einem Male Gott, der wegen einem so räudigen, fetten Hund, der kein Messer wert war, den man nicht schlachten, sondern verhungern hätte lassen sollen, einen solchen Mann wie Bargan hingab". (Ebd.)

Diese Worte lassen sich auf das unmittelbar vorher Geschehene beziehen. Nachdem der Erzähler über das Schicksal von Bargan entscheiden kann und ihm Gnade erteilt, kann er sich Gott näher fühlen, ihm gleichen. Aus dieser Hinsicht ist es möglich, das Gott-Verstehen auch als Selbstverständnis aufzufassen. Der Erzähler reflektiert seine eigene Tat: Er gab Bargan hin, indem er ihn ins Boot aufs offene Meer aussetzte und das ausdrücklich wegen Croze.[164] In der zitierten Aussage verschmilzt also der metaphysische Gott mit dem Erzähler selbst, aber auf der anderen Seite auch mit Bargan, der sich selbst wegen des geliebten Freundes diesem Schicksal hingibt, sich erniedrigen lässt, auf sein Schiff und seine Mannschaft verzichtet. Die drei unterschiedlichen Bedeutungen (Gott als Ich-Erzähler, als Bargan oder als der metaphysische Gott) verweisen jeweils auf eine andere Dimension des Verstehens: Das Verstehen von sich selbst, von dem anderen und von der Welt an sich, womit der Erzähler im weitesten Sinne des Wortes eine hermeneutische Frage an den Tag stellt, die schließlich auch das Verstehen des *Bargan*-Textes einschließen kann. In der allgemeinen Relativierung des scheinbar fest Gegebenen hinterfragt sich auch der Text selbst und das eigentliche Verstehen entspricht der Unbegreiflichkeit von Sachen, die einer ständigen Ambivalenz unterliegen.[165]

---

164 Da Bargan den Erzähler um Croze bittet, tut er ihm diesen Gefallen und lässt beide frei. Die Anspielung auf das Messer, das Croze nicht wert ist, hängt auch mit weiteren zwei Stellen im Text zusammen: erstens mit dem Verrat an der Gruppe (ungerechte Verurteilung eines Flibustiers wegen Messerdiebstahl) und zweitens mit der emotionalen Ergriffenheit des Erzählers (da Bargans Bitten um Gnade einem Messerstich in die Krokodilshaut gleich ist), wegen der er Croze samt Bargan aussetzt.

165 Die Ambivalenz kommt fast in allen weiteren bildlich gebrauchten Wortreihen zum Ausdruck. Als eines der nächsten Beispiele kann das Bild des Kindes angeführt werden. Am Anfang der Geschichte, als die Flibustiere an der Küste landen, um einen nahe liegenden Ort zu überfallen und plündern, werden sie von ihrem Anführer Bargan „wie eine Schar Kinder" (GBFA 19, S. 24) geleitet. Dem Vergleich folgt eine euphemistische Verneinung: „wir Flibustiere glichen sonst nicht den Säuglingen" (ebd.). An einer anderen Stelle wird Croze mit einem Kind verglichen – es heißt: Bargan liebt ihn „wie ein Kind" (ebd., S. 26). Später, nachdem Croze die Truppe verlassen hatte, um sich des zurückgelassenen Schiffes zu bemächtigen, steht Bargan selber „wie ein Kind" (ebd., S. 34) da, weil er nicht begreifen will, dass ihn Croze nur belügt und missbraucht. Ganz am Ende des Textes wird der verräterische Freund schon ohne Vergleich direkt als „böses gefräßiges Kind" (ebd., S. 37) bezeichnet. Der ursprüngliche Vergleich, in dem das Wort Kind wortwörtlich präsent ist, übernimmt

Das Problem des Verstehens gehört in dem Text zum Komplex der Rationalität und Irrationalität im Weltgefüge, im undurchschaubaren Inneren des Menschen und seiner Seele, die vom Außen her genauso wenig verständlich ist wie die Welt, wie das Gute und das Böse, wie Gott oder der Sinn des Lebens. Für das Rationale und Irrationale in dem erwähnten Zusammenhang steht im Text am häufigsten das Motiv des Sehens/Nichtsehens, das auch eine eigene paradigmatische Reihe bildet und seine Bedeutung variiert. So zeigt sich Bargan einerseits gütig, wenn er keinen von den Flibustieren sterben sehen kann (vgl. ebd., S. 24), auf der anderen Seite lässt er zu, dass die Frauen der eroberten Festung „in guter Sichtweite" vergewaltigt werden (vgl. ebd., S. 25). Des Weiteren sind das Sehen und die Worte „vor aller Augen" ein Ausdruck des Öffentlichen bzw. des Privaten, der Extro- und Introversion. Schließlich dient die Metapher vom Verlust des klaren Blickes als Erklärung für Bargans Verstandesverlust: „Der Fluß sah aus wie ein Auge, das aus irgendwelchen Gründen dunkler und dunkler wird, wie es in der Liebe geschieht, wenn die Berauschtheit herannaht." (Ebd., S. 30) Wie das in dem ganzen Text üblich ist, kommt es zu einem solchen klärenden Kommentar jeweils in einem scheinbar nicht zusammenhängenden Kontext. Hier nämlich an derjenigen Stelle der Handlung, wo dank der Intrige von Croze die Männer vom rauschenden Wasser unerwartet überschwemmt werden, weil sie eben nicht sehen können, dass das trockene, sehr breite vermeintliche Flussbett in Wahrheit eine Meeresbucht ist. Die Männer werden von Bargan blind in diese Bucht geführt, denn er lässt sich nicht nur von Croze belügen, sondern verliert dazu auch die geografische Orientierung und, man könnte sagen, sogar seinen Verstand. Was mit dem Motiv des Sehens folgendermaßen ausgedrückt wird: „Wir standen zwischen den Bäumen herum mit schwachen Knien und schauten uns die Augen aus dem Kopf; aber wenn einer seine Brille verloren hat, kann er nichts mehr sehen und seine Brille auch nicht mehr finden; aus demselben Grund. Er bleibt für alle Ewigkeit blind" (ebd., S. 32). Übergreifend schafft diese Metapher eine sprachliche Assoziation zu der Redewendung „Liebe macht Blind", was auf Bargan und seine Neigung zu Croze auf jeden Fall zutrifft. Die Liebe zu Croze führt nicht nur ihn, sondern auch seine Kumpanen in die Vernichtung und

später eine figurale Bedeutung. Zugleich verbindet die Metapher an dieser Stelle zwei prinzipiell kontradiktorisch konnotierte Begriffe „bös" und „Kind" zusammen, womit auch der ursprüngliche Gebrauch des Wortes Kind nachträglich relativiert wird. (Natürlich in der Erwartung, dass die Konnotation für Kind positive Attribute und Unschuldigkeit voraussetzt – im Gegensatz zu dem amoralischen und schuldvollen Croze.)

Selbstzerstörung, man könnte sogar von einer Art Masochismus sprechen. Der Erzähler kommentiert Bargans Erniedrigung und Untergang schließlich mit den Worten: „Denn ich will mich vierteilen lassen, wenn er nicht noch Genuß daran hatte, an dem kleinen Hund, auf den er sein Auge geworfen hatte, mit allem was sein war, zu Grunde zu gehen und drum alles sonst sein ließ." (Ebd., S. 37) Mit dem kleinen Hund wird hier Croze verstanden, zugleich kann aber diese übertragene Bedeutung auch wortwörtlich mit der Redewendung „auf den Hund kommen" in Verbindung gebracht werden. Und wiederum taucht der Begriff Hund nicht nur an dieser Stelle auf, sondern wird in dem Text mit einem roten Faden verbunden, da Croze mehrmals mit räudigem Hund verglichen wird, ebenso wie die anderen Flibustiere mit dem Ausdruck „frierende Hunde" bezeichnet werden (vgl. ebd., S. 31).
Beide zuletzt erwähnten Wortreihen führen die Assoziationskette zu Redewendungen, die zwar nicht direkt im Text stehen, aber seine Bedeutung veranschaulichen und weiterführen. Als zentraler Punkt erweist sich die Liebe, die völlig irrationale Erscheinung unseres Lebens, die einen blind macht und nicht selten einen auf den Hund kommen lässt. Sie könnte ruhig mit einer Krankheit verglichen werden, der die Menschen ab und zu unerwartet verfallen. Diese interpretatorische Schlussfolgerung lässt sich genauso auch auf der Textebene beobachten, denn auch die Krankheit gehört zu jenen Begriffen im Text, die an dem Spiel der buchstäblichen und metaphorischen Bedeutung teilnehmen. „Es hieß nicht umsonst, dass er [Bargan] die amerikanische Krankheit hatte, die einen Christenmenschen stückweis verfaulen lässt" (ebd., S. 26), lautet es zuerst buchstäblich. Nachdem Bargan der Liebe verfällt, macht der Erzähler die Beobachtung: „Bargan ließen wir herumlaufen, denn was nützt es mit einem Mann zu reden, der eine Krankheit hatte und über die Sterne nachdenkt?" (Ebd., S. 36) In dem Zustand des Verliebtseins verliert die Titelfigur der Geschichte metaphorisch den festen Boden unter den Füßen, was eben auch die Geschichte implizit und buchstäblich mit der Überschwemmung in der Bucht illustriert. Ebenso kommt der Erzähler, der mit dem Text nachhinein auch eine eher unbemerkbare Veränderung vornimmt und sozusagen nach und nach selbst Bargan verfällt, zu der Feststellung: „mitten im Licht wurde man überfallen, so unsicher sind wir alle auf diesem Stern." (Ebd., S. 37) Seine Bemerkung bezieht sich zwar übertragen auf Bargan, betrifft aber auch ihn selbst und lässt drittens eine assoziative Verbindung zu dem tatsächlichen Überfall der Festung zu. Die zahlreichen Textstellen, die sich auch auf die Sicherheit und Geborgenheit einerseits und die Gefahr und Unsicherheit andererseits beziehen, ergänzen ebenfalls diese Wortreihe.

Eine Assoziationskette an sich ist auch hinsichtlich des Titels und des schon vorher zitierten Schlusssatzes der Erzählung möglich. Das „alles sein lassen“ - ist eher offen interpretierbar. Obwohl in dem Text darunter wortwörtlich unter anderem auch das Schiff oder die Mannschaft, die für Bargan alles waren, verstanden werden können, ist das „alles sein lassen“ auch im Sinne der Konzentration auf ein Ziel in dem Leben oder aber im Sinne einer Freiheit von verbindenden Werten möglich. Ich bin mit Knopf einverstanden, der den am Ende erreichten Zustand für keinen Nihilismus hält, sondern eben die Liebe als eine Lösung für die Unsicherheit und die Entfremdung in der Welt sieht: „Die 'unsägliche Verlassenheit' auf diesem Planeten ist innerweltlich aufgehoben: keine transzendentale Tröstung, aber auch keine Himmelstürmerei, also kein Nihilismus, sondern die Abwendung von allen Äußerlichkeiten und die Hinwendung zu einem Menschen, mit dem sogar noch der Untergang geteilt werden darf.“ (Knopf 1984, S. 238)

7 Ein *queerer* Blick in die Lyrik

7.1 Annäherung

Mit gewisser Periodizität tauchen in der Brecht-Rezeption Stimmen auf, die auf die Bedeutung der lyrischen Produktion innerhalb des Œuvres von Brecht aufmerksam machen und sogar den Lyriker höher als den Dramatiker schätzen. Diese Reihe fängt schon sehr früh, Ende der 20er Jahre mit Tucholskys Besprechung der Hauspostille an, gefolgt in den 50er Jahren von Hanna Arendt, in den 70er Jahren von Walter Hinck, zusammengefasst von Jan Knopf in den 80er Jahren und auch am Anfang des 21. Jahrhunderts bestätigt dies die neuere Brechtforschung, wenn Tom Kuhn schreibt, dass in Brechts Werk die Lyrik eine absolut zentrale Stellung einnehme (vgl. Hinck, 1978, S. 7ff.; Knopf, 1980, S. 10; Kuhn, 2001, S. 1). Und ein Jahr später, nachdem das zweite Brecht-Handbuch herausgegeben wurde, gibt diesen Meinungen Marcel Reich-Ranicki seinen Segen, indem er prophetisch behauptet, von Bertolt Brecht werde vornehmlich die Lyrik bleiben.
Insbesondere für das Frühwerk gilt, dass sich mehrere Motive durch die Lyrik, Epik und Dramatik gemeinsam ziehen, d. h. dass sie nicht isoliert auftreten, sondern eher eine transgenerische Erscheinung bilden. Die Tatsache betrifft auch das Motiv der Homosexualität, was natürlich von der Forschung nicht unbeobachtet bleibt. Während jedoch die gleichgeschlechtlichen Beziehungen in den hier behandelten Dramen und dem Prosatext bei einigen Literaturwissenschaftlern wenigstens am Rande ihre Erwähnung finden bzw. teilweise auch zum direkten Forschungsgegenstand fokussiert werden, ist das bei der Analyse der Lyrik eher eine Seltenheit. Die Gedanken an potenzielle Homoerotik bzw. Homosexualität werden meistens schnell heruntergespielt, oder aber die Aufmerksamkeit wird den anderen auftretenden Motiven und Deutungen gewidmet. Im Brecht-Handbuch von 1980 zählt Knopf das Motiv der Homosexualität zu einem der dominierenden Motive der Brechtschen Lyrik der Münchner Zeit und verweist darauf, dass dieses Motiv bereits ausführlicher von Pietzcker behandelt wurde (vgl. Knopf, 1980, S. 23). In dem fünfbändigen Brecht-Handbuch von 2001 findet dieses Motiv dagegen keine Beachtung. Nach wie vor bleibt Pietzckers Analyse der homosexuellen Komponente in Brechts Lyrik aus dem Jahr 1974, die ganze 6 Seiten umfasst und namen-

tlich etwa 8 Gedichte erwähnt[166], die „ausführlichste" (vgl. Pietzcker, 1974, S. 233 - 238). Trotz Pietzckers objektiver und auch produktiver Sicht bleibt seine Untersuchung der Psychoanalyse verhaftet und hütet sich davor, „dem künftigen Marxisten individuelle psychische Fehlhaltungen vorzurechnen" (Pietzcker, 1974, S. 237), was einerseits von der Absicht zeugt, keine Rückschlüsse von dem literarischen Werk auf die Person Brecht zu machen (womit ich im Ganzen einverstanden bin), aber andererseits das Phänomen negativ konnotiert, indem die Homosexualität nicht neutral, sondern als „psychische Fehlhaltung" wahrgenommen wird. Im Grunde genommen unterscheidet Pietzcker zwei Kontexte, in denen die Darstellung der Homosexualität bei Brecht zum Wort kommt, u. z. als Ausdruck der Verdrängung eines Ödipuskomplexes (auf sado-anale oder phallisch-narzistische Weise), oder es handelt sich um sog. „Männergruppen im Zeichen der Mutter" (Pietzcker, 1974, S. 236). In dem ersten Fall soll die phallisch-narzistische Komponente zur Überwindung der masochistischen dienen. Überraschend ist jedoch, wenn man z. B. die Entstehungszeit der Gedichte berücksichtigt, die als Beispiele für die eine und die andere Komponente genannt werden, so spricht diese gegen eine solche These.[167] Im Weiteren versuche ich mich von der psychoanalytisch interpretierten Sicht der Homosexualität (die mit einer negativen Besetzung, wie etwa mit inzestuösen Fantasien, Kastrationsabwehr und dem negativen Ödipuskomplex einhergeht) abzugrenzen und stattdessen eine positive einzuschlagen. Der zweite Bereich - die Männergruppen - sollen vor allem auf die Konstituierung des homosozialen Begehrens im Sinne von Kosofsky Sedgwick untersucht werden.

7.2 Das homoerotische Begehren des Subjekts

Falls man das gleichgeschlechtliche Begehren wortwörtlich als Begehren nach dem eigenen Geschlecht und demzufolge nach sich selbst als Homoerotik auffasst, findet sich in Brechts Lyrik eine Reihe von Gedichten, in denen sich das Subjekt mit der eigenen Geschlechtlichkeit und Sexualität

---

166 Bei Pietzcker sind im Rahmen seiner Analyse der homosexuellen Komponente folgende Gedichte namentlich erwähnt: *Ballade von der Freundschaft, Ballade von Mazeppa, Vom Schwimmen in Seen und Flüssen, Das Schiff, Larrys Ballade von der Mama Armee, Der Mann ist Mann Song, Der Song von Mandelay, Ballade von den Seeräubern.*

167 Als Beispiele für die masochistische Komponente werden z. B. die *Ballade von Mazeppa* (Entstehungsjahr 1922) und für die phallisch-narzistische das Gedicht *Vom Schwimmen in Seen und Flüssen* (1919) angegeben.

befasst. Die psychoanalytische Literaturwissenschaft spricht an dieser Stelle von der phallisch-narzisstischen Komponente, für die Pietzcker als Beispiel das Gedicht *Vom Schwimmen in Seen und Flüssen*[168] (1919) heranzieht. Im Element des Wassers gelangt das Subjekt zum Erlebnis der Diffusion des eigenen Körpers und zur Symbiose der „aufgelösten" Körperteile. Besonders werden „Mein Leib, die Schenkel und der stille Arm" (V. 16)[169] wahrgenommen, die dadurch zu den Trägern des erotischen Genusses werden. Wie das oft bei der Darstellung der Sexualität ist, steht sie auch diesmal unter den Bedenken der Scham und Sünde und kann nur im Zustand der geschlossenen Augen genossen werden: „Man macht die Augen zu, wenn Schwalben kommen" (V. 13). Frenken und im Anschluss an ihn auch Arendt deuten das Schließen der Augen als Ausdruck der Konzentration auf das Körperliche und auf das Fühlen (vgl. Frenken, 1993, S. 37, und Arendt, 2001, S. 23). Die zweite Hälfte des Verses, die durch das Wort „wenn" eine direkte Kondition des Augenschließens stellt, bedeutet jedoch nicht nur ein störendes Moment der Naturszenerie, das ausgeschaltet werden soll. Im Kontext der Hauspostille, in der das Gedicht steht, ist es notwendig, das Bild der Schwalbe auch im Rahmen der religiösen Symbolik zu sehen. Die Schwalbe steht nämlich als Vorbild für Gehorsam oder als Symbol für die Heilung vor geistiger Blindheit bzw. als Symbol für Buße.[170] Die geistige Blindheit und Buße zeugen von einem Verstoß gegen die christliche Moral oder von Verletzung des Gehorsams, so dass die Sexualität nur mit Schuldgefühlen verbunden werden kann oder die Sphäre der verinnerlichten Tabus durch das Schließen der Augen verdrängt werden muss. In diesem Zusammenhang lässt sich auch das Motiv des Fisches teilweise anders als erotische Metapher deuten. Das Auftauchen des Fisches wirkt innerhalb der zweiten Strophe als Störung des eigenen körperlichen Einheitserlebnisses und versetzt den Genießenden aus dem Zustand der Hingebung an das sensorische Empfinden in den Bereich der rationalen Wahrnehmung: „Wenn kühle Blasen quellen/**Weiß man**: ein Fisch ist jetzt durch uns geschwommen." (V. 14f., Hervorhebung J. D.) Das Denken schwächt die Konzentration auf sich selbst ab (wie sie bei

168 GBFA 11, S. 72f.

169 In dem ganzen Kapitel wird bei dem Zitieren aus den Gedichten jeweils die Quelle des analysierten Gedichtes genannt. Bei den Zitaten steht dann die Nummer des Verses (der Verse) im Einklang mit der Nummerierung der Großen Berliner und Frankfurter Ausgabe.

170 Die symbolische Bedeutung als Buße geht auf den Glauben zurück, dass die Schwalbe mittels Schellkraut ihre blinden Jungen vor Blindheit heilen kann. Vgl. Veitschegger, 2001. Zu Vorbild des Gehorsams vgl. Reclams Bibellexikon, 2004, S. 541.

einem Exerzitium zu erwarten wäre) und führt zu einer Ablenkung von dem eigentlichen Erlebnis - man „weiß“ anstatt „man spürt“. Die Fische reißen den Schwimmenden aus der Einheit mit sich selbst und mit dem Wasser heraus und zwingen ihn zusätzlich zur Wahrnehmung der sich außerhalb des Teiches befindenden Realität: „Nur wenn die kühlen Fische durch uns schwimmen/Fühl ich, daß Sonne überm Tümpel scheint.“ (V. 18f.) Das Subjekt nimmt die Wärme der Sonne erst dann wahr, wenn ihn die Fische aus der ursprünglichen Symbiose mit den eigenen Körperteilen bringen. Die dritte Strophe entfaltet im Vergleich zu der zweiten eine abweichende Atmosphäre. Die Passivität des Liegens im Wasser wechselt mit dem aktiven „Sichschmeißen“ in die Flüsse. Sogar das Element des Wassers verändert sich in diesem Zusammenhang, und die eher ruhige Wasseroberfläche wird zu einem reißenden Strom. In den Interpretationen wurde schon früher die Metapher „klatschend/In blaue Flüsse schmeißen“ (V. 23f) als Bild für die sexuelle Vereinigung gedeutet (vgl. Frenken 1993, S. 35, Anmerkung 55). Die dem Baden im Wasser vorausgehende Tatsache, dass „alle Glieder beißen“ (V. 22) mag ebenso erotisch konnotiert sein. Der Ton der „Anleitung“ zum sexuellen Handeln „Am besten ist's“ (V. 25) erinnert u. a. an das späte Züricher Sonett *Sauna und Beischlaf.* Schon aus dieser Hinsicht ist Pietzckers psychoanalytischer Deutung zu widersprechen, dass die Verse „Weil dann der bleiche Haifischhimmel kommt/Bös und gefräßig über Fluß und Sträuchern/Und alle Dinge sind, wie's ihnen frommt.“ (V. 26ff.) mit Angstfantasie (wegen Kastrationsdrohung und Inzestwünschen) verbunden sind (vgl. Pietzcker, 1974, S. 208). Das Subjekt würde keinesfalls auf den Augenblick des Abends und das Kommen des laut Pietzcker bedrohlichen Himmels absichtlich warten und es sogar als Muster für das sexuelle Handeln empfehlen. Es kann hier auch nicht von der masochistischen Komponente die Rede sein. Die Bösartigkeit des Himmels steht eher in Verbindung mit der bürgerlichen moralischen Vorstellung von der Sexualität - der sexuelle Genuss ist also nichts Anderes als bös. Die Gefräßigkeit ist dann ebenso nur ein weiterer Aspekt, mit dem der (übermäßige) sexuelle „Konsum“ angedeutet wird. Das Ende der Strophe mit der Konstatierung, dass alle Dinge so sind, „wie's ihnen frommt“, bestätigt nur das „Sichhinwegsetzen“ über die Grenzen der gängigen Sexualmoral und das Bejahen des autonomen Willens. Zu diesem gehört auch das Ausleben der eigenen (Homo-)Sexualität. Die Atmosphäre am Fluss in den Sträuchern ist einigen Szenenbildern aus *Baal* ähnlich und kann homosexuelle Erotik evozieren. Der Himmel gehört in diesem Zusammenhang auch zu den Metaphern, die die gleichgeschlechtliche Sexualität andeuten können.[171] Lehmann entdeckt in dem Gedicht auch Zeichen der Homoerotik: „Das Subjekt des Textes scheint einerseits männlich zu sein, andererseits gibt es sich deutlich als Frau passiv hin, läßt sich treiben, liegt auf dem Rücken, wartet auf einen eher männlich wirkenden Haifisch. *Männliches und Weibliches fließen ineinander.* Dieser Umstand verweist wiederum den Leser auf die Homoerotik." (Lehmann, 1978, S. 153, Hervorhebung im Original) Aus dieser Beobachtung lässt sich der Schluss ziehen, dass die Darstellung der Homoerotik auf dem Verwischen der Grenzen zwischen der Männlichkeit und Weiblichkeit basiert, das Ich unterliegt somit der „Verweiblichung", die auch bei den Protagonisten der Dramentexte und der Erzählung beobachtet werden konnten. Allerdings beruhen hier die Vorstellungen von Männlichkeit und Weiblichkeit u. a. auf der klischeehaften Dichotomie zwischen Aktivität und Passivität. Lehmann assoziiert die Homoerotik insbesondere mit der vierten Strophe des Gedichtes. Wie jedoch oben festgestellt wurde, lässt sich die Homoerotik auch mit der dritten Strophe in Verbindung bringen, die im Gegensatz zu der vierten und der zweiten Strophe von der Aktivität des Subjekts spricht, so dass hier das klassische Muster aktiv - passiv infrage gestellt und durchbrochen werden kann.

Demgegenüber scheint die passive Lage in der *Ballade von Mazeppa*[172] (1922) die Ausgangslage des Subjekts zu sein (Mazeppa wird auf dem Rücken eines Pferdes gefesselt und „liegt" dem Himmel entgegen) und könnte wiederum als Teil der Homoerotik angesehen werden. Bei den unterschiedlichen Analysen dieses Gedichtes wird immer wieder auch der Aspekt der Sexualität in Betracht gezogen (vgl. Arendt, 2001, S. 33; Pietzcker, 1974, S. 2004). Pietzcker zum Beispiel vergleicht Mazeppa mit dem Ich in *Vom Schwimmen in Seen und Flüssen*: „Der nackte Schwimmer, der sich auf dem Rücken treiben läßt, gibt dem Himmel seinen Penis schutzlos preis, wie der nackte Mazeppa den Geiern" (ebd.)[173]. Ähnlich wie

---

[171] Im Zusammenhang mit dem Gedicht *Vom Schwimmen in Seen und Flüssen* betont Krabiel, dass der „Haifischhimmel" eine besondere Herausforderung für die Interpreten darstellt, und spricht sogar von der „Rätselhaftigkeit" dieses Bildes (vgl. Krabiel, 2001, S. 67). Geht man davon aus, dass das Bild des (bleichen) Himmels öfters als Partner bzw. als Teil der homoerotischen Szenerie auftaucht, kann das Haifisch-Bild als mögliche phallische Metapher diese Deutung noch verstärken. Die Attribute bös und gefräßig unterstreichen den „rebellischen" und „asozialen" Charakter der (Homo-)Sexualität schlechthin.

[172] GBFA 11, S. 93f.

[173] Pietzcker verweist in einer Anmerkung darauf, dass Brecht die Nacktheit Mazeppas nicht erwähnt und erörtert, der historische Mazeppa sei auf das Pferd nackt ge-

bei dem anderen genannten Gedicht geht Pietzcker von der masochistischen Fantasie aus, dabei übersieht er aber in diesem Fall insbesondere die Tatsache, dass es sich um keinen freiwilligen Akt, sondern um eine Strafe handelt. Insofern scheint es mir nicht ganz angebracht, von einer masochistischen Erotik zu sprechen. Eine sexuelle Bindung stellt sich jedoch schon durch die Metapher des Anbindens an das Pferd her:

> „Mit eigenem Strick verstrick dem eigenen Pferde
> Sie schnürten ihn Rücken an Rücken dem Roß
> Das wild aufwiehernd über heimatliche Erde
> Gehetzt in den dunkelnden Abend hinschoß." (V. 1ff.)

Mazeppa bildet mit seinem Roß trotz der aufgezwungenen Verstrickung eine Einheit, sowohl der Strick als auch das Pferd sind ihm „eigen", die Bindung „Rücken an Rücken" hat eine körperliche Dimension und unterstreicht die Identität, die Berührung ist intensiv und kausal: „Sie schnürten ihn so, daß den Gaul der Verstrickte/Im Schmerz noch aufpeitschte durch sinnloses Zerrn" (V. 7f.). Der Mann und das Pferd fügen einander durch ihr „sinnloses" und durch äußere Umstände beeinflusstes Verhalten noch einen größeren Schmerz zu:

> „Wohl trug ihn der Gaul vor der hetzenden Meute
> Blind und verzweifelt und treu wie ein Weib
> Ihm riß er, je mehr seine Feinde er scheute
> Tiefer den Strick im blutwäßrigen Leib." (V. 11ff.)

Dadurch werden beide immer mehr miteinander verstrickt. Trotz der passiven Lage bewahrt jedoch der Mann seine Männlichkeit, es ist nämlich das Pferd, dass in diesem Paar mit einem Weib verglichen wird und das im Unterschied zu Mazeppa „treu"[174] bleibt. Die Metapher „Drei Tage trug ihn der fleischerne Teller" (V. 22) steht auch der Erotik nahe[175] und das Pferd wird somit zu einem „weiblichen" und „leiblichen" Teller. Den gemeinsamen Ritt begleiten das Wiehern des Pferdes und das Keuchen des Mannes (wobei hier eine erotische Konnotation nicht ausgeschlossen ist). Als Kontrast zu dem Mann und seinem Pferd stehen die Krähen und Geier, die den Ritt dagegen mit „Lautlosem Flug" (V. 19) begleiten und erst dann zu schreien anfangen, als sich Mazeppas Keuchen in das Schreien vor

---

bunden. Die Lyriksammlung *Hundert Gedichte* aus dem Jahr 1951 enthält aber auch den Vermerk über Mazeppas Nacktheit (vgl. GBFA 11, S. 319).

174 Die eigentliche Ursache, warum über Mazeppa diese Strafe erhängt wurde, liegt darin, dass man ihn bei der Frau eines polnischen Adeligen erwischt hat.

175 Zu der Erotik des Essens vgl. Frenken, 1993, S. 109ff. Der Teller, von dem die „Lust" gegessen wird, taucht z. B. in den Gedichten *Das siebente Sonett* und *Das neunte Sonett* auf.

Schmerzen verwandelt (vgl. V. 43). Das „Gevögel" (V. 18) bewegt sich dabei im „Äther" (V. 20) und seine Tätigkeit umschreiben Verben wie „verfolgen", „lauern", bzw. „beschatten". Die Vögel erinnern somit in ihrer Funktion an die Schwalben im Gedicht *Vom Schwimmen in Seen und Flüssen*. Sie repräsentieren die (außenstehenden) kontrollierenden Mechanismen der bürgerlichen Moral im Unterschied zu der Schwalbe, die eher eine verinnerlichte überwachende Instanz darstellt. Aufgrund ihres Genus könnten die Krähe und der Geier zugleich als Symbole des Männlichen und Weiblichen wahrgenommen werden. In den Versen „Ach! es rauften wohl immer zu seinen Häupten/Kräh und Geier sich schon um das lebende Aas!" (V. 39f.) treten sie als kämpfende Konkurrenten auf, und das Raufen findet vielleicht nicht zufällig an Mazeppas Kopf statt. Dabei ist in der Gegenüberstellung der Krähe (im Singular) zu dem Plural der Geier die Übermacht des Männlichen deutlich. Die Geier allein und nicht die Krähe „sehnen sich wild auf das lebende Aas" (V. 35), sie repräsentieren den symbolischen homosozialen Einfluss, der in der anschließenden zehnten Strophe zu den einverleibten Identitätsteilen des Reitenden gehört:

> „Einer ritt aus mit dem, was ihm zu eigen:
> Mit Erde und Pferd, mit Langmut und Schweigen
> Dann kamen noch Himmel und Geier dazu." (V 49ff.)

Zu der Symbiose mit der Natur (Erde, Pferd), die teilweise nicht ganz natürlich ist (da z. B. die Einheit mit dem Pferd als erzwungen gesehen werden kann), gesellen sich die Komponenten Himmel und Geier, die auf die Sphäre der männlichen Sozialisation hinweisen. Die männliche Gemeinschaft weist zugleich gewisse selbstdestruktive Züge auf. Mazeppas Reiten in den Tod könnte aber auch insgesamt als Sinnbild für menschliches Leben verstanden werden. Der Protagonist wird mit der Zeit seines Ritts älter: „Bis er alt genug war, daß er nicht mehr litt" (V. 54). Während dieses Älterwerdens eignet er sich gewisse Einstellung an und überwindet dadurch sein Lebensleiden. Trotz des häretischen Charakters der ganzen Hauspostille ist dies ein mit der christlicher Religion übereinstimmender Zug des menschlichen Schicksals, sogar der stilisiert dargestellte Tod verspricht die Erlösung: „Als er gerettet ins große Geborgen/Todmüd in die ewige Ruhe eintritt." (V. 55f.)[176] Die Überwindung des Schmerzes (und des Leidens) realisiert sich eigentlich nur durch die mentale Anpassung an die Situation (Langmut, Schweigen), die äußeren Elemente werden dem Reitenden „zu eigen". Das betrifft auch das

[176] Außer der Erlösung am Ende des Gedichtes deutet bereits die fünfte Strophe die Idee des Neuanfangs und des ewigen Lebens an: „Drei Tage trug ihn der fleischerne Teller/Wiehernd hinab an den ewigen Start" (V. 22f.).

ursprünglich „fremde Gevögel" (vgl. V. 18), von dem die Geier am Ende zu dem Eigenen und nicht mehr zu dem Fremden gehören, das als weiblich zu assoziierende Element der Krähe wird an dieser Stelle nicht zu den Eigenattributen gezählt.

Der Prozess der menschlichen Sozialisation wird auch in dem Gedicht *Vom Mitmensch* [177] (1920) reflektiert. Hier wird u. a. gezeigt, dass die geschlechtliche Zugehörigkeit eines der bedeutenden menschlichen Wesensmerkmale ist: „Er ist ihr Kind, er ist ihr Mann" (V. 12). Das Mannsein bedeutet dabei nicht nur, einem der beiden Geschlechter anzugehören, sondern zugleich die einschlägige soziale Rolle zu übernehmen. Zu dem wesentlichen Teil der hier stattgefundenen Sozialisation gehören auch Sprache und eine mit ihr verbundene Logik der strengen Kausalität:

> „Sie tun ihr Wort in seine Zähne.
> Er sagt's. Sie haben's schon gesagt.
> Es nagt das Bein an die Hyäne
> Und die Hyäne ist angenagt.
> Und nennt er seine Wolken Schwäne
> So schimpfen sie ihn hungrig blind
> Und zeigen ihm, daß seine Zähne
> Genau wie ihre Zähne sind." (V. 20)

Das Ziel der Sozialisation ist schließlich, eine Uniformität zu erzeugen, die es nicht erlaubt, anders zu sein. So hat auch der Mann der im Rahmen der heterosexuellen Matrix aufgezwungenen Männlichkeit zu entsprechen. Wie schon in den analysierten Dramen gezeigt wurde, sind die Attribute wie Schwäche oder Gefühle mit dieser nicht vereinbar: „Sie legen die Hand für ihn ins Feuer/Und weinen, wenn er schwächer wird." (V. 49f.) Das führt bei dem Mann zur ständigen Selbstkontrolle:

> „Er lebt in Furcht vor ihrem Grauen
> Wenn sein Gefühl ihn überschwemmt.
> Denn nahmen ihm die Haut die Schlauen
> So ließen sie ihm doch das Hemd." (V. 56ff.)

Das Gefühl muss die Männlichkeit meiden, die Sozialisation führt somit zur Verdrängung der ursprünglichen Veranlagung des Menschen und ersetzt das Natürliche (Haut) durch das Künstliche, durch die Kultur (Hemd). Das Hemd symbolisiert dann schließlich die Zugehörigkeit zu der Sphäre des Bürgerlichen.

Die Sozialisation in der bürgerlichen Gesellschaft hindert vor allem den jungen Menschen an seiner freien Entfaltung und Entwicklung. Symbolisch

---

[177] GBFA 11, S. 59f.

kann auch der Baum des Gedichtes *Das Lied vom Geierbaum*[178] (1917) als an seiner Entwicklung und Blühte gehindertes Subjekt gedeutet werden. Wiederum sind es symbolisch die Geier, die für den einsamen Baum eine Bedrohung darstellen. Diese geht mit der Züchtigung seines Körpers einher: „Und die peitschenden Flügel, die auf ihn gezückt/Zerhauen im Sturz ihm den zitternden Leib und zerstücken ihm Knospe und Glied." (V. 5f.) Die Attacke der Vögel geschieht in der Nacht des „Frühlingserwachens", zu dem es aber wegen der Geier nicht kommen kann, sie verursachen sein Verstummen und schließlich seinen Tod.

Die bürgerliche Sexualmoral übt einen gewaltigen Einfluss auf das Sexualverhalten eines jeden Subjektes aus, und ihre Macht verbreitet sich durch die Einpflanzung der unterschiedlichen Vorurteile und klischeehafter Einstellungen. Das dokumentieren unter anderem *Die Bekenntnisse eines Erstkommunikanden*[179] (um 1922/23). Dieses satirische Gedicht enthüllt die Gewissensbisse eines jungen Menschen, der sich wegen des Onanierens schuldig fühlt. Sein psychischer Zustand wird von der Erziehung (Symbol der Mutter) und der christlichen Religion generiert:

> „Ich habe bei zwei Kerzenlichtern zu Gott gesprochen
> Es hat nichts geholfen, ich habe es nicht gehalten
> Nachts war eben wieder alles beim alten
> Meine Mutter hat es am Nachthemd gerochen" (V. 9ff.)

Die Absurdität und Gewaltigkeit der Repressionen unterstreichen auch die Beschreibung der Zwangspraktiken - wie „Hände auf die Bettdecke binden" (V. 6) oder der Vergleich mit der Angst des Freundes vor möglichen Konsequenzen nach dem Verschlucken einer Hostie.

Die bürgerlich und kirchlich geprägte Moral und Heuchlerei sind für die Gedichtsubjekte des jungen Brecht ein direkter Anlass zur Rebellion. Das rebellische Weltgefühl spiegelt sich in Brechts Frühwerk vor allem in der Figur des Baal wider. In *Choral vom Großen Baal*[180] (1918) wird das Subjekt von dem Element der Homosexualität, die eine Abweichung vom Diktat der gesellschaftlichen Norm darstellt, mitkonstituiert. Als Motiv taucht hier wie in anderen Gedichten der Himmel auf, der für Baal zum Partner und Begleiter wird. Schon die ersten zwei Strophen leiten die besondere Beziehung ein:

> „1
> Als im weißen Mutterschoße aufwuchs Baal
> War der Himmel schon so groß und still und fahl

[178] GBFA 13, S. 95ff.
[179] GBFA 13, S. 266.
[180] GBFA 11, S. 107f.

Jung und nackt und ungeheuer wundersam
Wie ihn Baal dann liebte, als Baal kam.

2
Und der Himmel blieb in Lust und Kummer da
Auch wenn Baal schlief, selig war und ihn nicht sah:
Nachts er violett und trunken Baal
Baal früh fromm, er aprikosenfahl." (V. 1ff.)

Die Einführung des Himmels in der ersten Strophe wirkt fast monumental und die ihm zugeschriebenen Attribute erinnern an die stille Einfalt und edle Größe der Klassik. Er ist groß, still, nicht schrill bunt - sondern einfach fahl, wundersam und sogar die Merkmale wie jung und nackt - sind die eines antiken Gottes oder Helden. Durch den Hinweis darauf, dass der Himmel schon vor Baal da war (und auch nach ihm sein wird), verstärken sich seine Göttlichkeit und sein transzendenter Charakter. Genauso transzendent ist auch das Gefühl, das Baal für den Himmel bereits bei seinem Kommen auf die Welt hegt. Das erste Wesensmerkmal des angeblich Asozialen ist überraschenderweise die Liebe. Der (Vater-)Himmel übernimmt zugleich die Funktion einer Mutter, die über das Kind im Schlafen, im Guten wie im Schlechten wacht. Die enge Bindung unterstreicht die chiastische Struktur der letzten beiden Verse in der zweiten Strophe: Himmel violett - Baal trunken, Baal fromm - Himmel aprikosenfahl. Über die Liebe kann sich Baal mit dem Himmel identifizieren. Er wird mit den dem Himmel ähnlichen Attributen wie Nacktheit und Ruhe beschrieben (vgl. V. 13), und die Verinnerlichung des Himmelbildes artikuliert sich auch zu Ende des Gedichtes (zugleich zu Ende von Baals Leben) in der Metapher: „Soviel Himmel hat Baal unterm Lid/Daß er tot noch grad gnug Himmel hat."(V. 39f.) Die Beziehung zum Himmel ist zugleich eine erotische - es kommt zu der Berührung der nackten „Körper": „Nur der Himmel, aber immer Himmel/Deckte mächtig seine Blöße zu." (V. 14f.) Die Erotik, aber auch jeglicher Genuss, der vor allem mit den Metaphern des Essens und Fressens bzw. des dicken Bauches ausgedrückt wird, sind angesichts der bürgerlichen Moral nichts anderes als sündhaft. Als Bewacher und Repräsentanten der bürgerlichen Sphäre kommen wiederum die Geier vor, mit denen Baal eine schnelle Abrechnung vornimmt, indem er sie stumm verspeist. Auf der anderen Seite zeigt sich, dass er einem normativen Zwang der Gesellschaft nicht entkommen kann, wie es aus der fünften Strophe sichtbar ist:

„5
Seid nur nicht so faul und so verweicht
Denn Genießen ist bei Gott nicht leicht!

Starke Glieder braucht man und Erfahrung auch:
Und mitunter stört ein dicker Bauch." (V. 21ff.)

Als Mann soll man nicht faul und verweicht sein, ebenso sind Stärke und Erfahrung erfordert, die sich auch körperlich in dem maskulinen dicken Bauch äußern. Die Ironie des Gedichtsubjekts ist an dieser Stelle jedoch nicht zu übersehen.
Ironisch ist die Beziehung des Gedichtsubjektes zu den dargestellten Gestalten in den meisten Gedichten, die eine Beziehung zu dem eigenen Geschlecht aufnehmen oder thematisieren. So wird z. B. die körperliche Kraft, die auf Kosten des Denkens geht, bespottet: „*DENN ER HAT DEN BIZEPS*/Ihn benützt er nicht/Aber was er nicht hat, ein Hirn/Das soll ihm helfen" (um 1925)[181] oder karikaturartig eine Reihe von banalen männlichen Ritualen vor dem Schlafengehen wie in *Ein Mann bringt sich zu Bett*[182] aufgezählt. Das letztgenannte Gedicht endet mit einer Anspielung an Selbstbefriedigung, die zusammen mit Selbstliebe symptomatisch für das Bild eines Mannes und eines Narzisses sind. Im Gedicht *Narziss*[183] (1922) wiederholt sich u. a. mit den Attributen violett und blass (vgl. V. 1f.) die Farbsymbolik des *Baal-Chorals*. Ebenso werden der quasi religiöse Aspekt und die moralische Wertung beibehalten: „Wie wird Maria, dir, wenn du ihn siehst?" (V. 7) Das abfällige Urteil über den onanierenden Narziss verwandelt sich in ein kritisches Sinnbild für den dichterischen Vorgang:

„Und er dichtet weiter (es ist ein Gedicht)
Verlösche Licht! Verlösche! ER liebt SICH.

4
Ist's nicht, als schüttle sich der Baum und grinst?
Es regnet. Milch tropft in die Finsternis
Schwankend aus dem Gelaß weicht ein Gespinst
Mit Eiweiß auf der Hose: der Narziß." (V. 14ff.)

Die Dichtung erinnert so an ein Exkrement und Produkt eines selbstgefälligen, nur sich selbst liebenden Mannes. Eine derbe Selbstironie, die die ästhetische Überheblichkeit der Literatur, ihre Maßstäbe und Normen, genau wie die der bürgerlichen Moral, aufs Korn nimmt. In diesem Sinne wird bei Brecht mit dem lebensfremden Ästhetizismus und Moralismus abgerechnet. Das Thema des Ästhetischen liegt auch dem Fragment einer Ballade *Wohl scheint er anfangs*[184] (1921) zu Grunde, die in gewissen

[181] GBFA 13, S. 309.
[182] GBFA 11, S. 125.
[183] GBFA 13, S. 249.
[184] GBFA 13, S. 225f.

Zügen an Hofmannsthals *Reitergeschichte* erinnern könnte. Das hier auf dem Pferd ins Freie reitende Subjekt des Gedichtes wird etwa folgendermaßen charakterisiert:

„Jedoch berückt von jenem schönen Wind
Verzückung, die entsteht, wo auch das Antlitz scheint
Erliegt er, der Natur stiefmütterlich
Den rauhen Späßen der Barbarenwärter
Als Kind schon ausgesetzt, der schrecklichen Verführung:
Dem Kinderwahn, daß Schönheit arglos sei.
[...]
Und mit dem Eigensinn, der jenen eignet
Die Irrtum umbringt, der so menschlich ist
Versteift er sich und nennt schlecht schön und schön
Was ihn vernichtet, raucht und trinkt und schläft
Und wiegt sich sicher, lächelt, wechselt Wäsch
Und weint mitunter, [...]" (V. 10ff.).

In seiner Darstellung mischen sich die Elemente der Männlichkeit mit dem Verfangensein im Ästhetischen und mit einer Art Verweiblichung, die u. a. durch das plötzliche Weinen zustande kommt. Die Sphäre des Ästhetischen ist hier zugleich die Sphäre des Künstlichen und Unnatürlichen. Im Prozess der Sozialisation verliert man (und Mann) die ursprünglichen Eigenschaften - so auch die „männliche Rohheit". Das Gedicht *Zwei Dinge geziemen dem Mann*[185] (um 1920/21) fasst den Einfluss der Kultur und Zivilisierung etwa in den Worten: „Als ich noch Neger war/Biß ich meinem Feind in die Gurgel, [...] Späterhin/Verzieh ich meinem Feind oftmals. [...] Wenn man mich anspucken würde/Würde ich mit Interesse zusehen/Und ich müßte glauben:/Es ist wie Wasser!" (V. 6ff.) Was einerseits wie ein Schritt in die Richtung Kultur, Zivilisation und mehr Friedlichkeit aussieht, zeigt sich auf der anderen Seite als Manipulation des Menschen durch die Ideen der kulturellen Ordnung. In diesem Zusammenhang ist auch die Anspielung an den Kampf mit der Metaphysik zu verstehen, der neben dem Rauchen eines der zwei Dinge ist, die einem Mann laut dem Gedicht geziemen (vgl. V. 2ff.). Als transzendentale metaphysische Größe wirkt vor allem, wie es die dritte Strophe zeigt, die Kraft des sprachlichen Diskurses:

„Seit ich gesehen habe
Daß Menschen durch Worte so leicht
Zu bestimmen sind
Weiß ich: es ist Unmöglich
Sie zu treffen [...]" (V. 33ff.).

[185] GBFA 13, S. 201f.

Sich dieser kulturell-normativen Wirkung zu entziehen, schaffen etwa die Subjekte, die uns asozial erscheinen bzw. diejenigen, die in den Bereich der Natur fliehen und dort auch zu der Symbiose mit dem eigenen Körper und dem eigenen Geschlecht gelangen können. Diese Einheit konnte schon in dem Gedicht *Vom Schwimmen in Seen und Flüssen* beobachtet werden und ist auch anderen „Naturgedichten" eigen. Ein solches positiv konnotiertes Erlebnis präsentiert auch das Gedicht *Von dem Gras und Pfefferminzkraut* (1920):

> „Ich habe den Geschmack von Pfefferminzkraut
> Auf meiner Zunge und Geruch vom Grase
> Ich liege in den Brennnesseln zum Spaße
> Und wälz mich auf Fetzen meiner rohen Haut.
> Ich hab das Schilf vom kleinen Fluß zerkaut.
> Und mit den dicken Steinen Unzucht getrieben.
> Als ich keine Haut mehr hatte von dem Lieben
> Habe ich den kleinen Himmel angeschaut.
> Ich kenne dieses Gras in meinem Hosensack
> Von Jugend auf. Und als es noch klein war.
> Es kratzte mir die Haut oft im Genack
> Und wuchs viel schneller als mein eigen Haar.
> Ich sah es Unzucht treiben schon im Kindesalter
> (Es war ein wunderbarer schwarzer Falter.)
> Wir standen gut zusammen jedenfalls.
> Es liebte bang und lang nur meinen Hals." (GBFA 12, S. 167)

Die starke Konzentration auf das Ich erweckt den Eindruck eines narzisstischen Gefühls, die Aufmerksamkeit des Gedichtsubjekts ist jedoch teilweise gespalten. Es konzentriert sich gegenwärtig auf das sinnliche „Abtasten" der Realität: Synästhetisch verbinden sich die gustatorischen, olfaktorischen, taktilen bzw. haptischen Wahrnehmungen zu einem positiv empfundenen und erotisch konnotierten Erlebnis. Auf der anderen Seite vertieft es sich in den eigenen Erinnerungen, die eigentlich im Gedicht dominieren. Es ist zuerst die Beschreibung der unmittelbar erlebten sexuellen Vereinigung (vgl. V. 5 - 8), nach der das Ich im Gras liegt, den Anblick des Himmels genießt und sich an die früheren Zeiten erinnert: „Ich kenne dieses Gras in meinem Hosensack/Von Jugend auf. Und als es noch klein war." (V. 9f.) Der zweite Vers enthält sogar eine deutliche Zäsur und macht somit den temporalen Wechsel mehr deutlich. Im Mittelpunkt der Gedanken steht nun das Gras, das sich jedoch im ständigen Bezug auf das Subjekt befindet. Die Reflexion über das Gras wird damit zu einer Selbstreflexion des Subjekts. Die fast groben sexuellen Metaphern der ersten Verse (das Sichwälzen auf den Fetzen der Haut, Unzucht mit dicken Steinen, Zerkauen des Schilfes) ersetzt im zweiten Teil des Gedichtes die eher sanfte (kindliche) Erotik (Falter im Gras, Liebe zu dem Hals, Zusammenstehen). Das wachsende Gras kann zugleich als priapeische Metapher gelesen werden, und die Beziehung des Subjektes zu ihm ist also homoerotisch geprägt. Im Sinne der vorher erwähnten Selbstreflexion kann diese Homoerotik aber auch als erotische Wahrnehmung seines Selbst aufgefasst werden. Die Identität zwischen dem Ich und dem Gras ist auch dem Satz „Und als es noch klein war." (V. 10) zu entnehmen. Das Pronomen „es" ist an dieser Stelle gegen das „Ich" austauschbar, die Vereinigung gipfelt in dem vorletzten Vers sogar in einem „Wir". Das Gras von früher trägt das Subjekt nun in seiner Hosentasche, sowohl das Gras als auch das „Ich" sind in der Gegenwart nicht mehr „klein", ihr „Erwachsensein" äußert sich auch in der Tatsache, dass z. B. der Himmel oder der Fluss als klein empfunden werden, sogar die Art der Erotik ändert sich. Das Gras wird durch Pfefferminze und Brennnessel (beide Pflanzen haben sogar weibliches Genus) ersetzt. Es lässt sich folgern, dass sich die Sexualität des Subjekts weiter entwickelt hat und die Homoerotik bzw. Selbstbefriedigung eher der Vergangenheit und der Kindheit (bzw. der Pubertät) angehören.

Die jugendliche Sexualität in der Verbindung mit der Natur wird auch in der Gruppe der Psalmen thematisiert. Das Subjekt des Psalmes *Hybris*[186] (1920) bekennt sich zu dem Ausleben der Sexualität ganz offen: „Meine Hosen riechen schamlos nach Liebe. Ich wasche mich/nie mehr" (V. 1f.). Genauso wie in dem vorigen Gedicht ist der Geruch ein Überbleibsel der Befriedigung und löst die Reflexion aus. Im Vergleich mit den anderen Gedichten sind in *Vom Gras und Pfefferminzkraut* und in den Psalmen keine moralischen Gewissensbisse zu beobachten. Obwohl in dem Psalm *Hybris* ein Schutzengel ähnlich einer moralischen Instanz auftaucht, zeigt das Subjekt keine Ehrfurcht, sondern Unabhängigkeit und Übermut: „Mein Schutzengel will mich von Zeit zu Zeit an meinem Haar/aus dem Wasser ziehen. Dann lasse ich Haare wie ein Hund im November. Aber im Wasser bleibe ich auch kahlköpfig." (V. 4ff.) Diese Einstellung hängt möglicherweise mit der bewussten Distanz zu den kulturellen Normen zusammen. Auch das Subjekt des 16. Psalms *Gesang von mir*[187] (1920) vergleicht sich mit einem „Neger" (vgl. V. 3 oder 18). Die Sexualmetaphern kommen auch aus dem Bereich der Natur: „Ich bin in warmen/Tümpeln gelegen wie ein Haselnußstock, ich bin gut fürs Bett,/ich sage es euch." (V. 4ff.) Zu dem freien und nicht an Normen gebundenen Sexualgenuss gehört für das Subjekt auch die Homoerotik:

[186] GBFA 11, S. 17.
[187] GBFA 11, S. 28.

> „Ich habe ein Verhältnis mit dem Himmel, ich nenne ihn Azorl,
> herrlich, violett, er liebt mich. Es ist Männerliebe." (V. 15f.)

Dem angepriesenen Himmel gibt das Subjekt Kosenamen und verbindet ihn mit der violetten Farbe, die im ähnlichen Kontext auch in anderen Gedichten vorkommt. Außer der homoerotischen Konnotation ist sie auch die Farbe der (alkoholischen) Trunkenheit, die an dieser Stelle auch als erotische Trunkenheit zu verstehen sein könnte. Deutlich ist aber, dass die Beziehung zu dem Himmel eher einseitig ist, denn das Subjekt spricht nur von der Liebe des Himmels zu ihm und nicht umgekehrt, was wiederum auf einen narzisstischen Charakter des Subjekts verweist. Die zuletzt zitierten Verse sind zugleich mit dem 3. Psalm identisch (vgl. *Der 3. Psalm*[188]). In diesem macht schon die erste Strophe klar: „In meinen Adern/ist Kognak. Meine Hand ist aus Fleisch." (V. 2f.), dass der sexuelle Genuss und so möglich auch die Homoerotik bzw. der violette Himmel Ergebnis eines alkoholischen Rausches sind. In dem 3. Psalm zeigt sich der Himmel aber auch als eine wertende und sich distanzierende Instanz, denn „Er wird bleich, wenn ich mein Darmvieh quäle und die rote/Unzucht der Äcker imitiere, sowie das Seufzen der Kühe beim Beischlaf." (V. 15ff.) Das Subjekt behält jedoch insgesamt in den Psalmen seinen provozierenden Gestus, und jede moralische Empörung ist ihm gleichgültig. Es lebt seine Gefühle und seine Sexualität völlig autonom und frei aus. Die Darstellung der Sexualität (und auch der Homosexualität) spielt in den Psalmengedichten eine nicht geringe Rolle und gehört zu deren Atmosphäre. Deshalb wirkt ein bisschen überraschend, wenn Arnold Stadler bei seiner Analyse auf diesen Aspekt überhaupt nicht eingeht. Seine Interpretationen machen einen sterilen Eindruck und führen sogar zur Verwechslung der Erektion mit Sadismus.[189] Das Erotische (und auch die homoerotische „Männerliebe") bleibt bei Stadler im Großen und Ganzen missverstanden und hat ledigliche eine ironische Funktion (vgl. Stadler, 1989, S. 59 bzw. S. 83). Eine völlig entgegensetze Meinung, der ich mich auch anschließen kann, präsentiert Josef P. Mautner, der schreibt:

> „Die meisten Texte thematisieren Liebe und Sexualität mit betonter Sachlichkeit und ohne pathetische Überhöhung. Die stilisierte Prosa der Gedichte spricht über sexuelle Erfahrungen nicht in hymnischer Form, sondern mit Anklängen an den >schmutzigen< Slang einer >niedrigen< Sprache." (Mautner, 2001, S. 88)

188 GBFA 11, S. 32.

189 Im Zusammenhang mit dem Psalm *Gesang von mir* spricht Stadler von einem „sadistisch beschriebenen Lebenshorizont" (Stadler, 1989, S. 82), wobei er kein Wort über die Erotik dieses Gedichtes verliert und insbesondere die Metapher des Haselnussstocks negativ konnotiert.

Eine ähnliche Sicht haben auch Koopmann (1999) und Knopf (2001a), sie sprechen ebenso deutlich von dem erotischen Inhalt der Gedichte. Jan Knopf betrachtet dabei die Psalmen-Gedichte als interessante Ausnahme in Brechts Produktion und ist der Meinung, dass viele von den Gedichten in der bisherigen Forschung nicht genügend gewürdigt worden sind (vgl. Knopf, 2001a, S. 37ff.).

7.3 Die gleichgeschlechtlichen Beziehungen

Außer der Möglichkeit, die Homoerotik als narzisstische Beziehung zu sich selbst und dem eigenen Sexus zu betrachten, geht es vor allem und primär um eine Beziehung zu dem Gegenüber des gleichen Geschlechts. Von einem solchen „Verhältnis" konnte schon z. B. bei den Gedichten *Der 3. Psalm* und *Der 16. Psalm* die Rede sein. Eines der überhaupt ersten Gedichte, bei dem man das gleichgeschlechtliche Begehren in einer Beziehung in Erwägung ziehen könnte, ist das Gedicht *Die Beiden*[190] (1913):

> „Sie gingen nebeneinander her
> Und wollten sich Liebes sagen
> Doch fanden die Worte sie allzu schwer
> Da begannen sie eifrig zu klagen
> Übers Wetter und über die schlimme Zeit
> Und nichts über ihr heißes Verlangen – – –
> Viele Jahre sind drüber gegangen
> Doch die beiden haben mit ihrem Klagen
> Vergessen das Liebe zu sagen. –" (V. 1ff.)

Die meisten Leser würden sicherlich mit den „Beiden" dieses Gedichtes das Paar Mann – Frau konnotieren, was an sich von nichts anderem als der fest in unserem Bewusstsein verankerten heterosexuellen Matrix zeugt. In der *queeren* Lektüre können jedoch die beiden Subjekte als zwei Männer bzw. zwei Frauen besetzt werden. Wenn man das Tagebuch von 1913 zur Hand nimmt, in das dieses Gedicht am 7. September eingetragen wurde, liest man unmittelbar davor: „Blumentag. Auf den Straßen ein festliches Bild. – Nachmittag mit Hartmann gesprochen, nachdem ich in der Stadt war mit Albrecht. **Ich habe Hartmann gern.**" (GBFA 26, S. 28, Hervorhebung J. D.) Das könnte auch die *queere* Lesart – und also die Darstellung der mannmännlichen Begegnung bestätigen. Bekundungen solcher Art sind in Brechts Tagebuch jedoch keine Ausnahme, und konkret findet auch das Gefühl der Freundschaft mit Rudolf Hartmann (dem Mädi) dort mehr-

---

190 GBFA 13, S. 16.

malige Erwähnung. Die Forschung, die auf das Motiv der Homosexualität eingeht, greift sehr oft vor allem auf den Eintrag vom 16. Juni 1920 zurück, in dem Brecht den Nachmittag mit Caspar Neher skizziert und feststellt: „Es ist besser mit einem Freund als mit einem Mädchen." (GBFA 26, S. 128f.)[191] Die hier durchgeführte Untersuchung möchte aber diese autobiografischen Zusammenhänge nicht argumentativ einsetzen und will zeigen, dass es für die Analyse auch nicht notwendig ist. Im Falle des Gedichtes *Die Beiden* ist vor allem die Tatsache von Bedeutung, dass es sich über das Geschlechtliche hinwegsetzt, denn anhand der Wortwahl ist es nicht möglich darauf zu schließen, ob das Paar hetero- oder homosexuell ist. Das Allgemeinmenschliche des Gefühls gewinnt die Überhand und die Pronomina „sie", „ihr", „die Beiden" stehen hier als sog. leere Deixis, die je nach dem Rezipienten und der Wirkung der heterosexuellen Matrix mit einer einschlägigen Bedeutung besetzt werden.[192] Das im Vordergrund stehende Thema ist das des Diskurses und des Begehrens. Bereits der 15-Jährige greift hier die Problematik auf, die auch später bei Brecht eine besondere Aufmerksamkeit genießt - u. z. die Unzulänglichkeit der menschlichen Kommunikation. Das Paar in dem Gedicht ist nicht in der Lage, sein gegenseitiges „heißes Verlangen"[193] zu artikulieren, die Worte, die die teilweise Distanz (mit Nebeneinandergehen ausgedrückt) überbrücken könnten, werden nicht gefunden, statt dessen wird der primäre Diskurs durch einen anderen überlagert und verdrängt.[194] Das Produktive der menschlichen Sexualität bzw. der tieferen Emotionalität wird infolge der Banalität des Alltags bzw. des negativen Diskurses geschlagen. Auch der Hintergrund der „schlimme[n] Zeit", die den eigentlichen Anlass zum Klagen bietet, wird zu einem weiteren eingreifenden Element, das sowohl zu der Verdrängung des Begehrens als auch des Diskurses über dieses Begehren führt und die Menschen eher entfremdet als verbindet. Das Gedichtsubjekt ist schließlich auch auf eine Distanz zu den Beiden des Gedichtes angelegt, denn das Berichten an sich setzt diesen Abstand des

[191] Insbesondere wird dieser Eintrag bei der Interpretation des Gedichtes *Vom Schwimmen in Seen und Flüssen* herangezogen, weil hier die Elemente des Badens, des Auf-dem-Rücken-Liegens und Genießens erscheinen.

[192] Zu dem Problem der Wirkung von heterosexueller Matrix vor allem in den Gedichten der deutschen Liebeslyrik vgl. auch Demčišák (2007).

[193] Sowohl das „heiße Verlangen" als auch die „Eifrigkeit" können als erotische Anspielung gedeutet werden.

[194] Unter Anwendung der *queeren* Lesart und der Konstituierung des mannmännlichen Begehrens wäre es möglich, auch über die Verdrängung des Homosexualitätsdiskurses zu sprechen.

Berichtenden zu dem Berichteten (zu dem Paar und dessen Situation) voraus.
Auf Distanz ist auch die Beziehung des Subjektes zu einem Knaben in dem Gedicht *Ein Knabe lief neben mir her*[195] (um 1923) angelegt.[196] Der Abstand zeugt einerseits von einer Symbiose und gegenseitiger Abhängigkeit, andererseits ist sie jedoch asymmetrisch und oszilliert zwischen gut und böse, dem Heiligen und dem Teufel, was auch die biblische Anspielung: „während wir/durch die Wüste gingen" (V. 5) bestätigt.
Einen gewissen Abstand bewahrt auch das Gedichtsubjekt des Gedichtes *Der Dichter, der ihn manchmal geliebt*[197] (1919), es spricht möglicherweise von sich selbst, so dass hier eine bewusste Entfremdung der eigenen Reflexion stattfindet. Die Beziehung zwischen den Männern wird durch die ersten drei Verse eingeleitet und erklärt: „DER DICHTER, DER IHN MANCHMAL GELIEBT/Weil er ihm Wein und Brot für schöne Worte gibt/Sagt von ihm, daß er Zedernholz und Salböl tauscht." (V. 1f.) Das Liebesgefühl des Dichters zu dem Mann ist jedoch ein bedingtes, die Beziehung konstituiert sich nur als Tauschhandel (Brot für Worte) und stellt nicht nur die Abhängigkeit der Männer voneinander dar, sondern macht auch die Abhängigkeit der Gefühle deutlich. Außerdem ist zu erkennen, dass der Dichter sein Gegenüber (möglicherweise auch infolge des Liebesgefühls) stark idealisiert und aus der Realität nur die Idee des Schönen und Erhabenen abstrahiert, worauf „Zedernholz und Salböl" als Charakteristika des Händlers verweisen. Dieser Hang zur Idealisierung entspricht etwa dem (bewussten) Absehen von der Wirklichkeit in der Beziehung zwischen Ekart und Baal. Von dem Gedichtsubjekt wird der Mann im Unterschied zu dem „Dichter" aber anders charakterisiert: „Doch jenem ist es gleich, ob's Myrrhen sind/Erz oder Flöten. Gift, das tötet. Branntwein, der berauscht. Kloakensteine, Stiere und Absynth –" (V. 3f.). Die Beschreibung des Anderen rückt in den Vordergrund und bildet den eigentlichen Gegenstand der Schilderung. Das Gedicht entwickelt vor allem einen poetologischen Diskurs zwischen der ästhetisierenden und einer eher realistischen Dichtung, der vor allem mit den klassischen Metaphern und Topoi des Schiffes, des Ackers oder des Windes angedeutet wird. Bezogen auf die Ebene der zwischenmenschlichen Beziehung wird eine romantische Vor-

[195] GBFA 13, S. 274f.

[196] Im gewissen Sinne könnte diese Beziehung aufgrund der Asymmetrie und des Altersunterschiedes auch als Päderastie bezeichnet werden, die Besonderheit der Bindung ist durch den Schrei des Knaben nach dem Ich ausgedrückt.

[197] GBFA 13, S. 137f.

stellung durch die praktische bewältigt, obwohl die hohe poetische Sprache des Gedichtes diesen Gedanken auf bestimmte Weise subvertiert.
Demgegenüber bleibt in der *Ballade von der Freundschaft*[198] (1920) die eigenartige romantische Atmosphäre bis zum Schluss bewahrt. Die Beziehung der beiden Freunde dauert über einen längeren Zeitraum und ist weder flüchtig, noch vorübergehend. Obwohl vieles auf der Erde (einschließlich der Männer) bereits der Verwesung ausgesetzt ist – den Männern fallen Zähne aus den Kiefern, viele der Sachen sind „verfault", „ranzig", „räudig", und es wird kälter auf Erden –, bleibt das Paar im Kontrast dazu in seinem harmonischen Miteinander. Die Bindung der Männer wird mit unterschiedlichen Naturelementen verglichen – mit zwei an einem Stiel hängenden Kürbissen (vgl. V. 2f.), mit Datteln, die normalerweise in der Natur zusammen wachsen (vgl. V. 13f.) oder mit Schlingpflanzen, die einander umschlingen (vgl. V. 31f.) – und erweckt somit den Eindruck von etwas Natürlichem. Die Nähe der Männer ist zugleich körperlich, sie gehen Knie an Knie, Arm in Arm oder liegen Leib an Leib, wobei die Paare der identischen Körperteilbezeichnungen die scheinbare Unzertrennlichkeit demonstrieren und zugleich als erotische Metaphern dienen sollen. Es ist an dieser Stelle eindeutig Arendt zu widersprechen, die eine erotische Beziehung der Männer in diesem Gedicht bezweifelt: „Ob die Liebe der Männer sexuellen Verkehr einschließt, läßt sich auch bei Betrachtung der gesamten Ballade nicht eindeutig klären." (Arendt, 2001, S. 202) Außer den erwähnten Metaphern zeigt aber z. B. auch die zweite Strophe auf die sexuelle Vereinigung:

„2
In den grünen harten Gesträuchern
Wenn der Himmel bewölkt war, der Hund
Sie hingen wie ranzige Datteln
Einander sanft in den Mund." (V. 11ff.)

Dabei widerspricht sich Christine Arendt teilweise selbst, denn an einer anderen Stelle deutet sie die Dattel als Penis, indem sie auf den Kontext dieses Wortes in dem Gedicht *Lala* verweist.[199] Der sexuelle Kontext ist aber nicht nur mit der Dattel-Metapher angedeutet, sondern schon die Szenerie

[198] GBFA 11, S. 95ff.

[199] In diesem Gedicht wird von der „verdorrten Samendattel" gesprochen, was eher als Metapher für Hoden und nicht für Penis, wie Arendt meint, zu verstehen ist. In der *Ballade von der Freundschaft* erscheint das Bild der Dattel noch einmal in der achten Strophe, wo sie als Metapher (und im gewissen Sinn als Synekdoche) für den Mann steht, der krank auf einer Insel zurückgelassen werden muss: „Die Dattel spuck aus, die verdorrt!" (V. 66)

in den Gesträuchen ist die Liebesszenerie des jungen Brecht par excellence.[200] Noch in der letzten Strophe gehört der Liebesort zu den Erinnerungen eines der Männer:

„11
Aber jener, in vielen Wochen
Auf dem Meer, bei der Frau, im Gesträuch:
Es verblassen viele Himmel
Doch der Mann am Baum wird nicht bleich:
Die Gespräche in den Sternennächten
Arm in Arm und rauchend, Knie an Knien
Die sie stets vereint, in vielen Nächten
Und auch wenn die Sonne schien." (V. 91ff.)

Der Zusammenhalt des Paares ist so stark, dass die anderen männlichen Konkurrenten ausgeschaltet bleiben - es wird gegen den gelben Mond geschossen (vgl. Strophe 1) und sogar der in den homoerotischen Gedichten eher positiv konnotierte Himmel wird als Hund angeschimpft. Genauso können die Frauen nicht zur Trennung der Freunde beitragen, denn die Männer befriedigen sich „bei dem gleichen Weib" (V. 23), womit sie auf der symbolischen Ebene miteinander koitieren. Trotz der Atmosphäre des Untergangs, der Verwesung und der sexuellen Handlungen wirken die Männer und ihre Freundschaft wie etwas Unschuldiges und Ideales. In der dritten, siebten und achten Strophe taucht nacheinander das gewaschene, wehende und schließlich frische Hemd[201] als Symbol dieser Reinheit und vielleicht auch einer unverkennbaren Utopie auf. Die Trennung der Männer wird nur durch den Eingriff einer Kraft von Außen bewirkt (wenn einer der Kameraden erkrankt, so dass eine gemeinsame Weiterreise unmöglich ist) und geschieht nur widerwillig. Unter Einsatz des eigenen Lebens verzögert der Gesunde den Abschied bis zum letztmöglichen Zeitpunkt, und der auf der Insel Zurückbleibende lässt sich an einem Baum festbinden:

„»Kamerad, ich sehe dir nach noch:
Von dem Baum aus sieht man weit.«
Und nach Tagen, als der Strick durchbissen
Schaut er immer noch aufs Wasser hin" (V. 86ff.).

Das Motiv des Blickes trägt hier die Bedeutung einer mentalen Wahrnehmung. Der eine Mann starrt bis zu seinem Tod aufs Wasser, also in die Ferne, in der sein Kamerad verschwand, der andere blickt ständig in

200 Pietzcker verbindet die Homosexualität in diesem Gedicht außerdem mit dem Motiv des Schwimmens im Wasser, das gleich in der ersten Strophe als Bild der zwei im Fluss schwimmenden Kürbisse auftaucht (vgl. Pietzcker, 1974, S. 235).

201 Das Hemd ist in diesem Kontext nicht weiß, wie es bei Brecht oft als übliches Symbol des Bürgerlichen verwendet wird.

seine Erinnerungen zurück, jeder versucht also auf seine eigene Weise den vermissten Partner zu vergegenwärtigen. In der Zeit ihres Zusammenseins war der Blick anders gerichtet, es heißt gleich in der ersten Strophe: „Und sie liebten sich und sahn nicht hin" (V. 7). Wiederholt wird das Motiv in den Strophen 2 und 5 und als Nichtzuhören in der Strophe 4. Das Nichthinsehen bzw. Nichtzuhören lässt sich aus der Konzentration auf die emotionale Bindung verstehen, im Beisammensein und in den Momenten der physischen Nähe erübrigt sich jede rationale Wahrnehmung des Partners.[202] Auf der anderen Seite zeugt jedoch diese Sicht von der Selbstverständlichkeit, die die menschlichen Beziehungen begleitet. Der Partner wird erst dann wahrgenommen, wenn sein Verlust droht. Erst dann ändert sich der Blick „Und ein Mann liegt krank am Wasser/Und blickt stumm zu einem Manne hin" (V. 51f.) und mit der Zeit gewinnt er an Intensität und Bedeutung. Sozusagen dauert er über die Trennung hinaus. Die Liebe der Männer zueinander überlebt auch die aufgezwungene Trennung, und ihre Darstellung gehört somit zu den „romantischsten" innerhalb der frühen Lyrik Brechts, was ihr jedoch auf der anderen Seite eher utopischen Charakter verleiht. Die Männer lassen sich von der „weiblich-romantischen" Liebe treiben, auf der anderen Seite scheuen sie sich davor, ihre Gefühle zu offenbaren. Die scheinbare Gleichgültigkeit äußert sich in den Dialogparten, bei denen beide Freunde angesichts der anstehenden Trennung immer gelassen wirken und ihre Angstlosigkeit beweisen möchten. Die emotionale Distanz soll auch das Motiv des Rauchens verdeutlichen.[203] Diese Verhaltensweise erinnert an das Verhalten der männlichen Figuren in den analysierten Dramen, denn unter dem Einfluss des Normativs der geschlechtlichen Identität müssen die Männer ständig ihre Männlichkeit beweisen und jedes andere Benehmen verdrängen. Sogar die erzählerische Instanz innerhalb der Ballade spricht sich gegen ein emotionales Verhalten der Männer aus und fordert rationales Handeln: „Und jetzt kam der Tag, wo sie schieden!/Die Dattel spuck aus, die verdorrt!" (V. 65f.) Trotz der rationalen Entscheidung, sich zu trennen, werden die Männer von ihrer Emotionalität weiter begleitet, und ihre Liebe bleibt bestehen. Arendt zählt dieses Gedicht in ihrer Untersuchung zu der Gruppe von Gedichten, die sie als „Fiktion der beständiger Liebe" bezeichnet und macht auf die Außergewöhnlichkeit

202 Möglicherweise korrespondiert es auch mit dem Ausleben der eigenen Sexualität nur in der Abwesenheit der überwachenden Ratio.

203 Auch Arendt deutet das Rauchen als Ausdruck der emotionalen Distanz und beobachtet, dass die Männer beim Abschied ihre Gefühle verleugnen (vgl. Arendt, 2001, S. 2004).

dieser Ballade aufmerksam. Vor allem die Schilderung einer dauerhaften Beziehung und die symmetrische Beziehung der Freunde findet sie bei Brecht „höchst ungewöhnlich“ (vgl. Arendt, 2001, S. 195).
In der Tat zeigen auch die anderen Gedichte, in denen die Freundschaft von zwei Männern zum Vorschein kommt, kein solches harmonisches Bild wie die eben analysierte Ballade. Die Gedichte, wie z. B. *Ballade von zwei Freunden, Karl Hollmanns sang* oder *Epistel,* gehen jeweils vom Ende der Freundschaft aus, denn einer der Freunde ist in allen drei Fällen tot. In der *Epistel*[204] (1921) geht es aber eher um einen symbolischen Tod:

> „EPISTEL
>
> Einer kann herkommen aus Ulm und mich abschlachten.
> Dann erbleicht in der Luft ein Tag
> Das Zittern einiger Grashalme, das ich vor Zeiten bemerkte
> Kommt nun endlich zum Stillstand.
> Ein toter Mensch, der mit mir befreundet war
> Hat keinen mehr, der weiß, wie er aussah.
> Mein Tabakrauch
> Der inzwischen durch Milliarden Himmel gestiegen ist
> Verliert seinen Gottesglauben
> Und
> Steigt weiter.“ (V. 1ff.)

Von den drei erwähnten Gedichten ist die *Epistel* das subjektivste und intimste. Das Subjekt setzt eine bewusste Distanz zu seinem ehemaligen Freund, die ähnlich wie in der *Ballade von der Freundschaft* mit dem Motiv des Rauchens verbunden ist. Ihre Intensität und Steigerung repräsentiert der „durch Milliarden Himmel“ steigende Rauch, dessen Personifikation zugleich eine Identifikation mit dem Subjekt darstellt. Seine seelische Lage verbindet in sich Auflösung, Resignation, aber auch die Notwendigkeit des weiteren Vorwärtsgehens. Das bewusste Vergessen des Freundes oder besser gesagt die Bemühung um sein Auslöschen aus dem Gedächtnis weisen auf die Größe der früheren Beziehung hin. Die Schwierigkeit, den Freund zu vergessen, wird bereits im ersten Vers deutlich, denn die absolute Annullierung der Vergangenheit ist nur im Zustand des eigenen Todes möglich. Nur wenn das Subjekt „abgeschlachtet“ wird, kann es es schaffen, an den „toten“ Freund nicht mehr zu denken. Erst in dem eigenen Tod kann auch das „Zittern der Grashalme“ aufhören. Diese Metapher birgt in sich auch die Möglichkeit einer erotischen Konnotation, die der früheren Beziehung der zwei Freunde noch größere Tiefe verleihen kann. Das Gedicht lässt sich insgesamt als Versuch um seelische Abfindung nach

[204] GBFA 13, S. 209.

dem Abbruch einer Beziehung interpretieren. Eine ähnliche Auseinandersetzung, diesmal mit einem wirklich toten Freund stellt das Rollengedicht *Karl Hollmanns sang*[205] (1920) dar. Die Figur dieses Gedichtes gedenkt seines Freundes Jack:

„Rauchend den gelben Tabak
Am Flußkies bei ruhigem Wetter
Schnapp ich noch die Luft. Im Sack
Noch Tabak und die Zeitungsblätter.

Dann denk ich an meinen Freund Jack
Bis es Nacht wird. [...]" (V. 1ff.)

Die Reflexion des Mannes begleitet schon wieder das Rauchen. Zudem macht auch das Flussufer bekanntlich die intime Atmosphäre aus. Auf die frühere Intimität der Beziehung verweisen die Gegenstände, die der Mann nun bei sich „im Sack" trägt. Der gelbe Tabak hilft den Freund zu vergegenwärtigen: „Ich rauche so gelben Tabak/Und mein Freund Jack war gelber!" (V. 7f.), genauso wie die Zeitungsblätter an ihn erinnern sollen: „Jack, du warst der Mann von uns beiden!/Leer jetzt wie ein Zeitungsblatt!" (V. 24f.) Indem sich Hollmanns mit Jack vergleicht und seinen Freund für den eigentlichen Mann hält, macht er deutlich, dass er nicht dem Normativ der Männlichkeit entspricht und es ihm nicht leicht fällt, sich mit Jacks Tod abzufinden, weil er seine Emotionen unter der Maske der Männlichkeit verstecken muss. Es ist für ihn um so schwerer, weil die Beziehung der Freunde intensiv war und nun die Leere die Gegenwart des Freundes ersetzt hat:

„Ja, der Teich, Jack, der ist immerhin
Zwischendrin auch ziemlich warm oft!

Wenn es kälter wird, troll ich mich dann
Mit noch etwas Luft in den Händen
Heim. Ich, ein lebendiger Mann
Mit einem Dach über meinen vier Wänden." (V. 35ff.)

Genauso wie die „Reliquien" wie Tabak und Zeitungsblätter auf die Intimität hingewiesen haben, tut es auch die Anspielung auf den wahrscheinlich gemeinsam besuchten Ort – den Teich, der u. a. zum homoerotischen Topos gehört. Auch das Schnappen nach Luft, von dem am Anfang des Gedichtes die Rede ist, zeigt sich jetzt als haptisches Greifen in die Luft. Wenn es kalt wird und Karl sich nach der Wärme sehnt, kann er nach niemandem mehr greifen. Es bleiben ihm also nur mit Luft volle, d. h.

[205] GBFA 13, S. 186f.

eigentlich leere Hände übrig. Die jetzige Leere und Einsamkeit verdeutlichen die Metaphern der Kälte und die vier Wände, in denen der Mann allein leben muss.

Eine ein bisschen andere Perspektive zeigt das Gedicht *Ballade von zwei Freunden*[206] (um 1920/21), in dem der hinterbliebene Freund nicht über den Tod seines Kameraden klagt, sondern stattdessen seine Kleider und seine Frau an sich reißt und sich sogar die Sprache des Freundes aneignet. Wie in diesem Gedicht, so ist die trianguläre Konstellation, bei der die Frau Funktion des Mittlers zwischen zwei Männern übernimmt, auch in Gedichten *Tahiti*, *Ballade von der menschlichen Stärke* oder *Lupu Pick und Manke Pansche* deutlich erkennbar. Jan Knopf erwähnt bei der Analyse von *Tahiti*[207] (1920) auch das Motiv der Homosexualität: „Insgesamt handelt es sich also um eine in Schiffahrtsmetaphern gekleidete Darstellung eines Geschlechtsverkehrs zu dritt, wobei ich ausdrücklich Homosexualität nicht ausschließen möchte (auch darauf läßt sich das »standrechtlich erschießen« gut beziehen)." (Knopf, 1984, S. 28) Außer der von Knopf erwähnten Anspielung zeigt in die Richtung der Homoerotik auch die Anweisung von Topp an Bidi in der dritten Strophe, die parallel zu dem Befehl an Gedde steht:

> „Das Bettlakensegel von Topp bedient
> Mit: Gedde, zieh dich aus, es wird heiß, der Äquator!
> Und: Bidi, setz den Hut fest, der Golfstromwind!" (V. 13)

Ebenso der Kampf mit „eisgrünem Mond" in der vierten Strophe erinnert an das gemeinsame Schießen nach dem Mond in der schon vorher analysierten *Ballade von der Freundschaft*. Ein ebenso fantasiertes Dreieck bietet auch die *Ballade von der menschlichen Stärke* (1921) an, die ähnlich wie *Tahiti* mit den Mitteln der Komik arbeitet:

> „BALLADE VON DER MENSCHLICHEN STÄRKE
>
> 1
> Ach es gibt wohl Bitternis
> Doch der Mensch ist stark gewiß
> Weil er sie fast stets aushält.
> Einst saß ich auf einem Feld
>
> 2
> Einen Bären kummergrau
> Sah ich dort mit meiner Frau:
> Schwanden für 'ne Viertelstund

[206] GBFA 13, S. 199.
[207] GBFA 13, S. 28.

In dem schwarzen Tannengrund

3
In der grauen Morgenkält
Fand ich mich noch auf der Welt.
Und ich fand (wohl von dem Spaß)
Meine ganze Hemdbrust naß." (GBFA 13, S. 226)

Eine gewisse Leichtigkeit des Gedichtes ist nicht zu übersehen, obwohl sich das Subjekt mit der Untreue seiner Frau auseinandersetzen muss. Die Grenze zwischen Realität und Fiktion bleibt verschwommen: Schon die Bärenmetapher setzt einen imaginären Akzent, und besonders der Schluss kommt dem Erwachen aus einem (erotischen) Traum sehr nahe. Das Überleben des Mannes bezieht sich nicht nur auf die Tatsache seiner „Stärke", dass er das Fremdgehen seiner Frau zu verarbeiten hat, sondern deutet auch auf einen fiktiven „Kampf" mit dem Bären hin. Der Anteil des Subjekts an den erotischen Vergnügungen seiner Frau und des „Bären" ist unbestreitbar, denn der Mann hat selbst seinen „Spaß" daran. Über die Frau konstituiert sich also homoerotische Beziehung zwischen den Männern, denn schließlich handelt es sich um einen sexuellen Genuss zu dritt. Die gleiche Erkenntnis liefert auch das Gedicht *Lupu Pick und Manke Pansche*[208] (1922). Die beiden Konkurrenten Lupu und Manke, die sich in das Genick schlagen (vgl. V. 10) und sich zueinander hinterlistig verhalten, tragen ihren Kampf schließlich über Sexualität aus:

„Ja er kniff dann in die Backe
(Welche Backe sag ich nicht)
Manke Pansches Weib und kam dann
Schwankend zu ihm ins Dickicht.

Und er schrie, die haarige Brust sich
Trommelnd heiser wie ein Vieh.
Komm heraus, Hund Manke Pansche
Und stieß nach ihm mit dem Knie." (V. 23ff.)

Um Manke Pansche zu provozieren, belästigt Lupu Pick die Frau seines Freundes und schläft mit ihr. Man könnte vom Erwachen der Animalität sprechen, auf die auch der Anfang der letzten Strophe verweist - das Trommeln auf die behaarte Brust, das Schreien und der Vergleich zum Vieh sind die Indizien dafür. Der sexuelle Verkehr mit der Frau dient schließlich nur der Herauslockung des Freundes aus der Hundehütte, in die er vorher verjagt wurde. Der letzte Vers schließt das gemeinsame „Spiel" ab, wobei sich der Kniestoß auch als homoerotischer Akt verstehen lässt.

[208] GBFA 13, S. 254.

Während sich die gleichgeschlechtliche Beziehung der Männer in den letzten drei Gedichten jeweils über die Frau konstituiert, wird das homosexuelle Verhältnis in dem Gedicht *Siegfried hatte ein rotes Haar*[209] (1922) direkt thematisiert. Das Motiv der roten Haare stellt am Anfang des Gedichtes einen erotischen Stimulus dar: „SIEGFRIED HATTE EIN ROTES HAAR/Und Hagen Tronje liebte ihn sehr" (V. 1f.) Das korrespondiert mit den Ergebnissen der Untersuchung bei Frenken, der dem Haar-Motiv in Brechts Lyrik u. a. die erotische Bedeutungsebene zuschreibt und sie auch näher analysiert. Er schlussfolgert jedoch dabei: „Im Mittelpunkt der bisher zitierten Beispiele steht das Haar als eines der wesentlichen Elemente der weiblichen Attraktivität. Daß keine vergleichbaren Textstellen existieren, in denen das Haar eines Mannes in ähnlicher Funktion erscheint, kann bei einem männlichen Autor kaum verwundern." (Frenken, 1993, S. 104) Es ist eindeutig, dass das eben besprochene Gedicht der Aufmerksamkeit des Forschers entgangen sein muss.[210] Auf der anderen Seite legt Frenkens Argumentation Zeugnis ab von der heterosexistisch normierten Denkweise der Literaturwissenschaft schlechthin. Das Gedicht *Siegfried hatte ein rotes Haar* stellt dabei sogar multiple Männerbeziehungen dar, in denen die gemeinsame Anziehung, aber auch das ganze Gefühlsspektrum von Liebe, Hass, Eifersucht und Reue eine Rolle spielen. Das männliche Umfeld ist hier von einer großen Emotionalität geprägt. Siegfrieds Anziehungskraft bestätigt auch Gunther: „Gunther sagte dem Hagen Tronje oft:/Siegfried liebt man." (V. 7f.) Durch die allgemeine Formulierung mit „man" wird die Liebe aus den Gleisen der heterosexuellen Matrix gesetzt und die mannmännliche Zuneigung rehabilitiert. Zugleich kann aber auch von einer Distanz gesprochen werden, denn die Männer wollen ihrer gegenseitigen Zuneigung am besten nicht gewahr werden. Die Tatsache kann vor allem Hagens Verhalten nach der Ermordung von Siegfried veranschaulichen:

> „Hagen Tronje blieb drei Tage lang bleich
> Und trank sich durch die lange Nacht
> Denn er dachte an Gunther und Giselher immer zugleich
> Und er hätte lieber nur an Gunther gedacht." (V. 12ff.)

Der Zustand von Hagen Tronje verweist nicht auf einen kaltblütigen Mörder, sondern eher auf sein schlechtes Gewissen. Hagens gedankliche

209 GBFA 13, S. 255.

210 Jedoch nicht nur in diesem Gedicht ist das Haar eines Mannes mit seiner erotischen Wirkung verbunden. Ähnliche Funktion hat das Symbol auch in dem Gedicht *Ballade auf vielen Schiffen*, wo der Mann seine Haare bewusst schön pflegt: „er kämmt sich sein Haar/Daß er schön ist" (GBFA 11, S. 80).

Verwirrung und Oszillation zwischen Gunther und Giselher hängen mit der problematischen Auseinandersetzung mit dem eigenen Inneren zusammen. Der Mord am Siegfried lässt sich als Ausdruck der Verfallenheit an Giselher, aber vielleicht auch als Folge seiner Eifersucht gegenüber Gunther verstehen. Auf der symbolischen Ebene kann man von einer doppelten Verdrängung des eigenen Begehrens sprechen. Einerseits tötet er den Mann, zu dem er Zuneigung empfindet, auf der anderen Seite verleugnet er seine Gedanken an Giselher. In der letzten Strophe des Gedichtes kommt es trotzdem zu einer Annäherung der Männer:

> „Aber am vierten Morgen kam Giselher selber zu ihm hin
> Und brach das Brot mit ihm und aß von seinem Salz
> Und sprach von Weibern und Pferden mit dem Kinn.
> Da ging dem Hagen Tronje wild der Wind an seinen Hals." (V. 17ff.)

Das Motiv des Brot-Essens erscheint im Zusammenhang des gleichgeschlechtlichen Beisammenseins genau so wie in der Szene „Abtei von Neath" in *Leben Eduards des Zweiten von England* (vgl. GBFA 2, S. 54ff.), und auch die Männergespräche gehören zu der vertraulichen intimen Atmosphäre. Der Abschlussvers wirkt jedoch doppeldeutig. Der Hals kann als Empfänger des homoerotischen Reizes gesehen werden (ähnlich wie in dem Gedicht *Vom Gras und Pfefferminzkraut*), und ebenso gehört der Wind beim jungen Brecht zum Bestandteil der erotischen Metaphorik. Jedoch die Redewendung an „den Hals gehen" ist negativ konnotiert und symbolisiert eine Bedrohung. Hagen Tronje trägt in sich eine eindeutige Ambivalenz, und sein Verhalten wird von dem Dispositiv der männlichen homosexuellen Angst geprägt. Nicht zu übersehen ist ebenso die Tatsache, dass Brecht in diesem Gedicht die Vorstellungen von klassischem Heldentum und von Männlichkeit ironisch unterminiert.

7.4 Das homosoziale Begehren in der Männergruppe

Obwohl das Gedicht *Siegfried hatte ein rotes Haar* das Problem des gleichgeschlechtlichen Begehrens behandelt, ist dieses zugleich innerhalb eines homosozialen Umfelds situiert und dadurch auf gewisse Weise determiniert. Im Großen und Ganzen werden die mannmännlichen Beziehungen in Brechts Gedichten fast ausschließlich als Freundschaft (bzw. als Rivalität) dargestellt, die nicht selten homoerotische Konturen annimmt. In dem Gedicht *Wenn George und Buschiri* (1920) ist es sogar eine

Freundschaft zu dritt[211], zu der auch die Komponente der körperlichen Berührung gehört. Einerseits treten die Männer symbolisch in einen sexuellen Kontakt miteinander, indem sie gemeinsam mit einem Mädchen sexuell verkehren: „Wenn George und Buschiri und ihr Freund im Busche sind/Ihre Hand in einem Mädchen, ihren Geist wohl im Exil" (GBFA 13, S. 178). Andererseits berühren sie sich aber auch direkt: „Wenn George und Buschiri und ihr Freund besoffen sind/Dann umarmen sie sich lässig, schwärmerisch, still unterm Tisch" (GBFA 13, S. 178). Diese „Umarmung" realisiert sich nur im Rausch des Alkohols, in dem Zustand der „ausgeschalteten Rationalität", der schon dem Geschlechtsverkehr mit dem Mädchen zu entnehmen ist („Geist im Exil"). Das homoerotische Berühren ist zusätzlich heimlich und wortlos, nicht der eigenen Sicht und der Sicht der anderen ausgesetzt, von einem Tabu und zugleich von der Schwärmerei begleitet, die an platonische Liebe zwischen Baal und Johannes erinnert. Ebenso wie in dem Drama *Baal* wird auch hier der Sexualität das Gefühl einer moralischen Verfehlung und Metapher des Schmutzes subsumiert, der das Ritual des Reinwaschens folgen muss: „Waschen sich sodann im Flusse, trocknen sich sodann im Wind" (GBFA 13, S. 178). Die moralischen Bedenken scheinen vor allem Folge der religiösen Erziehung zu sein, wie im Gedicht *Aus verblichenen Jugendbriefen* (um 1920/21), wo einer der Freunde „seine bleiche Nase/Als ein schwarzer Katholik" (GBFA 13, S. 198) über die anderen „rümpft", während doch alle gemeinsam keine Hemmungen vor der eigenen Sexualität haben: „Und im Arme noch das Säuchen/Das uns nachts die Eier schliff" (GBFA 13, S. 198). Das Gemeinschaftsgefühl des „Wir" liegt mehreren Gedichten zugrunde, und die Erotik ist ein unmittelbarer Bestandteil der gemeinsamen Erlebnisse: „O Gekreisch der schnarrenden Gitarren!/Ach du himmlisch aufgeblähter Hals! Hosen, die von Schmutz und Liebe starren! Und in schleimig grünen Nächten: welch Gebalz!" (das Gedicht *Oh! Ihr Zeiten meiner Jugend!*[212]) Das „Gebalz" verliert dabei seine geschlechtlichen Konturen, *queer* gesehen zeigt es bisexuelles Potenzial.

Auch das Gedicht *Vom Klettern in Bäumen* [213] (1919) kann im Rahmen eines gemeinsamen erotisch konnotierten Erlebnisses gelesen werden, wobei die Fiktionalität dieses Erlebnisses betont werden sollte.[214] Die Gemeinschaft

[211] Bei diesem Gedicht kann ebenso ein autobiografischer Hintergrund belegt werden, dieser soll hier aber keine Rolle spielen.

[212] GBFA 13, S. 228.

[213] GBFA 11, S. 71f.

[214] Vgl. Knopf (1980, S. 36), der ausdrücklich darauf hinweist, dass es sich um kein Erlebnisgedicht handelt. Knopfs Meinung nach ist das Gedicht als „sexuelle Gebrauchsan-

ergibt sich aus der Gegenüberstellung des Gedichtsubjekts nicht zu einem Du, sondern zu einer Gruppe von Menschen (bzw. Männern), zu der es in einer vertraulichen Beziehung (Anrede „ihr“) steht. Am Anfang wird wieder das Gefühl der nackten Haut nach dem Baden aufgriffen, wie es in dem Gedicht *Wenn George…* nach dem Reinigungsritual als Impuls für einen neuen Genuss auftaucht. Ähnlich wie in den beiden zuletzt erwähnten Gedichten wird die Erotik erst unter dem Schatten der Nacht erlebt und praktiziert und bringt ebenso das Moment der Beängstigung mit sich - „um die Stirne Mahr und Fledermaus“ (V. 10). Das Klettern immer höher ins Astwerk des Baumes intensiviert das durch die Oberfläche der Haut wahrgenommene Gefühl, wobei die Subjekte zu dem Höhepunkt „wenig ächzend“ (V. 15) kommen. Die Voraussetzung für das Auskosten des Wonnegefühls, das „ganz schön“ (V. 16) ist, ist der Zustand der Einheit, die in der Forschung als Verschmelzung mit der Natur interpretiert wird (vgl. z. B. Arendt, 2001, S. 21ff.) und im engeren Sinne als Einheit mit dem eigenen Körper verstanden werden könnte. Durch die Bemerkung „Doch sollt ihr euch nicht wiegen mit den Knien!“ (V. 17) gibt das Gedichtsubjekt eine weitere Anweisung zu der Realisierung des Vorgangs. Während Arendt der Überzeugung ist, es „soll jegliche Eigenaktivität vermieden werden“ und es werde „ein völlig passives Verhalten verlangt“ (Arendt, 2001, S. 28)[215], bin ich anderer Meinung. Die Passivität am Ende ist nämlich nur scheinbar, denn in dem Vergleich zu dem Baumwipfel „Ihr sollt dem Baum so wie sein Wipfel sein:/Seit hundert Jahren abends: Er wiegt ihn.“ (V. 18f.) wird die Aktivität des „Wiegens“ und auch ihre fast ewige Wiederholbarkeit eigentlich noch betont. Die Quintessenz des Gedichtes liegt zugleich in keinem Passivsatz, sondern in einem einfachen aktiven Satz, der zwei maskuline Pronomina mit dem im Gedicht oft frequentierten Verb „wiegen“ verbindet. Die pronominalen Ausdrücke verweisen nicht nur linear im Sinne er → Baum, ihn → Wipfel, sondern eröffnen das Feld für Polysemie. Allen Bedeutungsmöglichkeiten muss jedoch etwas gemeinsam sein: Ein maskulines Element wiegt (bewegt) das andere maskuline Element, auch wenn sie möglicherweise eine Einheit bilden und

weisung“ zu lesen, dem ich mich auch in meiner Lesart und Analyse anschließe. Ebenso schreibt Pietzcker vor allem dem Motiv der zerkratzten Haut eine erotische Bedeutung im Kontext des Masochismus zu (vgl. Pietzcker, 1974, S. 216f.). Christine Arendt meint dagegen, dass sich die sexuelle Komponente bei den Gedichten *Vom Klettern in Bäumen* sowie *Vom Schwimmen in Seen und Flüssen* nicht eindeutig nachweisen lässt (vgl. Arendt, 2001, S. 31).

215 Im Zusammenhang damit mein Arendt, dass die Aufforderung zu jenem passiven Verhalten auch im Widerspruch zu dem Titel des Gedichtes steht (vgl. Arendt, 2001, S. 28).

das eine ein Teil von dem anderen ist. Auch dadurch konstituiert sich das Moment der Homoerotik, weil es sich um das „Spiel“ mit dem eigenen Geschlecht (ruhig auch wortwörtlich gemeint) handelt. Insofern heißt das „Sich-nicht-mit-den-Knien-Wiegen“ nicht einen Verzicht auf die Aktivität an sich, sondern auf die Art und Weise, wie diese Aktivität ausgeübt werden soll.[216] Sogar die metrische Betonung liegt in dem Vers nicht auf dem Negationswort. Die Aufmerksamkeit sollte eher den Knien als erotischer Chiffre im Zusammenhang mit dem weiblichen Sexus gelten. Frenken stellt zwar bei der Untersuchung dieser Symbolik in Brechts Lyrik fest, dass bei Brecht dieses Bild im Gegensatz zu den konkurrierenden erotischen Chiffren „gleichermaßen für die weibliche wie für die männliche Geschlechtlichkeit stehen kann“ (Frenken, 1993, S. 81), beweist aber den Zusammenhang mit der männlichen Sexualität nur am Beispiel des Gedichtes *Ballade von der Freundschaft*. Hier ist jedoch die mannmännliche Beziehung homosexuell geprägt, und infolge dessen zeigt die Verwendung dieser Chiffre sowohl auf die erotische Konstellation zwischen den Männern als auch auf die „Verweiblichung“ der Homosexuellen.[217] Die weibliche Konnotation des sexuellen Bildes von Knien ist vor allem in dem Psalm *Vom Schiffschaukeln. 4. Psalm* zu erkennen, wo es heißt: „ Man muß die Knie vorwerfen wie eine königliche Dirne“ (GBFA 11, S. 18, V. 1). Demgegenüber würde das Gedichtsubjekt im Gedicht *Vom Klettern in Bäumen* mit seiner Aufforderung, sich nicht mit den Knien zu wiegen, einen bewussten Ausschluss des „Weiblichen“ und die reine Konzentration auf das eigene Geschlecht, mit dem man sich vereinen und so zum Genuss kommen kann, anstreben.

Das gemeinsame Erleben der Sexualität und der Erfahrungsaustausch auf diesem Gebiet gehören auch zu der Atmosphäre der schon in voriger Analyse erwähnten Psalmen. Der *Psalm im Frühjahr*[218] postuliert ein einheitliches Wir und thematisiert den sexuellen Genuss: „Unsere Glieder wachsen wie das Gras im Juni“ (V. 4). Mautner sieht die „männliche (Omni-)Potenzfantasie“ sogar als Zentrum des Gedichtes, es sei zugleich die Fantasie eines „erfüllten sexuellen Begehrens von Männern“ (Mautner, 2001, S. 95). Es ist anzunehmen, dass Mautner darunter das heterosexuelle Begehren versteht. Das ganze Gedicht gipfelt aber in der Betrachtung des Himmels: „Der Himmel füllt sich Tag für Tag mit sanftem Glanz und sei-

[216] Die Passivität wäre dann nicht die Voraussetzung für das Erreichen des gewünschten Erlebnisses und Genusses, sondern eher die anschließende „Erholung“ danach.

[217] Das Klischee der Verweiblichung von Homosexuellen konnte bereits bei der Darstellung der Figuren Baal, Garga, Gaveston und Bargan nachgewiesen werden.

[218] GBFA 11, S. 34f.

ne/Nächte rauben einem den Schlaf." (V. 7f.) Auch hier könnte eventuell der Himmel als Generalmetapher der Homoerotik angesehen werden, und so ist die Schlaflosigkeit der Nächte in diesem Kontext als verinnerlichter moralischer Vorwurf zu lesen.

Das von den anderen Psalmen eher unabhängig stehende Gedicht mit dem Titel *Psalm*[219] (1921) bedient sich später der Metapher des Ertrinkens im Himmel. Die anscheinend negative Konnotation des Todes ist aber mit der Akzeptanz von dieser „Todesart" verbunden: „Wir haben uns nicht geweigert, als wir im Himmel ertrunken sind" (V. 8). Das Durchdringen in diese männliche Denkweise ist aber wahrscheinlich nur aus dem Inneren der männlichen Clique möglich. Der Psalm resultiert deshalb in Worten: „Und wer will wissen, was uns Wasser, Abende und Himmel sind!" (V. 26) „Wasser", „Abend" und „Himmel" verwandeln sich hierdurch in einmalige und nur der Gruppe der eingeweihten Männer zugängliche Chiffren. Die Voraussetzung dafür liegt auf jeden Fall in dem gemeinsamen Erlebnis und der dazugehörigen Intimität. *Der 4. Psalm*[220] zeigt jedoch, dass die männliche Intimität auch ihre Grenzen hat und dass die heterosexuelle Matrix das homosoziale Umfeld sehr stark mitprägt. Innerhalb einer Männergruppe muss der Mann seine Männlichkeit beweisen: „Meine Brüder waren grausam, ich bin der grausamste" (V. 14), seine schwachen Stellen behält er dagegen für sich selbst: „Und ich weine nachts!" (V. 15) Das Gefühl ist etwas, was der Mann nur für sich selbst behalten kann. Rückblickend auf das Gedicht *Psalm* erhellt sich auch der Sinn der achten Strophe: „Also haben wir die Grünlinge erschlagen, die von unseren/schweigenden Gesichtern redeten" (V. 21f.). Das Geheimnis der männlichen Intimität ist mit einem Tabu verbunden, und es soll nicht zum Gegenstand eines Diskurses werden.

Die Schwankungen zwischen Gefühl und dessen Verdrängung begleiten die männlichen Subjekte bei Brecht sehr oft. Einige Gedichte der Hauspostille, vor allem in der Lektion Chroniken, bieten aus dieser Sicht ein interessantes Material für die Untersuchung des männlichen homosozialen Umfelds. Die Abenteurer und Matrosen bilden hier geschlechtlich homogene Gruppen, in denen eigenartige Bindungen, Verhaltensweisen und Emotionen zu beobachten sind. Im Sinne von Pietzcker handelt es sich an dieser Stelle um „Männergruppen im Zeichen der Mutter" bzw. gehört in diesen Kontext auch das „Thema der Huren" (vgl. Pietzcker, 1974, S. 236f.). In der weiteren Untersuchung halte ich mich jedoch nicht an dieses Mutter-Huren-Schema, sondern greife wieder auf

219 GBFA 13, S. 207.

220 GBFA 11, S. 32f.

das Modell des homoerotischen Dreiecks von Sedgwick zurück. Das homosoziale Umfeld, in dem homoerotische Neigungen zutage kommen, konstituiert sich nicht als Gruppe der Gleichgesinnten (d. h. nicht als Gruppe der potenziellen Homosexuellen, die eine inzestuöse Bindung an die Mutter verbindet), sondern eher das Umfeld an sich generiert das homosexuelle Verhalten. Die mannmännlichen Bindungen stehen außerdem nicht als Konkurrenz zu den Beziehungen zu Frauen da, sondern erscheinen eher parallel dazu. In dem Gedicht *Ballade auf vielen Schiffen*[221] ist sogar die Bindung an das weibliche Element des Schiffes zentral, trotzdem wird sie ständig auch von einer andersartigen Beziehung begleitet:

„Denn er ist nicht alleine gekommen
Aus dem Himmel nicht, Haie hat er dabei!
Haie sind mit ihm den Weg hergeschwommen
Und sie wohnen bei ihm, wo immer er sei." (V. 20ff.)

Ungeachtet der immer wechselnden Schiffe sind die Haie ständige Begleiter des Subjekts und scheinen mit ihm in einer Symbiose zu leben. Sie werden von dem Mann gefüttert und „vertröstet" (vgl. V. 35ff.), dafür leisten sie ihm Gesellschaft, sind seine Zuhörer und Vertraute. In der letzten Strophe ist die Nähe zu ihnen noch größer, das Subjekt schwimmt „Ohne Hut und nackt mit eigenen Haien" (V. 65). Mit dem männlichen Element bleibt es mehr verbunden als mit dem weiblichen. Denn das Schiff als Medium des Weiblichen muss ständig ausgetauscht werden, es bietet dem Mann keinen dauerhaften Halt. Statt der kontrastiven Funktion übernimmt das Schiff in der *Ballade von den Seeräubern*[222] eine andere Position. Es wirkt wie ein konstituierendes Moment der Zusammengehörigkeit der Männer:

„Mit seinen Ratten, seinen Löchern
Mit seiner Pest mit Haut und Haar
Sie fluchten wüst darauf beim Bechern
Und liebten es, so wie es war.
Sie knoten sich mit ihren Haaren
Im Sturm in seinem Mastwerk fest:
Sie würden nur zum Himmel fahren
Wenn man dort Schiffe fahren läßt." (V. 28ff.)

Die Liebe zum Schiff entspricht dabei der romantischen Vorstellung eines bedingungs- und grenzlosen Gefühls und steht in einem Gegensatz zu der eher animalischen Verhaltensweise der Seeräuber. Die Bindung verstärkt sich durch das Anbinden der Haare im Mastwerk, wobei die Symbolik eine phallische Verbindung assoziiert. Unter anderem lässt sich auch in diesem

[221] GBFA 11, S. 78ff.
[222] GBFA 11, S. 85ff.

Fall von erotischer Konnotation des männlichen Haars sprechen. Wie das Schiff die Beziehung der Männer bekräftigt und dessen Mastwerk diese Einheit betont, so ermöglichen symbolisch auch die anderen Frauen den Seeräubern in gegenseitigen sexuellen Verkehr zu kommen: „Und oft besteigen sieben Stiere/Eine geraubte fremde Frau." (V. 86f.) Die gemeinsam beschlafene Frau wird mit dem Attribut „geraubt" bezeichnet, was auf die Rivalität innerhalb des männlichen Umfelds verweist[223], und zugleich ist sie eine „fremde Frau", was wiederum die Grenze für die Identifikation mit der eigenen Männergruppe zeigt. Es geht sowohl um die Abgrenzung gegenüber den anderen Männern als auch um die Abgrenzung gegenüber dem fremden Weiblichen. Das Weibliche entpuppt sich hiermit als bedeutendes differenzierendes und identitätsstiftendes Element für das Bewusstsein des männlichen Subjekts. Rückblickend kann man eine vergleichbare Funktion auch dem Schiff-Motiv zuschreiben, die Seeräuber weisen sogar gewisse Ähnlichkeit mit ihrem Schiff auf. Mit dem Bauch des Schiffes, mit den aufgehäuften wertvollen Schätzen, können die Bäuche und Mägen der Männer verglichen werden: „Sie häufen Seide, schöne Steine/Und Gold in ihr verfaultes Holz/Sie sind auf die geraubten Weine/In ihren wüsten Mägen stolz." (V. 41ff.) Der Bauch repräsentiert zugleich den Status der Männlichkeit und hat dementsprechend auch eine sexuelle Bedeutung:

„Sie tragen ihren Bauch zum Fressen
Auf fremde Schiffe wie nach Haus
Und strecken selig im Vergessen
Ihn auf die fremden Frauen aus." (V. 80ff.)

Wie schon vorher besprochen wurde, das Männliche differiert von dem Weiblichen (fremde Frauen), doch auch die Schiffe sind fremd, und die Männer grenzen sich auch von diesen ab. Es geht eigentlich um die Abgrenzung von der jeweils anderen Besatzung, d. h. um die Differenz zu den anderen Männergruppen. So gesehen ist das Motiv des Schiffes in diesem Gedicht im Vergleich zu der *Ballade auf vielen Schiffen* und im

---

223 Diese grenzt die Gruppe der Seeräuber von den anderen Männern ab und macht die auf dem Besitz der Frauen beruhende Strukturierung innerhalb der „Männerwelt" deutlich. Die Rivalität ist jedoch ebenso innerhalb der eigenen Gruppe möglich: „Doch sie zerstechen sich betrunken/Im Zank um einen Lampion." (V. 47f.), an dieser Stelle kommt im Zusammenhang mit dem „Zanken" und „Zerstechen" unter den Kameraden meines Erachtens auch eine erotische Konnotation in Betracht. Die Äquivalenz des Zankens zum sexuellen Akt könnte auch durch eine andere Stelle des Gedichtes und die Verse: „Sie hatten vor dem Knall das Zanken/Vor Mitternacht die Weiber satt" (V. 19f.) bestätigt werden. Das Zerstechen lässt sich ebenso als Akt der Penetration assoziieren.

Gegensatz zu einigen anderen Gedichten eher Ausdruck der männlichen Subjektivität. Aus dieser Sicht sind folglich die im Bezug auf das Schiff stehenden erotischen Konnotationen homoerotisch geprägt: wie das Knoten des Haares im Mastwerk, so die Liebe zu dem Schiff und auch das Strecken des Bauches auf fremde Schiffe. Das im Vordergrund stehende Einssein mit dem eigenen Schiff ist das Einssein mit dem eigenen Geschlecht. Ähnlich wie in der ersten Gruppe der analysierten Gedichte kann der Bezug zu dem eigenen Geschlecht auch erotischer Natur sein. Eine Art Autoerotik kann außer aus den vorher beschriebenen Elementen im Zusammenhang mit dem Schiff auch aus den folgenden Versen abgelesen werden:

> „Die hellen Sternennächte schaukeln
> Sie mit Musik in süße Ruh
> Und mit geblähten Segeln gaukeln
> Sie unbekannten Meeren zu." (V. 97ff.)

Diese Verse stimmen nämlich mit einer Strophe des *Liebesliedes* metrisch, rhythmisch und teilweise auch inhaltlich überein:

> Und deine weichen Knie schaukeln
> Mein wildes Herz in deine Ruh
> Und zwischen Erd und Himmel schaukeln
> Wir leichtgeschwellt der Hölle zu." (GBFA 13, S. 124)

Das Schaukeln der Seeräuber auf dem eigenen Schiff, genauso wie die geblähten Segel stellen in diesem Fall die erotischen Chiffren dar. Ähnlich beladen ist auch Teil des Refrains der *Ballade von Seeräubern*, der jede Strophe abschließt: „O Himmel, strahlender Azur!/Enormer Wind, die Segel bläh!" (z. B. V. 10f.) Der angebetene Himmel und Wind bringen die Segel in den geblähten Zustand – was mit der Vitalität, der Vorwärtsbewegung, aber schließlich auch mit dem Tod der Seeräuber beim Schiffbruch am Riff zusammenhängt. Der Vorgang wird aber zugleich orgiastisch erlebt, auch die geblähten Segel können als sexuelle Erregung gedeutet werden. Die Männer werden metaphorisch vom Element des Windes in die Arme genommen (vgl. V. 125f.) und getötet. Sie sterben durch das Einwirken der männlichen Naturkraft, die sie anbeten und lieben[224]. Beiden Gedichten – sowohl der *Ballade auf vielen Schiffen* als auch

[224] Mit eiserner Regelmäßigkeit taucht die Liebe zum Himmel, die als homoerotische Chiffre zu deuten ist, bei dem jungen Brecht auf. Auch in dem Gedicht ist der Himmel, strahlender Azur, ein Liebesobjekt der Männer, genauso wie die Kraft des Windes: „Der große Himmel, den sie lieben/Hüllt still in Rauch die Sternensicht/Und

der *Ballade von Seeräubern* - ist eine leichte Ironie gemeinsam. In beiden Balladen deutet das ironische Winken mit der kleinen Zehe auf die Distanz der Männer zu ihrem Schicksal, die Seeräuber werden sogar zu kleinen auf dem Abort trommelnden Kindern verglichen (vgl. V. 75). Diese schmunzelnde Haltung geht vor allem in dem zweiten Fall von der Position des erzählenden lyrischen Subjekts aus und verrät seine kritisch-distanzierende Einstellung zu der dargestellten Welt der Männer.[225] Für diese scheint vor allem Gelassenheit, Ruhe und gewisse Distanz auch in Momenten des Unterganges und der Tragik verpflichtend zu sein. Dementsprechend verhalten sich auch die Männer in dem *Lied von der Eisenbahntruppe von Fort Donald*[226], die in ihrem Kampf gegen die Naturkräfte zu Grunde gehen, jedoch bis zum Tod ihre Tapferkeit und Angstlosigkeit im Gesang zu präsentieren vermögen. Diese Mobilisierung der Stärke und Verdrängung des Gefühls ist für die homosozialen Gruppen der Männer charakteristisch. Das gilt auch für die Männer des außerhalb der Hauspostille stehenden Gedichts *Die Männer der See*[227]. Die Matrosen im Krieg beweisen ihren Heroismus: „Sie beteten nicht. Sie weinten nicht." (V. 16), womit sie sich von den weinenden Frauen und Kindern unterscheiden: „Sie sangen sehr hell bei der Ausfahrt vereint/Weiber und Kinder weinten vor Weh." (V. 6f.) Ronald Speirs ist überzeugt, dass das Draufgängertum der Männer in dem Gedicht *Männer der See* im Unterschied zu dem vorigen Gedicht kein Selbstzweck, sondern Ausdruck der Freiheit ist (vgl. Speirs, 2001, S. 25). Ich würde jedoch in beiden Fällen die Überheblichkeit der Männer nicht als Selbstzweck bezeichnen, aber auch nicht unbedingt als Begriff der Freiheit. Sowohl in dem einen als auch in dem anderen Gedicht ist es eher ein Merkmal, das zu dem Verhalten der männlichen Figuren beim jungen Brecht gehört und den Typus Mann ausmacht. Allerdings ist aber Speirs Bemerkung zuzustimmen, dass bei Brecht die Wendung vom Idealismus zum Zynismus zu beobachten ist (vgl. Speirs, 2001, S. 25). Diese Wendung gilt auch für die Darstellung der männlichen Typen und Charaktere. Das ursprüngliche Heldentum und die Angstlosigkeit der Männer der See ist bei der Eisenbahntruppe von Fort Donald zum Scheitern verurteilt, und dasselbe gilt auch für die Männer der *Ballade von des Cortez*

die geliebten Winde schieben/Die Wolken in das milde Licht." (V. 110ff.) Diese Art der Liebe ist zugleich mit Freiheitsdrang zu assoziieren.

225 Angesichts der Balladen des jungen Brecht schreibt auch Schuhmann: „Für die Mehrzahl der Balladen Brechts ist die distanzierende und schauend-beschreibende Grundhaltung charakteristisch." (Schuhmann, 1964, S. 113)

226 GBFA 11, S. 82f.

227 GBFA 13, S. 90.

Leuten[228]. Obwohl die Leute von Cortez auch zum Untergang durch die Wirkung der Naturkräfte verurteilt sind, ist dieser von einer größeren Mystik und Irrationalität begleitet. Die Aggressivität und Drastik sind dabei durch hohe Poetizität der Schilderung abgeschwächt, was an die Sprache in der Erzählung *Bargan lässt es sein* erinnert. Der Kampf der Männertruppe mit der Natur ist eigentlich ein symbolischer Kampf um Macht und Potenz. Dieser wird auf der Seite der Menschen mit dem Schlagen und Schlachten ausgedrückt: „Rollen Branntwein/Von den Gefährten, koppeln Ochsen los./Die schlachten sie gen Abend. Als es kühl ward/Schlug man vom Holz des nachbarlichen Sumpfes/Armdicke Äste, knorrig, gut zu brennen." (V. 4ff.) Die geschlachteten Ochsen und Äste verwandeln sich jedoch zu einem bedrohlichen Alptraum:

> „Sie schlafen schwer, doch mancher wußte morgens
> Daß er die Ochsen einmal brüllen hörte.
> Erwacht gen Mittag, sind sie schon im Wald.
> Mit glasigen Augen, schweren Gliedern, heben
> Sie ächzend sich aufs Knie und sehen staunend
> Armdicke Äste, knorrig um sie stehen
> Höher als mannshoch, sehr verwirrt, mit Blattwerk
> Und kleinen Blüten süßlichen Geruchs." (V. 14ff.)

Die Ochsen kommen erst mit dem Tod der Männer zum Schweigen. Die Männer selbst werden zum Fraß für die Natur, sie werden von dem Wald „verschlungen". Indem der Wald und die Bäume ihre Potenz präsentieren (die Äste sind armdick und höher als die Männer), verlieren die Leute ihre Stärke: „Mit schlaffen Armen werfen sie sich wild/In die Gewächse [...]/[...] Nach Stunden Arbeit pressen sie die Stirnen/Schweißglänzend finster an die fremden Äste./Die Äste wuchsen und vermehrten langsam/Das schreckliche Gewirr." (V. 30f.) Die impotent gewordenen Männer sind einer Kraft ausgeliefert, die ihnen „fremd" ist, doch durch den früheren Vergleich der Äste mit Armen kann man von einer Ähnlichkeit sprechen. Die Äste als Repräsentationen des Phallischen demonstrieren die maskuline Kraft, die gesteigert und übertrieben wird, was vor allem an dem Vergleich „höher als mannshoch" deutlich ist. Die Männer enden „wie Affen/In ihren Käfigen" (V. 38f.), wie der zynische Kommentar des erzählenden Mediums lautet. Insgesamt lässt sich innerhalb des Kampfes Mensch versus Natur das Prinzip der hierarchischen Struktur der Welt erkennen, die vor allem mit dem Gesetz der phallisch begründeten Differenz verbunden ist. Die Natur kehrt jedoch in einen vormenschlichen Zustand zurück, indem sie mit der Hilfe der männlichen Gewalt (Wald,

[228] GBFA 11, S. 84f.

Äste, Fressen), die ursprüngliche Differenz Mensch - Natur negiert, aber andererseits die neue Einheit nur auf dem Prinzip des Männlichen begründet - denn am Ende werden sogar die Wiesen von dem sich verbreitenden Wald aufgefressen (vgl. V. 49ff.).
Dem Untergang in der Natur ist nicht nur die westliche Zivilisation ausgeliefert, sondern diese Gegenüberstellung betrifft generell die Sphäre der menschlichen Kultur. Sowohl das Gedicht *Lied von den mongolischen Rebellen*[229] als auch *Nordlandsage*[230] liefern ein ziemlich ähnliches Bild:

Lied von den mongolischen Rebellen:

„Festlich geölt die Häute
Die schwarzen Haare gepecht
Laufen sie unter erbleichten Himmeln.
In den Wassern erstickt der Hecht.
Messer am Handgelenke" (V. 1ff.)

Nordlandsage:

„Sie zogen von den Bergen groß und fett mit roten Haaren
Erzerne Waffen in den großen Händen
Die selbst wie ungeschlachtete Tiere waren
Sie sangen, daß der blaue Himmel brauste." (V. 1ff.)

Die beiden Völker, konkret ihre männlichen Repräsentanten, wirken am Anfang der Gedichte sehr erhaben. Die mit dem Körper verbundenen Attribute vermitteln das Bild einer exotischen Schönheit und strahlen sogar Erotik aus. In beiden Fällen besiegen die Männer auch dank der kulturellen Werkzeuge (Messer, Waffen) die Natur und jagen durch ihr aggressives Aussehen Angst ein. Zum Gegenspieler und „Opfer" der männlichen Dominanz wird der Himmel, der entweder „erbleicht" bzw. „braust". Das nicht symbiotische Verhältnis zu der Natur führt jedoch genau wie im Fall von Cortez Leuten zum Untergang der Leute:

Lied von den mongolischen Rebellen:

„Ihr Fleisch klaubt der Wind aus den Knochen.
Und das Wasser fischt Pech aus dem Haar." (V. 26f.)

Nordlandsage:

„Abends, wenn der Wind im dunklen Wipfel der Pappeln sauste
Träumen sie allesamt vom blauen Meere.

Darin ersoffen sie bei Kupferneumond wie zu schwere Tiere." (V. 8ff.)

[229] GBFA 13, S. 192f.
[230] GBFA 13, S. 193f.

Die Männer und ihre Völker werden in allen drei Gedichten von den Naturkräften besiegt und verschlungen, in allen drei Gedichten ist es das Motiv des Windes, das die Katastrophe begleitet (ähnlich wie auch in der *Ballade von Seeräubern*) und das mit dem männlichen Prinzip verbunden werden kann. In den letzten zwei Gedichten ist es aber auch das Wasser, das wie die Kraft der Sintflut die Menschen bestraft. In den beiden letztgenannten Gedichten ist es die Strafe wegen der kulturellen Ordnung, in die die Menschen eingebettet sind.
Das Eingehen in der Natur und das Verwischen der dichotomen Grenzen zwischen dem idealistisch aufgefassten Ich und Nicht-Ich gehört zu den romantischen Vorstellungen der Brechtschen Outsider. Das Scheitern an der Gesellschaft und den gesellschaftlichen Konventionen ist vor allem für die Baal-Figur typisch. Dem Umkreis dieses Dramas entstammt auch das Gedicht *Vom Tod im Wald*[231]. Hier ist zu erkennen, wie das männliche Individuum den Forderungen der Kultur, der Gesellschaft und des homosozialen Umfelds ausgeliefert ist:

„Rauchend standen sie im Wald von Hathoury
Und mit Ärger sahn sie ihn erkalten
Denn er war ein Mann wie sie.

5
Du benimmst dich wie ein Tier!
Sei ein Gentleman, kein Elendshaufen!" (V. 24ff)

Die Kameraden des sterbenden Mannes repräsentieren die Konformität mit den männlichen Verhaltensmustern, und diese erwarten sie auch von dem vierten Mann. Seine Weigerung, sich der gesellschaftlichen Norm zu unterwerfen und sich wie ein Mann und Gentleman zu verhalten, stößt auf reines Unverständnis: „Das war etwas, was kein Freund verstand:/Dreimal riefen sie mit Gentleman ihn an./Dreimal lachte da der vierte Mann" (V. 35ff.). Die Reaktion der Männer, die nicht in der Lage sind sich von den kulturell auferlegten Fesseln zu befreien, ist auf den ersten Blick distanzierend (Motiv des Rauchens), auf den zweiten verrät sie jedoch ihre innere Wut - denn der Rebell erweckt in ihnen Ärger, Ekel und Hass (vgl. V. 25 und 44). Die achte Strophe räumt dem Außenseiter durch die Anspielung auf Wiedergeburt und Himmelfahrt jedoch die Position eines Heiligen ein (vgl. V. 47ff.). So gesehen ist dieses Gedicht wie auch das Baal-Drama einem sich über die Konventionen (der Gesellschaft aber auch des Geschlechts) erhebenden Idealismus verpflichtet, von dem Zynismus der anderen Hauspostillengedichte ist dieses Gedicht weit entfernt. Trotz des

[231] GBFA 11, S. 80ff.

Ernstes ist hier der Einstellung des männlichen Subjekts eine gewisse Leichtigkeit abzulesen: nicht in dem verkrampften Festhalten an dem Leben, sondern in dem Umgang mit den anderen Männern. Seine Überlegenheit liegt in der Frechheit, dem Lachen und der Neckerei: „Aber er stieß sie mit seinen Knien" (V. 11), die *queer* gelesen und im Zusammenhang mit Knie als Chiffre auch eine erotische Deutung annehmen könnte.

8 Zusammenfassende Que(*e*)rbetrachtungen

Die Analysen haben gezeigt, dass das Bild der mannmännlichen Beziehungen in Brechts Frühwerk auf keinen Fall einheitlich ist und sowohl Kontinua als auch gewisse Brüche aufweist. Die Konstellationen zwischen den Männern sind in sich sogar variabler, als es auf den ersten Blick scheint, und sie entsprechen einer ganzen Palette des Homosexualitätsdiskurses, wie ihn zum Beispiel David Halperin skizziert (vgl. Halperin, 2003). Obwohl sie am häufigsten in den Texten als Freundschaft bzw. Bruderschaft stilisiert werden, haben sie meistens auch eine erotische Dimension, die die Grenzen der Freundschaft überschreitet. Außerdem zeichnen sie sich durch soziale Teilung oder eine andere Art der Strukturierungen aus, sodass sie in der Regel auf Ungleichheiten basieren und deshalb eher den Begriffen der Sodomie oder Päderastie entsprechen. Von allen Paaren stehen dem **Konzept der Freundschaft** Baal und Ekart am nächsten. Das Anknüpfen der Beziehung zu Ekart ist für Baal mit dem Anfang eines vagabundierenden Lebens und mit dem Gefühl der Freiheit verbunden. Die Homosexualität stellt in dieser Hinsicht einen Bruch mit der gesellschaftlichen Konvention dar und kann die Unmittelbarkeit und Spontaneität assoziieren, wie das bereits Pietzcker formuliert hat (vgl. Pietzcker, 1974, S. 237). Sie hängt zugleich mit einer neuen Körpererfahrung zusammen, die auch in einigen Gedichten ihren lyrischen Ausdruck findet. Man kann sie jedoch nicht nur auf Sexualität und Erotik beschränken, weil die gegenseitige Zuneigung zugleich als Gefühl der Liebe artikuliert wird. Die Stärke der Emotion ist wenigstens mit der Liebe zu einer Frau vergleichbar, möglicherweise ist die Liebe zu Ekart noch größer. Für Baal bedeutet sie zugleich eine Bindung, die ihn seiner Freiheit beraubt und die er – ähnlich wie die Liebe zu Sophie – gewaltsam abbrechen muss. Baal oszilliert also zwischen seinem Bedürfnis nach Nähe und Liebe und seiner Unfähigkeit, eine zwischenmenschliche Bindung, die für ihn den Verlust der absoluten Freiheit und Unabhängigkeit bedeutet, einzugehen. Eine ähnliche Intensität des Gefühls wie zwischen Baal und Ekart ist auch bei Eduard II. und Gaveston zu beobachten. Eduard kann jedoch seine Liebe zu Gaveston nicht frei ausleben, und eben diese Unmöglichkeit macht seine Unfreiheit aus. Eduards Kampf um die eigene Freiheit ist also im Gegensatz zu Baal nicht ein Kampf gegen die Bindung, sondern ein Kampf um seine Liebe, für die er alles andere aufs Spiel setzt. Genauso verhält sich auch Bargan, der wegen seiner Zuneigung zu Croze alles aufgibt. Im Vergleich zu Baal, für dessen Subjektivität die persönliche Freiheit die absolute Priorität hat, sind Bargan und Eduard in der Lage, sich selbst für die Idee der Liebe aufzuopfern. Auf der anderen Seite hat nur die Beziehung zwischen Baal und Ekart eine egalitäre Grundlage, das Verhältnis zwischen Eduard und Gaveston und zwischen Bargan und Croze ist jeweils hierarchisch strukturiert, worauf der Begriff der **Sodomie** bezogen werden kann. Bei Shlink und Garga, bei denen der Begriff Freundschaft schon grundsätzlich wegen des offenen Konflikts überhaupt nicht in Frage kommt, verläuft die Ungleichheit auf mehreren Achsen - außer der sozialen Hierarchie spielt bei ihnen auch der Unterschied des Alters und der Rasse eine wesentliche Rolle, ihre Beziehung ist ebenso sodomistisch. An das Konzept der **Päderastie** erinnert dagegen die Konstellation der Figuren Johannes und Baal (und in der Lyrik etwa die Konstellation in dem Gedicht *Der Knabe lief neben mir her*). Die eher subtile Beziehung dieser Gestalten kennzeichnet die Gleichzeitigkeit von Nähe und Distanz, und ihre Grundlage bildet die asexuelle platonische Liebe. Diese wird in dem Drama in Kontrast zu der genussorientierten „Liebe" gestellt und epikureisch konterkariert. Die Darstellung des homosexuellen Begehrens bei Brecht kann zusätzlich mit dem Konzept der **Effemination** in Zusammenhang gebracht werden. Die Männer unterliegen generell der Verweiblichung. Vielleicht mit Ausnahme von Gaveston oder Eduard, die eher konstant effeminiert wirken, ist der Verlust der Männlichkeit bei Baal, Garga, Bargan und sogar bei dem Erzähler der Bargan-Geschichte jeweils als Prozess dargestellt.

Insgesamt gehören die Konzepte der Freundschaft, Sodomie, Päderastie und Effemination zu dem sog. vormodernen Diskurs bezüglich des gleichgeschlechtlichen Begehrens, am nächsten kommt der modernen Vorstellung und der Kategorie **Homosexualität** die Darstellung in dem Drama *Leben Eduards des Zweiten von England*, obwohl sie eigentlich im historischen Kostüm der Sodomie auftaucht. Durch mehrere Anspielungen wird in diesem Werk indirekt auch die Problematik der „Natürlichkeit" der Homosexualität angesprochen. Auf der einen Seite wird sie als eine natürliche und gewöhnliche Tatsache wahrgenommen, auf der anderen Seite verstößt das gleichgeschlechtliche Begehren gegen die Sitte und Norm. Brechts Einstellung zu dem Phänomen ist demnach eher ambivalent. Das entspricht etwa der Schlussfolgerung von Boie-Grotz, die im Zusammenhang mit der Bargan-Erzählung auch feststellen konnte, dass Brecht ein vorurteilsfreies Verhältnis zur Homosexualität hat und dass er sie weder kritisiert noch verteidigt, sondern als etwas Selbstverständliches darstellt (vgl. Boie-Grotz, 1978, S. 65). Die **Ambivalenz der Darstellung von Homosexualität** kommt auch in dem doppelten Bild des sich homosexuell verhaltenden Mannes zum Ausdruck. Er ist - wie das vor allem die Figuren Shlink, Bargan, Eduard II. und Gaveston bestätigen – entweder als Märtyrer oder Sünder anzusehen, was teilweise an die typisierte Stilisierung der Frauenfiguren als Huren oder Heilige erinnert. Im Unterschied zu diesen kommen die beiden sich gegenüberstehenden Attitüden in jeder der männlichen homosexuellen Figuren gleichzeitig zum Vorschein.

Die Analysen konnten aber auch beweisen, dass diese Darstellung nicht ganz ohne Voreingenommenheit bleibt, weil sie mit zahlreichen Klischees arbeitet. Es sei die Verweiblichung der homosexuellen Männer, ihr misogynes Verhalten, exzessive Lebensweise, Transvestitismus oder übertriebener Körper- und Schönheitskult. Diese Vorurteile betreffen jedoch nur das Bild des homosexuell agierenden Mannes, es lässt sich daraus nicht auf Brechts Verurteilung der homosexuellen Liebe schließen. Im Gegenteil ist es das „christlich-bürgerliche Bewusstsein" (vgl. Thöming, 1973, S. 85) der Rezeption und der Forschung, das diese Art der Beziehung als Perversion deutet. Dazu trägt auch die psychoanalytische Interpretation bei, die das Verhalten der zu Grunde gehenden männlichen Figuren für Masochismus erklärt. Dabei wird übersehen, dass die Männer sich die Erniedrigung, der sie ausgesetzt sind, nicht freiwillig aussuchen. Erst als sie in die erniedrigende Lage geraten, versuchen sie sich der Situation anzupassen, um ihre Stärke zu zeigen. Das gilt insbesondere für Baal bzw. für Mazeppa. Die Züge des Masochismus kennzeichnen aber auch die weiblichen (und heterosexuellen) Figuren. Wie bei diesen ist auch bei den Männern das selbstzerstörerische Handeln oft nur ein Ausdruck des extremen Liebesgefühls, bei dem das Subjekt sich selbst vergisst und sich für den anderen völlig aufgibt (das betrifft z. B. Sophie, Anna, Eduard, Bargan oder Shlink). Dies entspricht dem spezifischen Brechtschen **Bild der Liebe**, bei dem die Grenzen zwischen Homo- und Heterosexualität keine Rolle spielen. Die Beziehungen zwischen Mann und Frau und zwischen Mann und Mann unterliegen nämlich denselben Mechanismen. Die Gestalten leben in keinen utopischen Welten, sondern in der Realität und in der Gesellschaft, die einem kein dauerhaftes Glück gewährt. Insofern sind die Liebesbeziehungen zugleich Versuche, dem kalten Dasein und der Öde zu entgehen. Das mag auf Shlink und teilweise auf Baal[232] zutreffen. Die Forschung spricht gern auch von der unüberbrückbaren Vereinsamung des Menschen, für Bahr gilt in diesem Zusammenhang die Vereinigung der männlichen Partner sogar als die letzte Gnade in der Finsternis (vgl. Bahr, 1984, S. 88). Bei Shlink, aber auch bei Eduard und Bargan konnte jedoch

[232] Bei Baal entspricht dieser Deutung eher die Liebe zu Sophie als die Zuneigung zu Ekart, in der Baal eher eine Flucht aus der kulturellen Ordnung sucht.

gezeigt werden, dass die Isolation des Mannes in der Menge mit der gesellschaftlichen Nichtakzeptanz seines homosexuellen Begehrens zusammenhängen kann. Die Zuneigung zu einem anderen Mann führt Eduard und Bargan in die Isolation und bewirkt ihren sozialen Tod. Das „körperlich[e] Berühren zwischen den Männern" wird in dieser Hinsicht zu einer anderen Modalität der Kommunikation, die sich der kulturellen und gesellschaftlichen Ordnung entzieht. Diese Bedeutung hat die Sexualität auch für Baal, und das Gleiche gilt im Prinzip auch für die Heterosexualität. Sowohl die Liebe als auch die Sexualität bieten dem Menschen in seinem Leben nur einen trügerischen Halt. Es ist nur eine romantische Täuschung, der die Leute unterliegen. Diese Auffassung geht bei Brecht mit der Entromantisierung der Liebe einher. Das betrifft die hetero- und homosexuelle Liebe ohne Unterschied. Die Liebe ist in beiden Fällen vergänglich und nur vorübergehend. Als falsches Ideal wird die platonische Liebe (die an sich vor allem homoerotische Liebe ist) am Beispiel von Baal und Eduard entschleiert. In *Baal* erinnert die Szene sogar an Travestie eines platonischen Dialogs, in *Leben Eduards des Zweiten von England* ist es wiederum die Travestie der biblischen Passahnacht. Die Künstlichkeit der großen Liebesauffassungen wird außerdem in Form eines Theaters im Theater bloßgestellt. In der Erzählung *Bargan lässt es sein* wird die Utopie der romantischen Vorstellung, die in allen Fällen szenisch von der Sternennacht begleitet wird, dem Zynismus und den drastischen Momenten entgegengestellt. Übergreifend wird die Liebe in den Texten als Schwäche oder Krankheit verstanden, die die Menschen ins Verderben stürzen kann. Die Extremität der Ideologie der Liebe zeigt sich unter anderem auch in den Fällen des schon vorher erwähnten masochistischen Verhaltens bei einigen Figuren, die sich im Namen der Liebe pathologisch verhalten. Auf der einen Seite zeigen die Werke Brechts ein fast romantisches Ideal der großen (auch wenn vergänglichen und tragischen) Liebe, das jedoch verfremdet und kritisch hinterfragt wird. Walter Muschg sprach schon Anfang der 60er Jahre im Zusammenhang mit Brechts Verfremdung auf dem Gebiet der Lyrik von einer **modernen Fassung der romantischen Ironie** (vgl. Muschg, 1961, S. 349). Dieser Ausdruck ließe sich wortwörtlich auf das Brechtsche Konzept der homo- und heterosexuellen Liebe in seinem Frühwerk beziehen.

Die Analyse der mannmännlichen Beziehungen in Brechts Werken erfolgte auch auf der Folie des triangulären Begehrens nach dem Modell von Girard und Sedgwick. Sie hat gezeigt, dass die Affektivität innerhalb des homosozialen Spektrums in den meisten Fällen indirekt und jeweils über einen Mittler zum Ausdruck kommt. So fungieren insbesondere die

Frauenfiguren als Austragungsorte des Hasses, als Mittlerinnen der männlichen Rivalität. Die Frauen werden in diesem Sinne von den Männern instrumentalisiert, verlieren dabei ihre Subjektivität und werden zu Opfern der mannmännlichen emotionalen Interaktion. Einige von ihnen sind in ihrer Opferrolle völlig passiv (z. B. Emilie), andere dagegen versuchen, das Schicksal in die eigenen Hände zu nehmen und sich in der Männerwelt zu behaupten. Von der Forschung wird der Protest gegen die Frauenrolle vor allem der Mutter im Drama *Im Dickicht der Städte* zugeschrieben. Ihre Eingliederung in die „gute Ordnung" verweist jedoch nicht auf ihre Rettung, sondern auf die erreichte soziale Konformität, die innerhalb des Textes kritisch und ironisch wahrgenommen werden kann. Demgegenüber nimmt sich die Jane in dem Stück in der männlichen Welt ihre Freiheit, rebelliert gegen die Position der bürgerlichen (Ehe-)Frau und hat eine realistische Weltsicht, als einzige von den Frauen zeigt sie einen Ansatz dafür, die anderen Männer manipulieren zu können. Ihr Verhalten bekommt jedoch androgene Züge, womit sie an die Figur der Königin Anna aus *Leben Eduards des Zweiten von England* erinnert. Es scheint, dass die Frauen nur unter Verzicht auf ihre Weiblichkeit an der Welt der Männer und an dem Machtkampf der Geschlechter teilnehmen können und trotzdem zum Scheitern verurteilt sind. Zugleich fungieren die **Frauen als symbolische Vermittler des gleichgeschlechtlichen Begehrens.** Auf diese Art und Weise treten die männlichen Protagonisten in eine gemeinsame Beziehung. Das Begehren des einen Mannes nach der Frau lässt sich als homoerotisches Begehren nach dem Mann, der mit der Frau in Verbindung steht, verstehen. Diese Mittlerfunktion kommt Johanna und Sophie in dem Stück *Baal* und Marie in *Im Dickicht der Städte* zu, im erotischen Sinne ist diese Dreieck-Konstellation auch in den Gedichten zu finden. Die Notwendigkeit einer vermittelnden Instanz für den Ausdruck des homosexuellen Begehrens lässt sich als Angst vor der männlichen Homosexualität und als verinnerlichte Homophobie verstehen. Baals Angst vor dem Verlust der absoluten Freiheit durch seine Bindung an Ekart vergegenwärtigt sich in der symbolischen Anwesenheit von Sophie. Für Garga wird Marie zum Symbol für seine Unterwerfung und Übernahme der passiven homosexuellen Rolle. Sowohl Baal als auch Garga verleugnen ihr homosexuelles Begehren, sie versuchen es zuerst dadurch zu bekämpfen, dass sie den Weg der bürgerlichen Konventionen einschlagen. Nachdem Baal der ersten Verführung von Ekart widerstanden hat, führt er eine fast eheliche Beziehung mit Sophie und arbeitet in einem Kabarett, Garga passt sich der gesellschaftlichen Norm an und heiratet Jane. Anschließend werden beide von ihrem homosexuellen Drang überwältigt und lassen sich

auf das gleichgeschlechtliche Verhältnis ein. Am Ende vernichten jedoch alle beide ihre Partner, wodurch sie symbolisch ihr homosexuelles Begehren töten. Im Vergleich dazu ist die Situation im *Eduard*-Stück und im *Bargan*-Text anders. Hier wird **das homosexuelle Begehren in seiner Linearität** dargestellt. Bei Bargan und Eduard bedarf es keiner Vermittlung, um ihre Homosexualität auszudrücken, sie selbst kämpfen nicht gegen ihre Gefühle zu einem anderen Mann. Im Gegenteil, sie tun alles dafür, um ihr erträumtes Glück realisieren zu können und wirken in dieser Hinsicht wirklich emanzipiert.
Trotzdem versuchen alle männlichen Figuren, unabhängig davon, ob ihre Neigung direkt oder vermittelt ausgedrückt wird, ihr homosexuelles Begehren zu verstecken. Ihr Denken wird also von dem erfasst und beeinflusst, was Sedgwick als **Epistemologie des Verstecks** (closet) bezeichnet (vgl. Sedgwick, 2003). Da das homosexuelle Verhalten, wie bereits erwähnt wurde, mit der Effemination der Figuren verbunden ist, scheint es ihre Männlichkeit in Frage zu stellen. Die auf ihrer Männlichkeit insistierenden Männer dürfen insbesondere vor den anderen Männern ihre Gefühle, Schwäche, Passivität und ähnliche mit der Weiblichkeit assoziierte Attribute nicht zeigen. In dem homosozialen männlichen Umfeld ändern die Figuren ihr Verhalten und stellen jeweils ihre Stärke zur Schau. Das trifft nicht nur auf die Figuren wie Baal, Ekart oder Garga zu, sondern es ist auch für die Haltung des Erzählers in dem Prosatext *Bargan lässt es sein* und für einige Nebenfiguren typisch. Ihr **Festhalten an der Männlichkeit** hängt mit dem Bewahren der Ehre zusammen und motiviert oft die Handlung. Der Begriff der Ehre gehört zu einer Reihe der verinnerlichten und aufgezwungenen Phänomene und Vorstellungen, die auf die Unfreiheit des Mannes und seine Abhängigkeit von den patriarchalischen Normen hinweisen. Die Brechtschen Texte zeigen zugleich, dass diese Normen erst im Zuge der Sozialisation angeeignet werden. Insbesondere an der Veränderung von Johannes, Garga und dem jungen Eduard III. ist zu erkennen, dass die männliche Identität erst in einem Prozess konstituiert wird. Ähnliches beschreibt auch das Gedicht *Vom Mitmensch.* Da die Männer aber auch eine Verweiblichung durchmachen können und ebenso die Frauen wie Jane oder Anna das männliche Verhalten kopieren können, ist zu behaupten, dass Brecht das kulturelle Geschlecht nicht als Konstante, sondern als eine relative, normativ geprägte und vor allem wandelbare Größe darstellt. Außerdem stellen das Stück *Im Dickicht der Städte* und auch das genannte Gedicht das Ideal der Männlichkeit ironisch infrage.
Am Beispiel von Garga, aber auch an der Figur der Königin Anna konnte außerdem beobachtet werden, dass die Konstitution der geschlechtlichen

Subjekte im Sinne der heterosexuellen Matrix stattfindet. Zur Herausbildung der Männlichkeit ist bei Garga das Verdrängen des homosexuellen Begehrens nötig, Anna dagegen definiert ihre Weiblichkeit in der Abhängigkeit von der Männlichkeit ihres Mannes. Sie verliert das Gefühl, eine Frau zu sein, weil Eduard sich homosexuell verhält und damit nicht nur seine, sondern auch die Identität der Frau untergräbt. Nur das heterosexuelle Begehren ist in der Lage, männliche bzw. weibliche Identität zu stiften. Der **Wirkung der heterosexuellen Matrix** unterliegt nicht nur die geschlechtliche, sondern auch die sexuelle Identität der Subjekte. Alle dargestellten homosexuellen Beziehungen entsprechen der Vorstellung eines heterosexuell orientierten Begehrens, so dass innerhalb des Paares jeweils das Weibliche das Männliche begehrt oder umgekehrt, niemals treffen zwei männliche Begehren gegenseitig aufeinander. Einer der Männer hat dementsprechend immer die aktive oder dominante Position, der andere die untergeordnete bzw. passive. Dieses asymmetrische Schema gehört einerseits zu den Klischees in der Brechtschen Darstellung der Homosexualität und hängt auf der anderen Seite mit der dichotomen Vorstellung der geschlechtlichen Identität und der Hierarchie zwischen und innerhalb von den Geschlechtern zusammen. Die Dichotomie und Ungleichheit verweisen auf die **geschlechtliche und sexuelle Stratifizierung des gesellschaftlichen Systems.** In diesem genießen die Männer die übergeordnete Position, was schon anhand der oben besprochenen Instrumentalisierung der Frauen in den triangulären Konstellationen bewiesen werden konnte. Dank der männlichen Komplizenschaft sind sogar die homosexuellen Männer in der Lage, sich über die Frauen zu erheben und sie zu misshandeln. Davon zeugt sowohl das Verhalten von Baal als auch das von Eduard oder Garga. Aus dieser Hinsicht verhalten sie sich auch in ihrer Rolle als Außenseiter völlig konform. Sie übernehmen dabei die männlichen Verhaltensmuster, zu denen auch die Misogynie gehört. Gerade sie bestätigt den Platz des Mannes innerhalb des bestehenden homosozialen Kontinuums. Am deutlichsten äußert sich die Übernahme der geschlechtlichen Muster am Beispiel des jungen Eduard III., der mit dem Eintritt in die Welt der Machtbeziehungen seine eigene Mutter in den Tower einsperrt und den politischen Gegner hinrichten lässt. Die Königin Anna sieht ein, dass Eduard dieses Verhalten nicht „mit der Muttermilch" eingenommen hat und dass es insofern nicht „natürlich", sondern kulturell hervorgebracht ist. Ähnliches gilt auch für Garga, der erst im Prozess seiner Sozialisation zum Mann seine idealistische Einstellung verlässt und in der Frau deren „Warencharakter" entdeckt. Er festigt seine existenzielle Grundlage, indem er die eigene Schwester verkauft. Der stattgefundene

Kontrakt regelt einerseits materielle Geschäfte (Garga verkauft den Holzhandel) und auch familiäre Beziehungen (Garga gewinnt einen Schwager), woraus deutlich wird, dass die Beziehungen zwischen und unter Männern auf dem **Prinzip der Exogamie** beruhen. Über die Mutter werden auch die Verwandtschaftsbeziehungen in dem Stück *Im Dickicht der Städte* realisiert, wo die Mutter sowohl Jane als auch Shlink mit dem Reichen der Hand symbolisch in die Familie aufnimmt. Diese kulturelle Ordnung ist aber immer männlich konnotiert und steht im Zeichen des Vaters. Obwohl der Vater in der Familie Garga eigentlich keine handelnde Figur ist, wird er zu der Stimme, die das symbolische Aufnehmen in die Familie initiiert. Er ist auch die Bedingung, die über das Abschließen des Heiratskontraktes und den Tausch von Marie entscheidet. Und im Namen des Vaters kann schließlich auch der junge Eduard seine Machtposition ergreifen.
Zu den **Eigenarten der männlichen kulturellen Ordnung** zählen nicht nur die Prinzipien der Misogynie, Exogamie und das Gesetz des Vaters, sondern auch gewisse Tabu- und Ausschließungsmechanismen. Zu solchen gehört unter anderem das Tabu des Inzestes. Das Funktionieren des Tabus ist am Beispiel von Shlink zu beobachten, der auf die Stelle von George in die Familie Garga kommt und der Mutter verspricht, sie nicht zu berühren. Auch die Beziehung zu Marie kann Shlink nur dann anknüpfen, wenn er nicht mehr das Mitglied der Familie ist. Den psychoanalytischen Deutungen, die die Homosexualität als einen Inzestbruch beschreiben und sie aus der Bindung an die Mutter erklären, ist demnach zu widersprechen. An sich funktioniert die Homosexualität jedoch selbst als Tabuprinzip, das die Figuren entweder zu dem Verdrängen des gleichgeschlechtlichen Begehrens in sich selbst führt (Baal, Garga, Erzähler der Bargan-Geschichte) oder sie aufgrund ihres Anders-Seins aus dem gesellschaftlichen System ausklammert (Shlink, Eduard II., Gaveston, Bargan). Die sozialen Positionen werden den Figuren immer aufgrund einer bestimmten normativen Stratifizierung zugeteilt. Die Frauen unterliegen den homo- und heterosexuellen Männern, die homosexuellen Männer den heterosexuellen. In diesem Sinne gehören sowohl die Geschlechtlichkeit als auch die Sexualität zu den stratifizierenden Achsen. Eine normative Wirkung haben aber auch die Kategorien der Klasse, Rasse und des Alters. Während Brecht die Aufteilung des gesellschaftlichen Systems im Zusammenhang mit diesen Kategorien in der Erzählung *Bargan lässt es sein* gar nicht und in *Baal* nur indirekt (in der Gegenüberstellung von Mech und Baal) reflektiert und keine Effekte dieser Teilung darstellt, ist das in den Werken *Im Dickicht der Städte* und *Leben Eduards des Zweiten von England* anders. Die biologisch

gegebenen Momente der Rasse und des Alters sind die Grundlagen einer Diskriminierung, die Garga ausnutzt, um seinen Gegner zu vernichten. Shlink wird als der ältere von dem jüngeren Mann besiegt und als Nichtweißer von der anonymen Masse gelyncht. Gaveston stigmatisiert dagegen seine niedere Abstammung, aufgrund derer ihm eine soziale Randposition zugeteilt wird. Die sich am Rande der Klassen- bzw. der Sexualitätshierarchie befindenden Personen sind immer zum Scheitern verurteilt. Das Scheitern betrifft nicht nur die einzelnen Individuen, sondern kann auch am Fall der ganzen Familie demonstriert werden. Die Gargas stellen eine Abweichung von der Norm dar – ihre Familie ist nicht wie die anderen, sie ist *queer* und als solche kann sie nicht funktionieren, sie wird aufgelöst und neu geordnet. Die Institution der Familie wird demnach auch als ein kulturelles Konstrukt entschleiert und dargestellt.

Die Konstrukte der menschlichen kulturellen Ordnung werden nicht als fest gegeben und statisch gezeigt, sie können jederzeit ihre Stabilität verlieren und ins Wanken geraten. Das soziale Umfeld stellt Brecht als dynamisches Phänomen dar, und fast alle Figuren machen eine Veränderung durch, die meistens mit ihrer sozialen Position zusammenhängt. Die **gesellschaftliche Dynamik** ist zugleich eng mit den Mechanismen der Macht verknüpft, die sich schon in den vorher beschriebenen Praktiken der Ausgrenzung, Diskriminierung, Manipulation oder Instrumentalisierung äußern. Die Macht ist vor allem männlich konnotiert und durch die ständige Gewalt präsent. Sie ist ein untrennbarer Bestandteil der „normalen" hegemonialen Männlichkeit. Sie zeigt sich in der Aggression gegen andere Männer, gegen die Frauen und teilweise auch gegen sich selbst, so dass der natürliche Zustand dem Krieg aller gegen alle ähnlich ist. Den männlichen Kampf kennzeichnet vor allem Aggressivität und er ist nicht unter dem Einsatz von „weiblichen" Eigenschaften zu gewinnen. Das bezeugen einerseits die weiblichen Figuren wie Anna oder Jane, die sich der Männerwelt anzupassen versuchen und andererseits Garga und Eduard, die auf ihre Männlichkeit zurückgreifen und ihr homosexuelles Begehren zurückdrängen müssen, um den Kampf erfolgreich zu führen. Beide versuchen sogar, die männliche Kampfstrategie ihrer Gegner zu kopieren. Im Rahmen der Homosozialität versuchen alle männlichen Figuren, ihre Machtposition in der Hierarchie zu bewahren. Die Überlegenheit in der hegemonialen Hierarchie basiert dabei entweder auf der materiellen Grundlage, die über das Geld als deren Symbolträger definiert wird (bei Mech – Baal, Shlink – Garga), auf dem Besitz der Frau (Baal – Mech, Baal – Ekart, Baal – Johannes, Shlink – Garga, Mortimer – Eduard), auf der politischen Macht oder der Führerposition (Eduard –

Mortimer, Bargan - Croze) oder auf dem Prinzip der Männlichkeit und der männlichen Stärke (Shlink - Garga, Bargan - Croze, Eduard - Mortimer). Die Überlegenheit ist jeweils nur vorübergehend und kann in ihr Gegenteil umschlagen. Brecht zeigt an seinen Figuren sowohl die Möglichkeit, wie die hegemoniale Machtposition erreicht, aber auch wieder schnell verloren werden kann. Er macht nicht nur die Dynamik, sondern auch die Reversibilität dieser Mechanismen deutlich. Eben dieser Punkt gehört zu den positiven Aspekten der Brechtschen Schilderung der gesellschaftlichen und kulturellen Gegebenheiten. Wenn Case in den 80er Jahren bezüglich der frühen Dramen von Brecht behauptete, „the early homosexual plays can be seen as political plays in their own time, as well as within the present one" (Case, 1985, S. 67), so gilt ihre Aussage auch für die Gegenwart. Die Art und Weise, wie Brecht die Machtbeziehungen zwischen Männern und Frauen, zwischen und unter den Männern durchschaut und darstellt, machen deutlich, dass die gegebenen und scheinbar natürlichen Verhältnisse subvertiert und verändert werden können. Nicht zu Unrecht bezeichnet Wittkowski Brecht als „Pionier des Feldzugs gegen das Patriarchat" (Wittkowski, 2002, S. 92). Brecht betreibt in den hier analysierten Werken (ob gezielt oder nicht) eine **Genealogie der (männlichen) Macht**, die an das Projekt von Foucault oder an das Bestreben der *Queer*-Forschung erinnert. Er reflektiert sogar die Verflechtung der regulativen Praktiken der Macht mit der Sprache und mit dem Diskurs. Bereits Baal überschaut die diskursive Konstruktion der Vorstellungen von Liebe und Sexualität und versucht diese Konzepte durch eine eigene Auffassung zu ersetzten, ähnlich wie er versucht, sich allen gesellschaftlichen (und also konsensuell und diskursiv gegebenen) Normen zu entziehen. In der sog. Stier-Szene führt Baal sogar vor, wie man durch die **Kraft des Diskurses** das Vertrauen der Menschen manipulieren kann. Im Drama *Im Dickicht der Städte* kann das oben besprochene Gesetz des Vaters, das die gesellschaftlichen Beziehungen prägt, als Teil des männlichen Diskurses verstanden werden. Außerdem wird an mehreren Stellen des Stückes die performative Wirkung des Wortes und der Sprache demonstriert. Die Eingangsszene in Maynes' Bibliothek eröffnet symbolisch die Frage nach dem Stellenwert und der Wirkung des geschriebenen und gesprochenen Wortes. Der Satz „Sie sind entlassen." veranschaulicht die performative Kraft der Sprache und erschüttert die soziale Situation von Garga und seiner von ihm abhängigen Familie. Es sind aber auch die gefälschten Unterlagen in Shlinks Kontor, die fingierten Briefe an die Polizei oder schließlich die verbreiteten (auch rassistisch) diffamierenden Gerüchte, die im Kampf der Männer eingesetzt werden. In *Leben Eduards des Zweiten von*

England wird dagegen der homophobe Diskurs zum Werkzeug einer politischen Auseinandersetzung. Das Werk enthüllt auch den Prozess der Mobilisierung von Homosexuellenfeindlichkeit (an dem vor allem die sprachliche Konstruierung von irrealen Kausalzusammenhängen beteiligt ist), womit es die späteren historischen Momente der Verfolgung der Homosexuellen im Dritten Reich oder die homophobe Hysterie infolge der AIDS-Krise vorwegnimmt. An der Ausstreuung des Ondits (z. B. über Gavestons Tod) zeigt sich in diesem Stück außerdem die performative Kraft des Diskurses, sprachliche Realität in das „reale" Sein (Gavestons tatsächlicher Tod) zu verwandeln. Über diese Kraft verfügt auch das Wort des Königs, das auch zum Symbol seiner eigentlichen Macht wird. In dem Kampf zwischen Mortimer und Eduard II. geht es deshalb symbolisch um die Tatsache, das Wort des Königs zu brechen, ihn zu der Abdankungsformel zu zwingen, sich also seines Wortes zu bemächtigen. Es zeigt sich aber, dass die symbolische Ordnung und das System der Sprache die Grenzen des Subjektes überschreiten und als autonome Mechanismen wirken können. Dass das Wort des Königs auch in seiner Abwesenheit und sogar nach seinem Tod die Kraft hat, korrespondiert dabei mit der Theorie des sprachlichen Zeichens. Innerhalb des Diskurses hat der Name des Vaters ähnlich wie in dem Stück *Im Dickicht der Städte* eine legitimierende Funktion. Hier legitimiert er das Fortwirken der Macht in dem jungen Eduard III., die sich über den Akt der Gewalt gegen andere Männer und Frauen konstituiert. Am Beispiel der Königin Anna kann außerdem gezeigt werden, dass der Frau die Teilnahme an dem männlichen Diskurs und der symbolischen Ordnung der Sprache verwehrt bleibt.

Das Geflecht von Macht, Wort und Gewalt verleiht der Sprache teilweise eine negative Konnotation. Es ist vor allem die Sprache der bestehenden kulturellen Ordnung, die die Menschen eher entfremdet als verbindet. Das **Problem der zwischenmenschlichen Verständigung** lässt sich auch als Problem der Sprache deuten (und umgekehrt). Die Beschaffenheit der (sprachlichen) Realität bietet jedoch eine klare Voraussetzung für das gegenseitige Missverständnis. Nicht etwa nur in wortwörtlichem Sinn, wie zum Beispiel das Gespräch zwischen Maë Garga und Shlink zeigt, bei dem der Austausch der Worte „Hand" und „Haut" zur beiderseitigen Irritation führte. Die Differenz als grundlegendes Prinzip bei der Realisierung der Bedeutung eines sprachlichen Zeichens ist zugleich die Ursache der scheiternden Verständigung. In diesem Beispiel ist es das Pronomen „sie", dem der jeweilige Gesprächsakteur eine andere Bedeutung zuschreibt. In mehreren Szenen und Situationen reden die Partner teilweise aneinander vorbei, ohne sich wirklich zu verstehen oder auch verstehen zu wollen

(z. B. im Gespräch zwischen Baal und Mech bzw. Baal und Johannes). Die Polyvalenz der Sprache nutzt schließlich auch Brecht selbst, indem er meistens in einer Reihe von gleichen Wörtern ihre Bedeutungen variiert bzw. einen Bruch zwischen ihrer wortwörtlichen und der figurativen Bedeutung vollzieht. An diesen Schnittstellen öffnen sich dann die Texte einer unterschiedlichen Interpretation und Deutung. Auf der selbstreferenziellen Ebene sprechen die Brechtschen Texte oft auch das Thema der Literatur und ihrer Interpretation an. Der Dichter Baal, der Bibliotheksangestellte Garga, der Schreiber und Philosoph Mortimer sind Gestalten, bei denen sich der Zweifel an dem Sinn des geschriebenen Wortes äußert. Auch auf diese Weise durchque(*e*)ren und hinterfragen sich die Texte selbst. Auf der richtigen bzw. falschen Auslegung basiert auch Mortimers Intrige in seinem Kampf gegen Eduard. An seinem Beispiel kann verdeutlicht werden, dass die Interpretation auch eine performative (und fatale) Wirkung haben kann. Zugleich wird gezeigt, dass bei der Interpretation die Macht ähnlich wie im sozialen Spektrum mit dem Mechanismus des Ausschlusses arbeitet, weil jeweils eine Deutung alle anderen Deutungen ausgrenzt und dadurch hierarchisch privilegiert wird. Sich einander verstehen heißt dann, die gleiche Bedeutungshierarchie miteinander zu teilen. Auf diese Weise kann auch eine gemeinsame kulturelle Ordnung entstehen. Die Erzählung *Bargan lässt es sein* und das hier dargestellte homosoziale Milieu demonstrieren dabei, dass eine solche kulturelle und soziale Ordnung auf Prinzipien und Normen aufgebaut werden kann, die von außen her (bzw. aus dem Rahmen einer anderen kulturellen Ordnung) nicht verständlich sein müssen und sogar befremdlich wirken können. Das Motiv des Fremdseins taucht in allen analysierten Werken auf. Bereits Baal ist als sich der menschlichen Gesellschaft entfremdetes Individuum zu betrachten. Im eigentlichen Sinne des Wortes ist die aus den Savannen stammende Familie Garga ein Fremdkörper innerhalb der Großstadt, Shlink ist ein Fremder aufgrund eines ganz anderen kulturellen Hintergrunds. Das Anders-Sein des Königs Eduard kommentiert Königin Anna als Tatsache, dass er „fremd" ist, und genau aus diesem Grund entfremdet sich Bargan seiner Truppe. In den letzten beiden Fällen ist es das homosexuelle Begehren, das für die anderen unverständlich bleibt. Besonders in dem *Eduard*-Stück hat sich gezeigt, dass das Nicht-Verstehen oder Nicht-Verstehen-Wollen des homosexuellen Verhaltens mit dem Gefühl der persönlichen Betroffenheit und der verinnerlichten Angst vor Homosexualität zusammenhängt (z. B. bei Anna und Erzbischof). Mit dieser Angst kämpft auch der Erzähler in der Erzählung *Bargan lässt es sein*, bis er jedoch an die Stelle kommt, wo er das

Verhalten des verliebten Kapitäns auf einmal verstehen kann. Auf der anderen Seite ist er vielleicht nur deswegen fähig, zu dieser Einsicht zu gelangen, weil er das homosexuelle Begehren Bargans als sein eigenes entdeckt. Ob eine solche Verständigung auch aus der kulturellen Ordnung, in der die Homosexualität als Abweichung von der Norm gilt, möglich ist, bleibt fraglich.

Auf das Problem des Unverständnisses und des Ausschlusses aus der unter der Norm der heterosexuellen Matrix stehenden sozialen und kulturellen Ordnung reagieren die homosexuellen Figuren in Brechts Werken allgemein mit dem **Verzicht auf die Verständigung mittels der negativ beladenen Kultursprache**. Vor allem bei Shlink, Eduard II. und Bargan ist der Prozess des Verstummens sichtbar. Stattdessen suchen sie Zuflucht in der körperlichen Nähe zu einem Mann. In dem Stück *Leben Eduards des Zweiten von England*, das in der Reihe der analysierten Werke das späteste ist, spielen außerdem am Ende des Stückes die Gestik und Körpersprache eine besondere Rolle. Die Geste kann in Anlehnung an Asman als Rückkoppelung des Semiotischen an das Mimetische, als Rückbindung des Zeichens an den Körper gedeutet werden (vgl. Asman, 1993). Die Analysen (nicht nur in diesem Stück) haben jedoch gezeigt, dass auch diese Art der Kommunikation nicht zur Verständigung oder Freiheit führen kann. Der Körper scheint von den Mechanismen der Macht, ähnlich wie die Sprache und das Denken es sind, durchdrungen zu sein, was die Verständigung außerhalb des Symbolischen unmöglich macht. Die Biologie wird zu einem kulturell geprägten Schicksal. Wie aber Brecht zeigt, sind alle Dinge wandelbar.

9 Literaturverzeichnis

9.1 Primärliteratur

BRECHT, B. 1967. *Baal. Drei Fassungen.* Kritisch ediert und kommentiert von Dieter Schmidt. Frankfurt am Main: Suhrkamp Verlag.

BRECHT, B. 1968a. *Baal. Der böse Baal der asoziale: Texte, Varianten, Materialien.* Hrsg. von Dieter Schmidt. Frankfurt am Main: Suhrkamp Verlag.

BRECHT, B. 1968b. *Bertolt Brecht. Im Dickicht der Städte. Erstfassung und Materialien.* Hrsg. von Gisela E. Bahr. Frankfurt am Main: Suhrkamp Verlag.

BRECHT, B. 1968c. *Leben Eduards des Zweiten von England: Vorlage, Texte und Materialien.* Hrsg. von Reinhold Grimm. Frankfurt am Main: Suhrkamp Verlag.

GBFA 1 = BRECHT, B. 1989. *Werke. Große kommentierte Berliner und Frankfurter Ausgabe. Band 1. Stücke 1.* Hrsg. von Werner Hecht; Jan Knopf; Werner Mittenzwei; Klaus-Detlef Müller. Berlin und Weimar: Aufbau-Verlag; Frankfurt am Main: Suhrkamp Verlag.

GBFA 2 = BRECHT, B. 1988a. *Werke. Große kommentierte Berliner und Frankfurter Ausgabe. Band 2. Stücke 2.* Hrsg. von Werner Hecht; Jan Knopf; Werner Mittenzwei; Klaus-Detlef Müller. Berlin und Weimar: Aufbau-Verlag; Frankfurt am Main: Suhrkamp Verlag.

GBFA 11 = BRECHT, B. 1988b. *Werke. Große kommentierte Berliner und Frankfurter Ausgabe. Band 11. Gedichte 1. Sammlungen 1918 - 1938.* Hrsg. von Werner Hecht; Jan Knopf; Werner Mittenzwei; Klaus-Detlef Müller. Berlin und Weimar: Aufbau-Verlag; Frankfurt am Main: Suhrkamp Verlag.

GBFA 13 = BRECHT, B. 1993. *Werke. Große kommentierte Berliner und Frankfurter Ausgabe. Band 13. Gedichte 3. Gedichte und Gedichtfragmente 1913 - 1927.* Hrsg. von Werner Hecht; Jan Knopf; Werner Mittenzwei; Klaus-Detlef Müller. Berlin und Weimar: Aufbau-Verlag; Frankfurt am Main: Suhrkamp Verlag.

GBFA 19 = BRECHT, B. 1997. *Werke. Große kommentierte Berliner und Frankfurter Ausgabe. Band 19. Prosa 4. Geschichten, Filmgeschichten, Drehbücher 1913 - 1939.* Hrsg. von Werner Hecht; Jan Knopf; Werner Mittenzwei; Klaus-Detlef Müller. Berlin und Weimar: Aufbau-Verlag; Frankfurt am Main: Suhrkamp Verlag.

GBFA 24 = BRECHT, B. 1991. *Werke. Große kommentierte Berliner und Frankfurter Ausgabe. Band 24. Schriften 4. Texte zu Stücken.* Hrsg. von Werner Hecht; Jan Knopf; Werner Mittenzwei; Klaus-Detlef Müller. Berlin und Weimar: Aufbau-Verlag; Frankfurt am Main: Suhrkamp Verlag.

GBFA 26 = BRECHT, B. 1994. *Werke. Große kommentierte Berliner und Frankfurter Ausgabe. Band 26. Journale I. 1913 - 1941.* Hrsg. von Werner Hecht; Jan Knopf; Werner Mittenzwei; Klaus-Detlef Müller. Berlin und Weimar: Aufbau-Verlag; Frankfurt am Main: Suhrkamp Verlag.

GBFA 28 = BRECHT, B. 1998. *Werke. Große kommentierte Berliner und Frankfurter Ausgabe. Band 28. Briefe I.* Hrsg. von Werner Hecht; Jan Knopf; Werner Mittenzwei; Klaus-Detlef Müller. Berlin und Weimar: Aufbau-Verlag; Frankfurt am Main: Suhrkamp Verlag.

9.2 Sekundärliteratur

ARENDT, Ch. 2001. *Natur und Liebe in der frühen Lyrik Brechts.* Frankfurt am Main: Lang.

ASMAN, C. 1993. Die Rückbindung des Zeichens an den Körper: Benjamins Begriff der Geste in der Vermittlung von Brecht und Kafka. In: *The other Brecht II = Der andere Brecht (The Brecht Yearbook, 18)* Hrsg. von Marc Silberman et al. Medison, Wisconsin: University of Wisconsin. S. 104 - 119.

BABKA, A. 2003. Geschlecht als Konstruktion. Eine Annäherung aus der Sicht der Dekonstruktion. In: *produktive dif-ferenzen.forum für differenz- und genderforschung.* http://differenzen.univie.ac.at/texte_dekonstruktion.php. (Stand: 4.11.2009)

BADINTER, E. 1999. *XY. Identita muža.* Bratislava: Aspekt.

BAHR, G. E. 1984. Und niemals wird eine Verständigung sein: Im Dickicht der Städte. In: *Brechts Dramen: neue Interpretationen.* Hrsg. von Walter Hinderer. Stuttgart: Reclam.

BANDEL, J.-F. 2008. Rückkehr zu den seriösen Fachblättern. In: *Frankfurter Rundschau.* 05.06.2008. http://www.fr-online.de/in_und_ausland/kultur_und_medien/feuilleton/?em_cnt=13 45533&em_loc=89 (Stand: 21.09.2009)

BARTH, A. 1992. *Der frühe Bertolt Brecht: Textintentionen und Rezeption von Im Dickicht der Städte und Leben Eduards des Zweiten von England.* Beckingen: Verlag J. M. O. Barth.

BARTL, A. 2008. Natur, Kultur, Kreativität. Zu Bertolt Brechts Baal. In: *Kulturökologie und Literatur: Beiträge zu einem neuen Paradigma der Literaturwissenschaft.* Hrsg. von Huber Zapf u. a. Heidelberg: Universitätsverlag Winter. S. 209 - 228.

BAUMGART, R. 1989. *Selbstvergessenheit: Drei Wege zum Werk: Thomas Mann, Franz Kafka, Bertolt Brecht.* München; Wien: Carl Hanser Verlag.

BECK, G. 1999. Zu Entstehung und Erklärung von Brechts Baal. In: *Zur deutschen Literatur im ersten Drittel des 20. Jahrhunderts. Zeitschrift für deutsche Philologie. 118/1999.* Sonderheft hrsg. von Norbert Oellers und Hartmut Steinecke. Berlin: Erich Schmidt Verlag. S. 110 - 143.

BENTHIEN, C. 2003. Das Maskerade-Konzept in der psychoanalytischen kulturwissenschaftlichen Theoriebildung. In: *Männlichkeit als Maskerade: Kulturelle Inszenierungen vom Mittelalter bis zur Gegenwart.* Hrsg. von Claudia Benthien, Inge Stephan. Köln; Weimar; Wien: Böhlau Verlag. S. 36 - 59.

BENTHIEN, C.; STEPHAN, I. 2003. Vorwort. In: *Männlichkeit als Maskerade: Kulturelle Inszenierungen vom Mittelalter bis zur Gegenwart.* Hrsg. von Claudia Benthien, Inge Stephan. Köln; Weimar; Wien: Böhlau Verlag. S. 7 - 10.

BOHNERT, Ch. 1982. *Brechts Lyrik im Kontext: Zyklen und Exil.* Königstein: Athäneum.

BOIE-GROTZ, K. 1978. *Brecht - der unbekannte Erzähler. Die Prosa 1913 - 1934.* Stuttgart: Klett - Cotta.

BORCHERS, W. 2001. *Männliche Homosexualität in der Dramatik der Weimarer Republik. Dissertation.* Köln: Philosophische Fakultät, Universität Köln.

BOURDIEU, P. 2000. *Nadvláda mužů.* Praha: Karolinum.

BRAUN, Ch. von. 2000. Gender, Geschlecht und Geschichte. In: *Gender - Studien. Eine Einführung.* Hrsg. von Christina von Braun und Inge Stefan. Stuttgart u. a.: Metzler.

BRONNEN, A. 1973. *Tage mit Bertolt Brecht.* Henschelverlag Kunst und Gesellschaft: Berlin.

BRÜHL, O. 2007. Kein kaltes Werk für eine kalte Zeit: Homosexualität als Fokus in Brechts Caesar-Roman. In: *Forum Homosexualität und Literatur.* 50/2007. Siegen. S. 131 - 160.

BUONO, F. 1973. *Zur Prosa Bertolt Brechts.* Frankfurt am Main: Suhrkamp.

BUTLER, J. 1991. *Das Unbehagen der Geschlechter.* Frankfurt am Mai: Suhrkamp.

BUTLER, J. 1997. *Körper von Gewicht.* Frankfurt am Main: Suhrkamp.

CANARIS, V. 1973. *Leben Eduards des Zweiten von England als vormarxistisches Stück Bertolt Brechts.* Bonn: Bouvier Verlag Herbert Grundmann.

CASE, S. E. 1983. Brecht and Woman, Homosexuality and the Mother. In: *Brecht-Jahrbuch. 12/1983. Brecht: Frauen und Politik.* Hrsg. von John Fuegi et al. München. S. 65 - 74.

CULLER, J. 1988. *Dekonstruktion: Derrida und die poststrukturalistische Literaturtheorie.* Reinbek bei Hamburg: Rowohlt.

DEGELE, N. 2008. *Gender/Queer Studies: Eine Einführung.* Paderborn: Wilhelm Fink Verlag.

DEMČIŠÁK, J. 2004. Männlichkeiten in Bertolt Brechts Hauspostille. In: *Zborník príspevkov zo VII. konferencie Spoločnosti učiteľov nemeckého jazyka a germanistov Slovenska 1. - 4. 9. 2004 v Banskej Bystrici.* Hrsg. von Alena Ďuricová, Helena Hanuljaková. Banská Bystrica: Spoločnosť učiteľov nemeckého jazyka a germanistov Slovenska. S 243 - 250.

DEMČIŠÁK, J. 2006. Zur Dekonstruktionsmethode in der postfeministischen Literaturwissenschaft. In: *VIII. Tagung des Verbandes der Deutschlehrer und Germanisten der Slowakei: Nitra, 30. August - 2. September 2006: Motivation für Deutsch.* Hrsg. von Maximilian G. Burkhart et al.. Nitra: Spoločnosť učiteľov nemeckého jazyka a germanistov Slovenska. S. 275 - 281.

DEMČIŠÁK, J. 2007. K rodovému kódovaniu personálno - komunikačnej štruktúry v nemeckej ľúbostnej poézii. In: *Vztahy, jazyky, tela: sbornik vsech prispevku z 1. konference ceskych a slovenskych feministickych studii.* Praha: FHS UK. S. 1 - 4.

DERRIDA, J. 1993. *Texty k dekonstrukci: práce z let 1967 - 72.* Bratislava: Archa.

EDWARDS, J. 2009. *Eve Kosofsky Sedgwick.* New York: Routlage.

ENGELFRIED, C. 1997. *Männlichkeiten: Die Öffnung des feministischen Blicks auf den Mann.* Weinheim; München: Juventa Verlag.

ERHART, W.; HERMANN, B. 1997. Der erforschte Mann? In: *Wann ist der Mann ein Mann? zur Geschichte der Männlichkeit.* Hrsg. von Walter Erhart und Britta Hermann. Stuttgart; Weimer: Metzler. S. 3 - 34.

ESSLIN, M. 1962. *Brecht: Das Paradox des politischen Dichters.* Frankfurt am Main, Bonn: Athenäum Verlag.

FOUCAULT, M. 1983. *Der Wille zum Wissen: Sexualität und Wahrheit 1.* Frankfurt am Main: Suhrkamp.

FRENKEN, H. 1993. *Das Frauenbild in Brechts Lyrik.* Frankfurt am Main u. a.: Peter Lang.

FREUDENBURG, R. 1997. Männliche Freundschaftsbilder in der neueren Literatur. In: *Wann ist der Mann ein Mann? zur Geschichte der Männlichkeit.* Hrsg. von Walter Erhart und Britta Hermann. Stuttgart; Weimer: Metzler. S. 271 - 291.

FRÜHWALD, W. 1984. Eine Moritat vom Ende des Individuums: Das Theaterstück Baal. In: *Brechts Dramen: neue Interpretationen.* Hrsg. von Walter Hinderer. Stuttgart: Reclam. S. 33 - 47.

GENSCHEL, C.; LAY, C.; WAGENKNECHT, N; WOLTERSDORFF, V. 2005. Anschlüsse (zu der deutschen Ausgabe). In: Annemarie Jagose: *Queer Theory: Eine Einführung.* Hrsg. von C. Genschel, et al. Berlin: Querverlag. S. 167 - 194.

GIRARD, R. 1999. *Figuren des Begehrens: Das Selbst und der Andere in der fiktionalen Realität.* Wien: Thaur.

HAGEN, W. 1978. Listig Nihilistisches. Zum Nihilismus-Gemeinplatz der Brechtforschung und zu einigen ihrer Verfahrensweisen. In: *Bertolt Brechts »Hauspostille«: Text und kollektives Lesen.* Hrsg. von Hans-Thies Lehmann; Helmut Lethen. Stuttgart: Metzler. S. 231 - 249.

HALPERIN, D. 2003. Ein Wegweiser zur Geschichtsschreibung der männlichen Homosexualität. In: *Queer Denken: Gegen die Ordnung der Sexualität.* Hrsg. von Andreas Kraß. Frankfurt am Main: Suhrkamp Verlag. S. 171 - 220.

HAMACHER, W. 1988. Unlesbarkeit. In: *Paul de Mann: Allegorien des Lesens.* Frankfurt am Main: Suhrkamp. S. 7 - 28.

HARK, S. 2004. Queering oder Passing: Queer Theory - eine „normale" Disziplin?. In: *Gender Studies: Wissenschaftstheorien und Gesellschaftskritik.* Hrsg. von Therese Frey Steffen u. a. Würzburg: Königshausen und Neumann. S. 67 - 82.

HARK, S. 2005. Queer Studies. In: *Gender @ Wissen: Ein Handbuch der Gender-Theorien.* Hrsg. von Christina von Braun; Inge Stephan. Köln; u. a.: Böhlau Verlag. S. 285 - 303.

HEERICH, S. 1992. Landschaft und Seele im Rohzustand. In: *Littérature & civilisation á l'agrégation d'allemand.* 2/1992. Nancy. S. 73 - 81.

HENKELMANN, CH. 1984. Die Ware Liebe: Brecht und die Frauen. In: *Civis. 1/1984.* Bonn. S. 64 - 74.

HILLESHEIM, J. 2001a. Baal. In: *Brecht Handbuch: in fünf Bänden. Band 1.* Hrsg. von Jan Knopf. Stuttgart; Weimar: Metzler, 2001. S. 69 - 86.

HILLESHEIM, J. 2001b. Choral vom Manne Baal. In: *Brecht Handbuch: in fünf Bänden. Band 2. Gedichte.* Hrsg. von Jan Knopf. Stuttgart; Weimar: Metzler. S. 57 - 59.

HILLESHEIM, J. 2008. Onyxglänzend die Augen, erdbeerrot der Mund. In: *Dreigroschenheft. 4/2008.* Augsburg. S. 24 - 31.

HINCK, W. 1978. Die Stunde der Lyrik Brechts ist (endgültig) gekommen. In: *Ausgewählte Gedichte Brechts mit Interpretationen.* Frankfurt am Main: Suhrkamp. S. 7 - 10.

JAGOSE, A. 2001. *Queer Theory: Eine Einführung.* Berlin: Querverlag.

JONES, J. W. 1995. German and Austrian Literature: Nineteenth and Twentieth Centuries. In: *glbtq – an encyclopedia of gay, lesbian, bisexual, transgender & queer culture.* New England Publishing Associates. http://www.glbtq.com/literature/german_austrian_lit2_19c_20c.html (Stand: 19.11.2009)

KARASEK, H. 1995. *Bertolt Brecht: vom Bürgerschreck zum Klassiker.* Hamburg: Hoffmann und Campe.

KAUFMANN, H. 1965. Brecht, die Entfremdung der Liebe. Zur Geschlechterbeziehungen im Werk Brechts. In: *Weimarer Beiträge. 11/1965. Heft 1.* Weimar. S. 84 - 101.

KEBIR, S. 1987. *Ein akzeptabler Mann? Streit um Bertolt Brechts Partnerbeziehungen.* Berlin: Buchverlag Der Morgen.

KEILSON-LAURITZ, M. 1997. Ganymed trifft Tadzio: Überlegungen zu einem ‚Kanon der Gestalten'. In: *Ikonen des Begehrens.* Hrsg. von Gerhard Härle et. al. Stuttgart: M und P Verl. für Wiss. und Forschung. S. 23 - 39.

KESSLER, A. 1997. Das Motiv der Homosexualität in Bertolt Brechts Leben Eduards des Zweiten von England. In: *Forum Homosexualität und Literatur.* 28/1997. Siegen. S. 31 - 58.

KLOTZ, V. 1996. *Bertolt Brecht: Versuch über das Werk.* Würzburg: Königshausen und Neumann.

KNOPF, J. 1980. *Brecht-Handbuch: Theater*. Stuttgart: Metzler, 1980.

KNOPF, J. 1984. *Brecht-Handbuch: Lyrik, Prosa, Schriften: eine Ästhetik der Widersprüche.* Stuttgart: Metzler.

KNOPF, J. 1996. *Gelegentlich: Poesie.* Frankfurt am Main: Suhrkamp.

KNOPF, J. 2000. *Bertolt Brecht.* Stuttgart: Reclam.

KNOPF, J. 2001a. Gedichte 1917 - 1924. In: *Brecht Handbuch :in fünf Bänden . Band 2. Gedichte.* Hrsg. von Jan Knopf. Stuttgart; Weimar: Metzler. S. 36 - 41.

KNOPF, J. 2001b. (Hrsg.) *Brecht Handbuch: in fünf Bänden. Band 1. Stücke.* Stuttgart; Weimar: Metzler.

KNUST, H. 1973. Brechts Dialektik vom Fressen und von der Moral. In: *Brecht heute: Jahrbuch der Internationalen Brecht-Gesellschaft* = Brecht today (The Brecht Yearbook, Jahrgang 3/1973). Frankfurt am Main: Athenäum. S.221 - 250.

KOOPMANN, H. 1999. *Brechts Lyrik – neue Deutungen.* Würzburg: Königshausen & Neumann.

KRABIEL, K. D. 2001a. Das Lied von der Eisenbahntruppe von Fort Donald. In: *Brecht Handbuch :in fünf Bänden . Band 2. Gedichte.* Hrsg. von Jan Knopf. Stuttgart; Weimar: Metzler. S. 27 - 29.

KRABIEL, K. D. 2001b. Vom Schwimmen in Seen und Flüssen. In: *Brecht Handbuch:in fünf Bänden . Band 2. Gedichte.* Hrsg. von Jan Knopf. Stuttgart; Weimar: Metzler. S. 66 - 69.

KRASS, A. 2003. *Queer Denken: Gegen die Ordnung der Sexualität (Queer Studies).* Frankfurt am Main: Suhrkamp.

KRASS, A. 2004. Queer Lesen: Literaturgeschichte und Queer Theory. In: *Gender Studies: Wissenschaftstheorien und Gesellschaftskritik.* Hrsg. von Therese Frey Steffen u. a. Würzburg: Königshausen und Neumann. S. 233 - 248.

KUCHLE, A. 2000. Der Tod im Wald. In: *New German review. 14/1998-99.* Los Angeles, Calif. S. 29 - 41.

KUGLI, A. 2006. *Feminist Brecht? Zum Verhältnis der Geschlechter im Werk Bertolt Brechts.* München: Martin Meidenbauer Verlagsbuchhandlung.

KUHN, T. 2001. Brecht als Lyriker. In: *Brecht Handbuch: in fünf Bänden. Band 2. Gedichte.* Hrsg. von Jan Knopf. Stuttgart; Weimar: Metzler. S. 1 - 21.

LEHMANN, H.-Th. 1978. Das Schwimmgedicht. In: *Bertolt Brechts »Hauspostille«: Text und kollektives Lesen.* Hrsg. von Hans-Thies Lehmann; Helmut Lethen. Stuttgart: Metzler. S. 146 - 172.

LENNOX, S. 1978. Women in Brechts Work. In: *New German Critique. 14/1978.* Wisconsin. S. 83 - 96.

LISKA, V. 2002. Eine kritische Bestandsaufnahme: Von feministischer Literaturwissenschaft zu kulturwissenschaftlichen Gender Studies. In: *Gender Revisited: Subjekt- und Politikbegriffe in Kultur und Medien.* Hrsg. von Katharina Baisch u. a. Stuttgart; Weimar: Metzler. S. 3 - 32.

LUCCHESI, J. 2002. Bargan läßt es sein. In: *Brecht-Handbuch: in fünf Bänden. Band 3. Prosa, Filme, Drehbücher.* Hrsg. von Jan Knopf. Stuttgart; Weimar: Metzler. S. 29-35.

MAN, P. de 1988. *Allegorien des Lesens.* Frankfurt am Main: Suhrkamp.

MANKOWE, H. 1991. *Traum und Trauma im Dickicht.* Augsburg: Soso-Verlag.

MARSCH, E. 1974. *Brecht – Kommentar zum lyrischen Werk.* München: Winkler Verlag.

MAUTNER, J. P. 2001. Psalmen. In: *Brecht Handbuch: in fünf Bänden. Band 2. Gedichte.* Hrsg. von Jan Knopf. Stuttgart; Weimar: Metzler. S. 84 - 96.

MENKE, B. 1992. Verstellt: Der Ort der „Frau". In: *Dekonstruktiver Feminismus: Literaturwissenschaft in Amerika.* Hrsg. von Barbara Vinken. Frankfurt am Main: Suhrkamp. S. 439 - 476.

MENNEMEIER, F. N. 1982. *Bertolt Brechts Lyrik: Aspekte, Tendenzen.* Berlin: Weidler Buchverlag.

Metzler-Lexikon Gender Studies, Geschlechterforschung. 2002. Hrsg. von Renate Kroll. Stuttgart: Metzler.

MEUSER, M. 2006. *Geschlecht und Männlichkeit: Soziologische Theorie und kulturelle Deutungsmuster.* Wiesbaden: VS, Verl. für Sozialwiss.

MEYER, M. J. 2000. *Literature and homosexuality.* Amsterdam u. a.: Rodopi.

MITTENZWEI, W. 1987. *Das Leben des Bertolt Brecht oder Der Umgang mit den Welträtseln.* Berlin; Weimar: Aufabu-Verlag.

MORLEY, M. Bertolt Brechts Hauspostille. In: *Brecht Handbuch: in fünf Bänden. Band 2. Gedichte.* Hrsg. von Jan Knopf. Stuttgart; Weimar: Metzler. S. 147 - 161.

MUSCHG, W. 1961. *Von Trakl zu Brecht.* München: Piper Verlag.

MÜLLER, H. H.; KINDT, T. 2002. *Brechts frühe Lyrik – Brecht, Gott, die Natur und die Liebe.* München: Fink.

MÜLLER, K-D. 1980. *Brecht-Kommentar zur erzählenden Prosa.* München: Winkler.

MÜLLER, K.-D. 2001. Im Dickicht der Städte. In: *Brecht Handbuch: in fünf Bänden. Band 1.* Hrsg. von Jan Knopf. Stuttgart; Weimar: Metzler. S. 115 - 128.

NUSSBAUM, L. 1985. The evolution of the Feminine Principle in Brechts Work: Beyond the Feminist Critique. In: *German Studies Review. 8/1985.* S. 217 - 244.

NÜNNING, V.; NÜNNING, A. 2004. *Erzähltextanalyse und Gender Studies.* Stuttgart; Weimar: Verlag J. B. Metzler.

OESMANN, A. 2001. From chaos to transformation. In: *New essays on Brecht. The Brecht yearbook. 26/2001.* Madison, WI. S. 257 - 275.

OSINSKI, J. 1998. *Einführung in die feministische Literaturwissenschaft.* Berlin: Erich Schmidt Verlag.

PERKO, G. 2007. Queer-Theorien: Dekonstruktion von Identitätspolitiken und das Modell der Pluralität. In: *e-Journal Philosophie der Psychologie.* http://www.jp.philo.at/texte/PerkoG1.pdf (Stand: 22.03.2007)

PICKERODT, G. 2005. Goethes Torquato Tasso und Brechts Baal. In: *Begegnungen: Bühne und Berufe in der Kulturgeschichte des Theaters.* Hrsg. von Martin Ariane u. a. Tübingen: Francke. S. 159 - 170.

PIETZCKER, C. 1974. *Die Lyrik des jungen Brecht: Vom anarchischen Nihilismus zum Marxismus.* Frankfurt am Main: Suhrkamp.

PLATON 2008. *Das Gastmahl.* Stuttgart: Reclam.

POOLE, R. J. 1995. Vom Einzug der Gay Studies in die Hochschulen. In: *Forum Homosexualität und Literatur 23. 1995/23.* Hrsg. von. Wolfgang Popp. Siegen: Universität - GH Siegen. 117 - 122.

POPP, W. 1992. *Männerliebe: Homosexualität und Literatur.* Stuttgart: Metzler.

RADDATZ, F. J. 1973. Ent-weiblichte Eschatologie. Bertolt Brechts revolutionärer Gegenmythos. In: *Text + Kritik. Sonderband Bertolt Brecht II.* Hrsg. von Heinz Ludwig Arnold. München: Johannesdruck Hans Pribil KG. S. 152 - 159.

RÄUKER, R. 2008. Mein Herz hüpft fort – Brechts Baal stirbt. In: *Ende, Grenze, Schluss? – Brecht und der Tod.* Hrsg. von Stephen Brockmann, u. a. Würzburg: Königshausen & Neumann. S. 150 - 163.

RECLAMS BIBELLEXIKON. 2004. Hrsg. von Klaus Koch et al. Stuttgart: Reclam.

REICH, B. 1968. München 1923. In: *Bertolt Brecht: Leben Eduards des Zweiten von England: Vorlage, Texte, Materialien.* Hrsg. von Reinhold Grimm. Frankfurt am Main: Suhrkamp Verlag.

RUBIN, G. 2003. Sex denken: Anmerkungen zu einer radikalen Theorie der sexuellen Politik. In: *Queer Denken: Gegen die Ordnung der Sexualität.* Hrsg. von Andreas Kraß. Frankfurt am Main: Suhrkamp Verlag. ISBN 3-518-12248-7. S. 31 - 79.

SANDT, N. 2008. Ein sonderbarer Kampf zwischen Dealer und Kunde. In: *Dealer und Kunden im Theater.* Hrsg. von Nicole Sandt. Berlin: Edition Lavallée. S. 109–127.

SARASIN, Ph. 2005. *Michel Foucault: zur Einführung.* Hamburg: Junius Verlag.

SCHMIDT, D. 1966. *Baal und der junge Brecht: Eine textkritische Unersuchung zur Entwicklung des Frühwerkes.* Stuttgart: J. B. Metzlersche Verlagsbuchhandlung, 1966.

SCHNELL, A. 1993. *Virtuelle Revolutionäre und verkommene Götter: Brechts Baal und die Menschenwerdung des Widersachers.* Bielefeld: Aisthesis Verlag.

SCHÖSSLER, F. 2008. *Einführung in die Gender Studies.* Berlin: Akademie Verlag.

SCHUHMANN, K. 1964. *Der Lyriker Bertolt Brecht. 1913 - 1933.* Berlin: Rütten & Loening.

SCHUHMANN, K. 1977. *Untersuchungen zur Lyrik Brechts: Themen, Formen, Weiterungen.* Berlin; Weimar: Aufbau Verlag.

SCHUMACHER, E. 1955. *Die dramatischen Versuche Bertolt Brechts 1918 - 1933.* Berlin: Rütten & Loening.

SCHWARZ, P. P. 1971. *Brechts frühe Lyrik 1914 - 1922.* Bonn: Bouvier Verlag Herbert Grundmann.

SEDGWICK, E. K. 1992. Das Tier in der Kammer: Henry James und das Schreiben homosexueller Angst. In: *Dekonstruktiver Feminismus: Literaturwissenschaft in Amerika.* Hrsg. von Barbara Vinken. Frankfurt am Main: Suhrkamp. S. 247 - 278.

SEDGWICK, E. K. 1997. „Mensch, Boy George, du bist dir deiner Männlichkeit ja unglaublich sicher!" In: *Wann ist der Mann ein Mann? zur Geschichte der Männlichkeit.* Hrsg. von Walter Erhart und Britta Hermann. Stuttgart; Weimer: Metzler. 353 - 362.

SEDGWICK, E. K. 2003. Epistemologie des Verstecks. In: *Queer Denken: Queer Studies.* Hrsg. von Andreas Kraß. Frankfurt am Main: Suhrkamp. S. 113 - 143.

SINFIELD, A. 2005. *Cultural Politics - Queer Reading.* Pennsylvania: University of Pennyslvania Press.

SMITH, P. 1997. Vas. Sexulität und Männlichkeit. In: *Wann ist der Mann ein Mann? zur Geschichte der Männlichkeit.* Hrsg. von Walter Erhart und Britta Hermann. Stuttgart; Weimer: Metzler. S. 58 - 86.

SPARGO, T. 2001. *Foucault a terie podivného.* Praha: Triton.

SPEIRS, R. 2001. Gedichte 1913 - 1917. In: *Brecht Handbuch: in fünf Bänden. Band 2. Gedichte.* Hrsg. von Jan Knopf. Stuttgart; Weimar: Metzler. S. 23–27.

STADLER, A. 1989. *Das Buch der Psalmen und die deutschsprachige Lyrik: zu den Psalmen im Werk Bertolt Brechts und Paul Celans.* Köln; Wien: Böhlau.

STEPHAN, I. 2000. Literaturwissenschaft. In: *Gender-Studien. Eine Einführung.* Hrsg. von Christina von Braun und Inge Stefan. Stuttgart u. a.: Metzler. S. 290–299.

STEPHAN, I. 2003. Im toten Winkel. Die Neuentdeckung des „ersten Geschlechts" durch men's studies und Männlichkeitsforschung. In: *Männlichkeit als Maskerade: Kulturelle Inszenierungen vom Mittelalter bis zur Gegenwart.* Hrsg. von Claudia Benthien, Inge Stephan. Köln; Weimar; Wien: Böhlau Verlag. S. 11 - 35.

STOCKINGER, J. 1987. Homotextualität - Ein Vorschlag. In: *Forum Homosexualität und Literatur. 2/1987.* Siegen: GH-Siegen. S. 5-26.

STROWICK, E. 2002. Letters That Matter. Zu einer feministischen Rhetorik des Lesens. In: *Gender Revisited: Subjekt- und Politikbegriffe in Kultur und Medien.* Hrsg. von Katharina Baisch u. a. Stuttgart; Weimar: Metzler. S. 53 - 74.

ŠUBIK, Ch. 1995. *Einverständnis, Verfremdung und Produktivität: Versuche über die Philosophie Bertolt Brechts.* Wien: Passagen Verlag.

TABBERT-JONES, G. 1991. Das Exotische in Bertolt Brechts ‚Im Dickicht der Städte'. In: *Begegnung mit dem „Fremden": Grenzen - Traditionen - Vergleiche; Akten des VIII. Internationalen Germanisten-Kongresses, Tokyo 1990.* Hrsg. von Ejiro Iwasaki. München: Iudicum-Verlag. S. 128 - 137.

TATLOW, A. 2000. Gibt es neue Wege zum alten Brecht? In: *Dreigroschenheft 3/2000.* http: //www.dreigroschenheft.de/archiv/texte/00-03-03-artikel.htm (Stand: 20.06.2001)

THOMSEN, F; MÜLLER, H.; KINDT, T. 2006. *Ungeheuer Brecht: Eine Biographie seines Werks.* Göttingen: Vandenhoeck & Ruprecht.

THÖMING, J. C. 1973. Kontextfragen und Rezeptionsbedingungen bei Brechts frühen Geschichten und Kalendergeschichten. In: *Text + Kritik. Sonderband Bertolt Brecht II.* Hrsg. von Heinz Ludwig Arnold. München: Johannesdruck Hans Pribil KG. S. 74-96.

VANHELLEPUTTE, M. 1997. Baal und der Hedonismus des jungen Brechts. In: *Engagement, Formgefühl, Humanität.* Frankfurt am Main: Lang. S. 114-125.

VASSEN, F. 2006. Was gibt's da zu lachen? In: *Young Mr. Brecht becomes a writer. Brecht yerabook. 2006.* Madison, WI. S. 195-217.

VEITSCHEGGER, K. 2001. *Tiersymbolik in Bibel und christlicher Tradition.* http://members.aon.at/veitschegger/texte/tiersymbole.htm (Stand: 21. 09. 2008)

VINKEN, B. 1992. *Dekonstruktiver Feminismus: Literaturwissenschaft in Amerika.* Frankfurt am Main: Suhrkamp.

VÖLKER, K. 1988. *Bertolt Brecht. Eine Biographie.* Hamburg: Rowohlt.

WALTER, W. 2000. Gender, Geschlecht und Männerforschung. In: *Gender-Studien. Eine Einführung.* Hrsg. von Christina von Braun und Inge Stefan. Stuttgart u. a.: Metzler. S. 97 - 116.

WEDEL, U. 1983. *Die Rolle der Frau bei Bertolt Brecht.* Frankfurt am Main u. a.: Lang.

WITTKOWSKI, W. 1995. Feigenblatt des Zynismus oder der Moral. In: *Weltbürger - Textwelten.* Frankfurt am Main: Peter Lang. S. 152-176.

WITTKOWSKI, W. 2002. Bertolt Brecht: „Im Dickicht der Städte", 1921-27. In: *Über deutsche Dichtungen. Religiöse Geheimsignale. 1/2002.* Frankfurt am Main. S. 75-98.

WRIGHT, E. 2000. *Lacan a postfeminismus.* Praha: Triton.

Zeitfracht Medien GmbH
Ferdinand-Jühlke-Straße 7
99095 Erfurt, Deutschland
produktsicherheit@kolibri360.de